金融学案例精选

卢亚娟　刘骅　主编

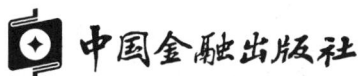

责任编辑:肖丽敏
责任校对:潘　洁
责任印制:陈晓川

图书在版编目（CIP）数据

金融学案例精选/卢亚娟，刘骅主编. —北京：中国金融出版社，2020.12
ISBN 978-7-5220-0984-1

Ⅰ.①金… Ⅱ.①卢…②刘… Ⅲ.①金融学—案例—汇编
Ⅳ.①F830

中国版本图书馆 CIP 数据核字（2021）第 008419 号

金融学案例精选
JINRONGXUE ANLI JINGXUAN

出版
发行　中国金融出版社
社址　北京市丰台区益泽路2号
市场开发部　(010)66024766，63805472，63439533（传真）
网上书店　http://www.chinafph.com
　　　　　(010)66024766，63372837（传真）
读者服务部　(010)66070833，62568380
邮编　100071
经销　新华书店
印刷　北京市松源印刷有限公司
尺寸　169毫米×239毫米
印张　18.5
字数　320千
版次　2020年12月第1版
印次　2020年12月第1次印刷
定价　58.00元
ISBN 978-7-5220-0984-1
如出现印装错误本社负责调换　联系电话　(010)63263947

前　言

近年来，我国金融业发生了一系列深刻变革，如互联网金融和消费金融的兴起、金融科技的发展、金融体系的完善、金融业务的混业化和金融监管灵活性的增强等。金融人才的培养需要适应金融业的变革，建立动态的课程体系，使培养的人才适应社会需求。金融类教材一般偏重于理论介绍，涉及案例分析较少或大多为国外案例，不能及时反映金融业变革的最新情况。利用案例教学的时效性，可以将金融领域的最新发展和前沿动态及时介绍给学生，以师生互动为路径，以理论与实践并重训练为主线，以实践创新能力培养为核心，满足社会经济发展的金融人才需求。

案例教学突破了传统的"听课—作业—实习或专业模拟实习—论文"的人才培养模式，转变为问题导向的主动学习，形成"参与式"和"交互式"的学习模式。教师紧紧抓住国内外金融领域的热点问题或者金融学领域的前沿问题，通过金融类案例引导学生思考、团队讨论和分组报告，使学生变被动接受为主动参与，其分析问题、交流沟通的能力和合作意识得到了锻炼，可极大地提高学生学习的主动性和实际操作能力，培养学生能够将"现代金融学知识体系和理论范式"与"中国实际问题"相结合，具备解决中国现实金融问题的过硬本领。因此，考虑到金融实践领域对专门人才的知识与素质要求，为适应金融学教材建设和教学方式改革需要，我们耗时近两年，在收集、筛选大量与金融业最新发展趋势相关资料的基础上编写了本案例集，旨在使学生通过接触生动形象的实务、素材鲜活的案例，既拓展专业视角，又提升学生理论与实践相结合的能力，注重学生分析能力和创造性解决实际问题能力的培养。

本书内容涉及银行监管、风险投资、保险学、资本市场、公司治理、信用风险、期货期权等多个方面。对每个案例，其内容分为案例介绍、案例引发的思考、涉及理论、案例要点分析及课程安排等内容，引导学生紧密联系金融市场实践，面对金融行业的实际问题，能系统性地提出解决方案，体现学科特色和职业导向。在选择案例时，我们坚持以下主要原则：

1. 注重反映中国金融业变革的原创性案例。目前国内金融类课程采用的很多案例来源于国外案例库，由于东西方文化和社会背景的差异，国外的金融类案例很难让学生进入情景。国外金融类案例基本上都是以跨国银行、大型投资公司等作为研究对象的，不符合国内金融业情况。由于我国目前的跨国银行和投资公司发展历史较短，主要金融机构集中在银行、保险公司、证券公司、期货公司等，因此，有必要补充国内银行、证券公司、保险公司、期货公司在实际运营中的经典案例，实现案例教学的本土化。我们在选择案例时，尤其注重讲述中国故事的原创性案例，有效提升人才培养质量。通过案例教学，形成实务型课程与理论性课程的合理匹配，使学生可以更好地领会和把握金融领域的热点问题及重点问题，更加重视自身知识结构的完备性和应用性，从而不断提升其职业发展潜质与能力。

2. 注重理论与金融实践相结合。传统理论教学和案例教学不是对立的，而是相辅相成的。传统教学法能全面、系统地传授基本概念和基本原理，但可能会使学生感觉枯燥无味。而案例教学法是一种生动、灵活的教学方法，能够促进学生对金融理论的理解和运用，但是对金融学理论内容涉及较少。在案例教学过程中，必须实现理论教学和案例教学的结合，以保证取得最佳教学效果。因此，我们在案例分析时简要说明了相关理论，体现金融理论与金融实践相结合原则。为避免偏重理论知识，忽略金融实践问题分析，我们还吸收了中信银行南京分行的员工参与案例编写工作。

3. 注重学生的"交互式"和"参与式"学习。案例教学应当将学生置于课堂的主体地位。在案例教学中，教师在介绍完案例后，提出相关思考题，组织分组研讨，引导所有学生深层次讨论，并归纳总结，提高学生的课堂参与程度，让学生既认真"读案例""学案例"，也自觉"找案例""用案例"，培养学生独立思考的精神和自主解决问题的能力。

本书的编写组由十人组成，其中九人为南京审计大学金融学院长期从事金融学大类专业相关课程教学的一线教师，一人为金融企业的员工。主编由卢亚娟教授和刘骅教授担任。各案例的具体编写人员如下：

南京审计大学卢亚娟教授、中信银行南京分行舒逸云负责编写《"东台模式"：农民资金互助合作社的发展和风险》；

南京审计大学刘骅教授负责编写《风险投资与"苹果"成长》和《铜陵精达引入中关村青年科技创投》；

南京审计大学孙清教授负责编写《中国银保监会的监管风暴、中央银行

MPA考核与农村商业银行业务经营决策》和《消费信贷资产证券化（ABS）风险管理》；

南京审计大学刘妍副教授负责编写《中国巨灾保险制度该如何构建》和《泰州金改中的保险支持》；

南京审计大学曹源芳副教授负责编写《民生银行并购美国联合银行案例分析》和《兴业银行发展供应链金融案例分析》；

南京审计大学肖振宇副教授负责编写《西安杨森的赊销信用风险管理体系》和《联邦快递中国有限公司应收账款管理》；

南京审计大学杨小玲博士负责编写《联手诈骗案——A市合作社与民营企业联手诈骗政策性银行贷款》；

南京审计大学郭风龙副教授负责编写《新湖瑞丰玉米价格风险管理模式探索案例》和《A航空公司航油套期保值的失败案例》；

南京审计大学张杰老师负责编写《我国证券市场做空机制完善——基于A乳业集团案例》和《从"蒙面举牌"看我国证券市场监管制度的完善——成都A工程公司股权争夺战案例分析》。

全部书稿经编写组讨论后，由卢亚娟教授负责审定。

本书的出版，特别要感谢中国金融出版社的编辑和工作人员的支持。同时，本书的出版得到了国家级一流专业建设点金融学（教高厅函［2019］46号）和江苏省高校优势学科三期南京审计大学应用经济学（苏政办发［2018］87号）的资助。由于本书系我们在金融学专业相关课程的教材建设和教学改革方面所作的探索，限于能力和水平有限、经验和视野不足，尽管我们付出了很大努力，但缺点和不足之处在所难免。因此，衷心希望得到广大读者和学术界同行的批评指正，以便后续不断修改和完善。

本书编写组
2020年8月

目 录

中国银保监会的监管风暴、中央银行 MPA 考核与农村商业银行业务经营决策
.... 孙　清 / 1

我国 A 银行并购美国 B 银行的失败案例
.... 曹源芳 / 25

兴业银行发展供应链金融案例分析
.... 曹源芳 / 47

联手诈骗案
　　——A 市合作社与民营企业联手诈骗政策性银行贷款
.... 杨小玲 / 62

消费信贷资产证券化（ABS）风险管理
.... 孙　清 / 75

我国证券市场做空机制完善
　　——基于 A 乳业集团案例
.... 张　杰 / 91

从"蒙面举牌"看我国证券市场监管制度的完善
　　——成都 A 工程公司股权争夺战案例分析
.... 张　杰 / 108

风险投资与"苹果"成长
.... 刘　骅 / 132

铜陵精达引入中关村青年科技创投
.... 刘　骅 / 145

"东台模式"：农民资金互助合作社的发展和风险
.... 卢亚娟　舒逸云 / 158

西安杨森的赊销信用风险管理体系
.... 肖振宇 / 182

新湖瑞丰玉米价格风险管理模式探索案例
……………………………………………………………… 郭风龙 / 200

中国巨灾保险制度该如何构建
…………………………………………………………………… 刘　妍 / 223

泰州金改中的保险支持
…………………………………………………………………… 刘　妍 / 235

A 航空公司航油套期保值的失败案例
…………………………………………………………………… 郭风龙 / 247

联邦快递中国有限公司应收账款管理
…………………………………………………………………… 肖振宇 / 270

中国银保监会的监管风暴、中央银行 MPA 考核与农村商业银行业务经营决策

孙　清[①]

一、引言

在市场经济体制下，银行体系承担着信贷中介、提供支付服务、创造流动性、优化资源配置等重要的经济功能，银行体系实际上成为全社会的风险中介。商业银行业务经营的稳健性一定程度上具有"公共品"的性质，不仅关系到银行能否实现风险收益最大化的经营目标，而且涉及存款人利益是否能得到尊重及其核心经济功能能否正常履行。因此，有必要对商业银行实施监管。2017 年 4 月上旬，银监会先后密集下发七个文件，内容涵盖银行业市场乱象整治、银行业风险防控、弥补监管短板、开展"三违反""三套利""四不当"专项治理（简称"三三四"整治），中央银行推行宏观审慎管理（MPA）进入实质惩罚阶段，使得多数商业银行重新规划业务经营。2017 年 7 月 14 日至 15 日在北京召开的全国金融工作会议提出三个强调指引未来金融发展方向：一是强调必须坚持党对金融工作的集中统一领导；二是强调一切工作都要围绕金融工作的三项任务，即服务实体经济、防控金融风险、深化金融改革；三是强调做好金融工作的四项原则，即回归本源、优化结构、强化监管、市场导向。与风险发生时的危机处理不同，会议强调要把主动防范化解系统性金融风险放在更加重要的位置，更加强调协调监管。

本案例考查的江苏某农村商业银行（以下简称"农商行"）也召集了各业务条线主管开会，对照监管要求分析上半年的业务状况，讨论下半年的经营策略。

[①] 孙清（1965—），男，江苏苏州人，南京审计大学金融学教授，管理学博士，研究方向为金融风险管理。

二、业务经营举措

(一) 营销措施多重并举,存款业务较快发展

通过采取联动营销、系统攻关、活动激励、服务提升等方式加强组织资金工作。一是制订方案,以组织资金考核各项存款总量净增额和日均净增额两项为重要内容,在2017年第一季度制定了"开门红"竞赛办法,利用春节、元宵节等重大节日进行宣传营销活动,竞赛方式采用分组互相PK进行,每2个单位组成竞赛小组,全辖共组成12个竞赛小组。竞赛小组成员相互PK,按每旬序时存款总量净增任务的完成率进行考核。二是灵活宣传,因地制宜制订营销方案,支行可自主选择执行,也可自制方案,突出宣传的灵活性。三是重点攻关,2017年正值当地民生桥、化肥厂、气象局附近地块拆迁补偿款兑现时机,农商行通过印刷宣传单及海报宣传银行存款及各项业务优势,确保居民拆迁补偿款归纳到该行。坚持早动手、早安排,组织人员主动与拆迁指挥部工作人员联系掌握拆迁客户名单,实施精准式走访和营销。四是注重培训,为进一步提高营销水平,有效完成竞赛目标,第一、第二季度该行邀请上海某专业团队开展以"成长、成功、成就"为主题的外拓营销专题培训活动、外拓复盘特训营专题培训以及厅堂营销培训活动,培训范围覆盖全员,培训团队采取全天8小时全程指导的形式,从晨会全程纠偏、网点营销氛围打造、柜员服务营销七步曲、标准执行、大堂服务营销流程导入等方面对支行进行全程指导,对提高员工营销技能、实现旺季营销目标起到了积极的促进作用。

(二) 分层营销持续强化,信贷规模有序增长

明确"做小、做散"经营战略定位,推进信贷精细化管理,筑牢信贷风险防控底线。一是优化信贷流程。"整村授信"打造农户贷款批量处理模式,通过开展"金鸡报晓、赢在开门"阳光贷竞赛活动和"提质增效惠'三农'、转型发展夺红旗"劳动竞赛继续扩大阳光贷的覆盖面,组织人员完成全县阳光信贷评议和年审工作;"小微专营"打造小微贷款快速处理模式,通过几年来开展的客户经理扫街活动采集积累的数据,小微贷款中心将数据引入模型,测算客户的信用等级、授信额度、利率定价等,分析客户偿还能力,实现对客户的精准判定,通过对客户评价结果的分析,可快速对客户进行放款。截至2017年6月末,微贷中心投放贷款335笔,金额为5 116.2万元;"公司专营"打造企业贷款精准对接模式,大客户中心坚持以市场为导向,以经济效益为中心，拓展市场，合理调整存量资产结构，培植黄金客户，寻求新的增长点。截至2017年6月末，大客户中心投放贷款109户，金额为7.47亿元。二是把控信贷风险。实行客户名单制管理，根据董事会制定的信贷政策和投向，逐一确定行业内信贷客户分类的类别，并对不同类别客户实行差异化管理。客户名单分为支持类、维持类以及退出类三类，2017年3月初要求全辖所有网点对存量风险客户进行严格分类，经过初步排查，共上报拟退出自然人客户592户、企业客户12户，涉及贷款余额1.4亿元；建立标准化贷款"三查"模板，根据信贷业务精细化管理要求，提炼授信调查、审查审批、放款审核和贷后检查要点，建立标准化操作规范与模板。根据不同产品操作流程的要求，编制《信贷业务操作手册》，明确贷前调查、贷中审查、贷后检查的业务操作规范，建立全流程的信贷运作模式；实行贷后管理动态化，定期组织人员分析风险企业存在的风险因素，制定风险防范措施，并要求贷后中心人员定期走访企业，密切跟踪借款人和担保人生产经营变动情况，及时了解客户生产经营状况及发展动态，加强风险监控和预警信号的报告处理工作。2017年上半年，贷后管理中心共检查贷款343笔，贷款金额为59 246.4万元。三是创新贷款品种。继续做好"诚易贷""流量贷""新车按揭""安居贷"以及"商品房按揭"等贷款的投放，加大营销奖励力度，提升信贷人员积极性。同时针对新的客户需求推出了"光伏贷""企税贷""家庭农场贷"等贷款新品种。截至2017年6月末，各品种类贷款余额合计已达18.88亿元。

（三）强抓共管不良双降，资产质量保持稳定

一是下达任务，加强考核。对存量不良贷款制订"一户一策"处置方案，逐笔分析不良贷款成因，制定清收计划表，按人分配清收任务。二是及时认定，严肃问责。对新形成的逾期贷款及欠息90天以上贷款深层次分析其逾期或欠息原因，次月进行责任认定和问责，并向监管部门通报。三是加强协调，提高诉讼成效。派专人负责与法院进行对接，建立定期沟通协调机制，并参与案件立案、开庭和执行。四是开放思维，灵活处置。制定办法，鼓励行内外人员共同参与不良贷款清收，通过多种媒介加大拍卖资产宣传力度。

（四）大力发展普惠金融，软硬设施提档升级

一是加大物理网点改造。2017年上半年对多个老网点进行装修，新建行政中心支行、沂河路支行，进一步完善营业环境，提高群众口碑。加快金融集中区建设，完成了地块土地交换相关手续报批，并已登报公示。二是打造金融服务"村村通"。及时对"金融便民服务到村"商户进行维护，对全县

268台便民机具进行维修,并做好商户通讯费补贴兑现工作,对于交易量过少的商户进行重新调整,力保"金融便民服务到村"业务健康有序发展,解决了金融服务"最后一公里"问题。三是广泛布设自助机具。2017年大力推进离行式自助银行建设7个离行式24小时自助银行,进一步扩大金融服务的覆盖面。四是大力推进电子银行业务。利用行内网站、LED屏、微信公众号等平台宣传电子银行业务;组织全员进行电子银行考试;通过"从我做起,全员营销"电子银行业务专题竞赛活动、理财业务向手机银行倾斜、细化考核标准等措施,促进电子银行客户数不断提升。

(五)坚持客户多元服务,中间业务不断扩大

一是着力加大资金业务拓展。合规审慎地参与同业资金融通、票据转贴现、银团贷款等业务。二是扩大理财业务规模。该行逐步扩大理财产品发行规模,做大新兴负债业务。2017年新发行理财产品15期,金额为9 815.6万元。三是试点贵金属业务。该行与南京千年禧金投资管理有限公司签订贵金属代销合同,正式对外开展贵金属代销业务。四是着力加大中间业务拓展。拓展居民健康卡业务市场,投放居民健康卡,进一步提高银行客户覆盖率,提升社会影响力;拓展学校市场,在前期与某中专学校成功合作的基础上,向区域其他学校进行拓展营销,打造校园特色银行;拓展贷记卡市场,加大贷记卡业务投放,推出10元看电影、1元洗车等优惠活动,进一步满足客户消费需求;拓展代缴费市场,组织总行部室与供电公司、自来水公司等部门进行协调沟通,通过部门协作、机制激励等措施,提高代收代扣水费、电费签约率,切实加大中间业务拓展,做实普惠金融。

(六)以内控管理为抓手,夯实合规经营基础

一是健全规章制度。为建立健全各项规章制度,使合规工作制度化、规范化,对本行《违规行为处理暂行办法》进行重新修订,同时根据违规性质及违规程度,合理界定《员工违规行为处罚办法》和《员工违规行为积分办法》的适用边界。2017年上半年共新增各类制度22个,修订制度8个。二是把控重要环节。加强统一授信管理,对存量集团客户进行了排查,对于新增客户的关联度进行严格甄别,防止客户以化整为零的方式,规避最大单户限制,加大银行风险控制的难度。加强授信风险审查,对于真实的资产负债情况、实际用途、保证处置(追索)前景不见底的贷款坚决不贷,增强危机意识,高度警惕经济风险、经营风险可能对贷款安全、资产质量形成的冲击和破坏,守住管理底线。三是内控检查循序开展。为规范经营行为,有效防控风

险，不断提高服务实体经济质效，根据监管机构"三违反""三套利""四不当"检查要求，扎实开展自查，成立了以董事长为组长的专项自查工作领导小组，按照"三个全覆盖""一个不低于"的标准确定检查范围，其中贷款业务抽查22.08亿元；承兑汇票业务0.12亿元；同业业务7.71亿元；代理理财业务0.41亿元。同时开展扶贫贷款自查、冒名贷款排查回头看、同业业务风险排查、农村金融综合服务站风险排查以及案件风险"扫雷"排查等一系列检查，进一步防控风险，消除隐患。四是操作风险有效控制。进一步规范一线操作、后台授权、事后监督三道防线的操作流程，操作风险有效降低。并根据银监部门"三违"检查工作部署，农商行对全行的操作风险进行了一次"摸底排查"，细查、彻查、重复查，认真梳理和排查出银行操作风险和行为风险，进一步防范道德风险，提高了全行员工对操作风险"红线"的认识，有效保障了该行业务的健康发展。五是安保工作不断提升。紧紧围绕五防一保工作目标，落实安全防范责任制、加强安保设施建设、严格管理，大力投入，完善安全防范体系，有效防范金融风险，杜绝各类案件的发生，保障了该行安全稳健高效运营。2017年上半年先后投入71万元用于落实省联社及公安部门"135"门前改造要求。

三、风险应对策略及具体措施

（一）风险应对策略

1. 信用风险。2017年上半年，农商行积极应对国内宏观经济形势变化，积极加强信用风险管控，优化风险防控措施，进一步提升风险管理水平，信用风险得到有效控制。一是资产业务增量扩面，夯实经营基础。围绕该行三年战略规划要求，在发展资产业务方面，坚持服务"三农"战略定位不放松，强化对"三农"和小微企业的信贷服务，继续坚持"做小、做散"的经营模式，坚持分层营销理念，坚持"金字塔"形的资产业务布局，以推进信贷精细化管理进程为契机，以"增量扩面"为主旋律，有效扩大资产业务规模。二是在进一步调整优化贷款内在结构的同时，调优信贷条线人力资源结构，进而调优客户经理知识技能结构，实现信贷基础管理水平的整体提升。三是根据信贷业务精细化管理要求，提炼授信调查、审查审批、放款审核和贷后检查要点，建立标准化操作规范与模板。提炼各项信贷业务的难点、重点，根据不同产品不同操作流程的要求，明确贷前调查、贷中审查、贷后检查的业务操作规范，建立全流程的信贷运作模式。以精细化管理护航专业化经营，将风险防控放在突出位置，嵌入全流程管理，促进业务经营稳健发展。四是根据《中国银监会办公厅关于开展银行业信用风险专项排查的通知》，为切实防范和化解信用风险，进一步摸清信用风险底数，防范贷款"前清后冒"风险，加强信用风险管控，组织开展了信用风险大排查，明确支行行长为信用风险排查第一责任人，风险合规部、信贷管理部全程参与，督促支行如实反映贷款风险状况，引导客户经理客观判断贷款风险状况，深入分析风险贷款形成原因，对全行的贷款进行全面"体检"，便于找出"症结"，对症下药。五是开展信贷客户"名单制"管理工作是农商行 2017 年信贷管理工作的一项重要举措，为贯彻分层营销理念，对银行信贷客户实行"名单制"管理，客户名单分为支持类、维持类以及退出类。结合开展的信用风险大排查，充分运用排查结果，列出名单客户。对名单客户管理遵循三个"掌握"，即掌握标准，统一对公客户和个人客户分类标准；掌握节奏，控制时机，不能"打草惊蛇"；掌握原则，内外有别，不得向客户泄露任何信息。对排查出的苗头性风险客户，被列为"退出类"的客户进行特别管理，该部分客户贷款多为续贷、借新还旧及需盘活类贷款，对信贷资产构成一定的风险隐患。为进一步提高"退出类"客户的化解力度，该行积极采取对策，找准风险成因，制订"一户一策"的退出方案，深挖客户资产，优化贷款方式，堵住不良贷款源头，把住贷款管理的主动权。六是组织开展"三违反""三套利"等专项排查，总行又对"三违反"专项治理工作组织了回头看，成立了回头看检查小组和督查小组，并明确了主查人和副主查人。重点对 50 万元以上大额自然人及所有的公司类贷款、员工不当利益输送行为、借冒名贷款、票据业务、按揭贷款等进行了深入的再排查。

2. 流动性风险。为进一步强化农商行的流动性风险管理，一是加大负债业务营销力度，做大负债业务总量，壮大发展实力。二是加强流动性资产和流动性负债的监测工作，日常监管以 1104 报表中的 G21 流动性期限缺口表及其他流动性指标（流动性比例、存贷款比例、人民币超额备付金率、核心负债依存度、流动性缺口率）作为参考取数标准，根据指标预警情况调度资金余缺，满足流动性需求。平时对流动性的管理，主要根据可用资金余额，来考虑进行同业拆借等资金运用调剂。进一步明确与人民银行、县财政部门、辖内国有商业银行以及本行的部分存贷款大客户的应急联动机制，一旦发生挤兑等流动性风险，应采取的报告路径和流动资金的及时补充措施。

3. 市场风险。农商行面临的市场风险主要是利率风险。为加强对利率风险的防范，总行坚持按照流动性原则，以减少因贷款周期过长产生的重新定价风险；同时总行按照风险收益相匹配的原则，综合区域内资金供求状况、竞争状况及自身风险抵偿情况等因素，实行利率浮动幅度范围内的差异化定价，总行在贷款利率定价时坚持收益覆盖风险原则。

4. 声誉风险。农商行在防范声誉风险方面主要采取了以下措施：一是强化组织领导。成立舆情舆论领导小组，时刻关注舆情动向，密切关注重大、热点、敏感信息，及时处理客户投诉，特别是认真梳理排查苗头性、倾向性问题。二是强化舆情处置。争取做到对不良苗头和重大舆情动向早发现、早处置、早引导，对网上非法和过激言论，提前采取措施，第一时间予以消除，争取把负面影响降到最低，将事故消灭在萌芽状态。三是强化舆情引导。做好正面宣传工作，针对不良信息，通过采取公开澄清方式引导舆情，及时消除负面舆论的影响。四是强化应急预案。健全预警机制，加强应急演练，确保发生重大突发事件及时上报、迅速处理。定期不定期地对银行在当地社会各方面舆论如论坛、博客、微博等网络信息集散地进行监测，分析声誉风险舆情，有效防控声誉风险。五是妥善处置客户上访、投诉事件。做好客户投诉处理工作，明确监察室为客户投诉的管理部门，定期对客户投诉的共性问题进行分析梳理，严格按照处罚制度处理相关责任人员，并督促被投诉人员及部门限期整改，定期对整改情况进行检查。六是加大宣传力度，提升该行的社会形象。农商行积极投入经费加强社会正面宣传力度，设立露天广告牌、出租车宣传广告、增强社会知名度，建立与当地媒体及政府督查部门等外部媒介的沟通联动机制，及时了解该行外部声誉风险情况。

5. 操作风险。一是强化新上岗员工岗前培训，由各部门分别针对本部门工作进行培训，对易犯错误进行提示，以及重点关注的风险点；二是充分运用事后监督系统、远程监控设备进行账务监督和柜员操作的实时监控，对发现的违规行为和问题进行通报并及时督促整改；三是加强授权管理，通过远程集中授权，控制大额资金、特殊业务、票据业务、贷款业务等业务差错，有效降低网点差错率；四是强化内部流程控制，继续不断强化风险防控意识，注重惩防结合，积极开展案件防控工作，及时梳理相关制度流程，有效防范各项操作风险；五是对新签订的合同或协议均经风险合规部审查后，提交法律顾问再次进行法律审查，有效规避了合同或协议签订的法律风险。

(二) 风险管理举措

1. 优化贷款结构，加强信用风险管理

一是积极压降潜在风险贷款，进一步夯实贷款质量，引导和推动农商行加快退出亚健康贷款，优化贷款方式，夯实贷款质量。二是严把新客户准入关口，提高准入门槛，坚持"严授信宽用信"原则，对受宏观形势影响较大、经营能力下降或前景不明朗的行业、企业审慎进入，充分发挥了行业信贷政策对信贷决策的引导作用。三是进一步加强对存量苗头性风险贷款的摸底排查，全面掌握贷款中潜在风险，查清查透客户状况和风险原因，摸清风险底数，理顺企业关联关系，对于生产经营还算正常的客户，优化担保措施，制定压降还款计划，逐步退出，对于生产经营前景差，不具备盘活条件或是还款意愿差的企业，对借款人过度融资、对外过度担保的谨慎放款，控制贷款金额，同时逐步退出实力弱抗风险能力差的客户，实现信贷风险防范关口前移。四是加大不良贷款的清收处置力度。首先是加大存量不良贷款和逾欠息贷款盘活清收处置力度。加强对重点业务、重点产业、重点客户和重点交易对手风险状况的摸底排查、跟踪监测，及时掌握识别风险变化态势，及早做好风险应对预案，严防风险隐匿、积累和放大。针对不良贷款实际情况，制订切实可行的清降计划，一户一策制订清收处置方案，落实职责、抓早抓紧抓到位，全力遏制不良资产上升势头。对于采取续贷、借新还旧盘活方式的要对照相关管理要求，加强风险管理并确保业务合规。其次强化逾期欠息贷款清收管理，加强贷款到期前管理，对即将到期贷款实行"名单制"管理，提前做好到期通知，提前评估客户按期还款风险。加大存量不良贷款的考核力度，当年新增不良贷款实行当月分析，次月界定责任、季度处罚。

2. 完善风险预警管理及预警机制

加强省联社客户风险预警管理系统的运用。要求各支行、部、中心充分运用省联社客户风险预警管理系统发布的各类预警信息、提示类信息，加强与客户的沟通联系，及时掌握客户信息，分析判断是否存在风险隐患和事实风险，及时录入客户风险预警系统，达到有效地实施系统自动识别与人工识别结合、提高风险识别和管理水平的目的；同时在对客户风险信号做出风险判断的基础上，及时制订风险处置方案，按系统管理要求及时进行系统录入上报。根据客户风险预警各层级处置意见，认真组织处置方案的实施。提高预警工作的系统性和有效性，由化解风险向控制风险转型，不断优化客户风险预警管理系统的风险预警功能、提示功能，对该行各类预警信息进行分类，并制定差异化的处理流程；要将风险预警信息通过信贷管理系统实现全行共享，使其发挥对授信准入、贷前调查、贷时审查、贷后管理及不良管理等环节的联动作用。

3. 增强深化内控建设及风控能力

全面升级打造合规流程，一是对组织结构和业务流程进行优化，加强对合规风险的有效管理，通畅合规报告路线，使经营机构及时纠错校偏、规避风险；二是推动信贷管理、事后监督、风险预警等外围风险管理系统建设和完善，规范业务处理、风险流程控制，提高合规风险管理技控手段，提升合规风险管理科技含量；三是在发展过程中不断修订完善业务标准、业务办法、业务流程，规范各项业务操作，防范和控制业务操作风险。

4. 提升资金有序调度及运营效率

一是继续研究和探索跨行资金集中清算条件下的资金运动规律，加强对历史数据的统计分析，增强农商行在复杂多变市场条件下"轧头寸"的本领，做好上下级联动，提高资金集约化运作水平，在确保流动性安全的前提下实现收益最大化，实现流动性和效益性有效均衡；二是加强日常的流动性风险管理，对该行各类备付金账户按日进行监测，在确保对外支付的情况下，努力减少低效备付资金的占用，增加资金运作收益。

5. 密切关注相关问题

密切关注宏观调控政策，警惕重点行业信用风险，积极响应国家去产能、去库存、去杠杆政策。一是房地产贷款。2017年上半年，全县房地产市场总体呈现总体平稳发展的特点，房屋销售量及销售价格总体上仍保持了平稳的增长态势。二是小企业贷款。国际国内供需市场持续低迷，原料和成品价格双降，实体经济均面临严峻形势，与大型企业相比，小企业产品结构及市场份额相对较差，抵御风险的能力更弱，部分企业遭到市场淘汰。2017年经济金融形势复杂而多变，下行压力仍然很大，信贷业务转型发展任务繁重而艰巨，加强小企业贷款的风险控制应当成为信用风险管理的重中之重，特别是要关注化工行业贷款，因环境污染等原因对生产经营产生的影响波及企业还款的能力和意愿。

结束语

在当前经济金融形势复杂多变的时期，该行坚守"三农"市场定位，坚持稳中求进总基调。更加注重服务实体经济，突出支持农业供给侧结构性改革主线,在坚守定位与专注服务中持续打响支农品牌、形成独特优势;更加注重深化改革创新,创新要着眼于改进实体经济服务和改善广大客户体验。

建立全面的风险管理体系,明确风险管理组织架构、风险管理相关业务构成和各专业风险管理业务流程,在信用风险、市场风险、操作风险、流动性风险、声誉风险、法律风险、信息科技风险和战略风险等方面制定和实施一系列制度和办法,风险控制方案完备并得到有效执行。牢牢确立"风险无处不在"的意识,从思维深处把风险防范置于首位,始终掌握"稳中求进、进中求优"主基调,服从服务于既定的风险偏好政策,坚持做到"不求快、不贪大、不盲冲",为运行质态提升守住"心理底线"。

思考题

1. 根据附录中的数据分析评价该行上半年的经营状况与经营成果?
2. MPA 考核有哪几类指标?对照中央银行的 MPA 考核指标,你认为该行下半年经营中该行需要关注哪些业务?
3. 面对中国银保监会"三违反""三套利"和"四不当"专项检查,该行合规部门可以进一步强化哪些方面的制度建设?

附录

表1　　　　　　　　　　资产结构　　　　　　　　单位:万元,%

资产	2017年6月末	2016年12月末	增减	增幅
现金及存放中央银行款项	74 030.36	66 526.56	7 503.80	11.28
存放联行款项	—	—	—	—
存放同业款项	56 762.92	76 086.59	−19 323.67	−25.40
拆出资金	11 000.00	—	11 000.00	—
应收款项类金融资产	19 000.00	17 000.00	2 000.00	11.76
应收利息	3 043.91	1 169.31	1 874.60	160.32
其他应收款	1 116.78	241.59	875.19	362.26
各项贷款	410 206.85	378 543.72	31 663.13	8.36
减:贷款损失准备	19 353.73	15 665.43	3 688.30	23.54
发放贷款和垫款净值	389 800.84	368 706.82	21 094.02	5.72
可供出售金融资产	60.00	60.00	0	0
长期股权投资	—	—	—	—

中国银保监会的监管风暴、中央银行 MPA 考核与农村商业银行业务经营决策

续表

资产	2017年6月末	2016年12月末	增减	增幅
固定资产净值	3 879.78	3 779.79	99.99	2.65
在建工程	823.90	726.23	97.67	13.45
固定资产清理	—	—	—	—
无形资产净值	5 100.99	5 169.17	-68.18	-1.32
长期待摊费用	270.18	294.69	-24.51	-8.32
抵债资产	—	—	—	—

表2　　　　　　　　　　产品维度　　　　　　　　　单位：万元，%

项目	2017年6月末		2016年12月末		增减	增幅
	金额	占比	金额	占比	金额	比例
各项贷款	410 206.85	100	378 543.72	100	31 663.13	8.36
农业贷款小计	292 566.45	71.32	261 240.6	69.01	31 325.85	11.99
其中 农户贷款	250 766.51	61.13	220 238.3	58.18	30 528.21	13.86
农村经济组织贷款	3 935	0.96	3 565	0.94	370	10.38
农村企业贷款	37 864.94	9.23	37 437.24	9.89	427.7	1.14
非农贷款	38 247.21	9.32	19 213.05	5.08	19 034.16	99.07
信用卡透支	438.25	0.11	—	—	438.25	—
贴现资产	78 954.94	19.25	98 090.12	25.91	-19 135.18	-19.51
实体贷款	331 251.91	80.75	280 453.6	74.09	50 798.31	18.11

表3　　　　　　　　　　期限维度　　　　　　　　　单位：万元，%

项目	2017.3.31		2016.12.31		增减	增幅
	金额	占比	金额	占比	金额	比例
短期贷款	269 125.16	65.61	283 896.26	80.83	-14 771.1	-5.49
中长期贷款	141 081.69	34.39	94 647.46	19.17	46 434.23	32.91
合计	410 206.85	100	378 543.72	100	31 663.13	—

表4　　　　　　　对公贷款金额分布集中度　　　　　单位：户，万元，%

金额	客户数	贷款金额	户数占比	金额占比
10万元（含）以下	9	246	7.26	0.18
10万~50万元（含）	12	1 186.91	9.68	0.86

续表

金额	客户数	贷款金额	户数占比	金额占比
50 万~100 万元（含）	19	2 316.35	15.32	1.69
100 万~1 000 万元（含）	72	97 342.99	58.06	70.88
1 000 万~3 000 万元（含）	9	25 614.00	7.26	18.65
3 000 万元以上	3	10 625.00	2.42	7.74
合计	124	137 331.25	100.00	100.00

表5　对私贷款金额分布集中度　　单位：户，万元，%

金额	客户数	贷款金额	户数占比	金额占比
10 万元以下	15 247	63 547.52	70.19	23.29
10 万~50 万元	6 175	167 969.31	28.42	61.56
50 万~100 万元	202	15 009.06	0.93	5.50
100 万~1 000 万元	100	26 349.71	0.46	9.66
1 000 万~3 000 万元	—	—	—	—
3 000 万元以上	—	—	—	—
合计	21 724	272 875.60	100.00	100.00

表6　贷款利率统计　　单位：万元，%，笔

项目名称	余额	占比	笔数	占比
基准利率（含）以下	108 621.73	26.48	6 446.00	29.55
基准至上浮10%（含）	45 210.17	11.02	133.00	0.61
上浮10%至20%（含）	57 710.21	14.07	245.00	1.12
上浮20%至30%（含）	5 973.38	1.46	72.00	0.33
上浮30%至40%（含）	29 426.54	7.17	1 749.00	8.02
上浮40%至50%（含）	3 046.94	0.74	159.00	0.73
上浮50%至60%（含）	21 646.29	5.28	196.00	0.90
上浮60%至70%（含）	64 697.77	15.77	1 714.00	7.86
上浮70%至80%（含）	3 433.61	0.84	299.00	1.37
上浮80%至90%（含）	12 378.30	3.02	545.00	2.50
上浮90%至100%（含）	1.00	—	1.00	—
上浮100%以上	58 060.91	14.15	10 257.00	47.02
合计	410 206.85	100.00	21 816.00	100.00

中国银保监会的监管风暴、中央银行 MPA 考核与农村商业银行业务经营决策

表7　　　　　　　　生息资产利息收入明细　　　　　单位：万元，%

项目	2017年6月末月均余额	收息额	收息率	2016年6月末月均余额	收息额	收息率	平均余额增减	收息额增减	收息率增减
一、各项贷款	399 061.68	11 603.24	5.82	371 094.03	10 644.40	5.74	27 967.65	958.83	0.08
1. 农户贷款	243 398.23	7 717.75	6.34	197 703.57	7 203.02	7.29	45 694.66	514.72	-0.95
2. 农村经济组织贷款	3 935.00	129.72	6.59	3 514.17	174.00	9.90	420.83	-44.28	-3.31
3. 农村企业贷款	37 308.56	1 151.85	6.17	38 063.88	1 350.36	7.10	-755.32	-198.51	-0.93
4. 非农贷款	31 490.23	914.99	5.81	11 043.69	347.76	6.30	20 446.54	567.23	-0.49
5. 信用卡透支	84.84	0.04	0.10	—	—	—	84.84	0.04	0.10
6. 贴现（直贴）	1 345.95	29.77	4.42	9 264.00	172.25	3.72	-7 918.05	-142.48	0.70
7. 贴现（转贴）	81 498.87	1 659.12	4.07	111 304.74	1 397.05	2.51	-29 805.87	262.06	1.56
8. 垫款	—	—	—	199.98	-0.04	-0.04	-199.98	0.04	0.04
二、存放金融机构款项	138 215.46	1 676.13	2.43	108 158.13	1 034.14	1.91	30 057.33	641.99	0.52
1. 存放中央银行款项	59 880.40	454.54	1.52	41 274.35	306.57	1.49	18 606.05	147.97	0.03
2. 存放同业款项	63 818.99	1 100.56	3.45	51 927.37	629.09	2.42	11 891.62	471.46	1.03
3. 存放系统内款项	14 516.07	121.03	1.67	14 956.41	98.48	1.32	-440.34	22.55	0.35
三、存出保证金	—	—	—	—	—	—	—	—	—
四、拆放款项	2 333.33	30.78	2.64	—	—	—	2 333.33	30.78	2.64
1. 拆放同业款项	2 333.33	30.78	2.64	—	—	—	2 333.33	30.78	2.64
五、买入返售金融资产	—	—	—	—	—	—	—	—	—
六、金融资产	18 393.33	386.51	4.20	2 726.67	17.48	1.28	15 666.66	369.03	2.92
1. 交易性金融资产									
2. 可供出售金融资产	60	6.00	20.00	60.00	—	—	—	6.00	20.00
3. 应收款项类投资	18 333.33	380.51	4.15	2 666.67	17.48	1.31	15 666.66	363.03	2.84

续表

项目	2017年6月末月均余额	收息额	收息率	2016年6月末月均余额	收息额	收息率	平均余额增减	收息额增减	收息率增减
七、长期股权投资	—	—	—	—	—	—	—	—	—
八、其他生息资产	—	—	—	—	—	—	—	—	—
生息资产及实收利息小计	547 700.15	13 696.65	4.91	481 978.83	11 696.02	4.85	65 721.32	2 000.63	0.06

表8　　　　　　　　　　　负债项目变动明细　　　　　　单位：万元，%

负债	2017年6月末	2016年12月末	增加	增幅
向中央银行借款	4 000	2 000	2 000	100.00
同业及其他金融机构存放款	1 953.92	12 100.93	−10 147.01	−83.85
拆入资金	0	5 000	−5 000	−100.00
吸收存款	511 770.88	466 391.12	45 379.76	9.73
应付职工薪酬	311.13	747.07	−435.94	−58.35
应交税费	459.47	751.25	−291.78	−38.84
应付利息	5 889.18	6 445.74	−556.56	−8.63
其他应付款	1 614.92	453.52	1 161.4	256.09
其他负债	198.83	6 508.79	−6 309.96	−96.95
负债总计	526 198.33	500 398.42	25 799.91	5.16

表9　　　　　　　　　　　　存款增幅　　　　　　　　　单位：万元，%

各项存款	2017年6月末	2016年12月末	增加	增量占比	增幅
单位活期存款	73 108.5	62 591.46	10 517.04	23.18	16.80
单位定期存款	2 964.23	2 244.23	720	1.59	32.08
个人活期存款	51 140.37	58 006.07	−6 865.7	−15.13	−11.84
个人定期存款	261 872.72	227 930.52	33 942.2	74.80	14.89
银行卡存款	117 347.12	111 320.45	6 026.67	13.28	5.41
财政性存款	2 049.8	2 340.55	−290.75	−0.64	−12.42
保证金存款	3 115.23	1 761.81	1 353.42	2.98	76.82
应解汇款及汇出汇款	172.91	196.03	−23.12	−0.05	−11.79
存款合计	511 770.88	466 391.12	45 379.76	100.00	9.73

表10　　　　　　　　　期限维度统计　　　　　　单位：万元,%

种类\期限	对公存款						
	2017年第二季度末		2016年12月末		增减		增幅
	金额	占比	金额	占比	金额	占比	金额
活期	77 116.75	94.73	66 889.85	97.68	10 226.9	83.30	15.29
定活两便							
通知存款							
三个月	20	0.02	350	0.24	-330		-94.29
六个月	1 380.01	1.70	0.32	1.73	1 379.69	11.24	431 153.13
一年	2 893.91	3.55	1 893.91	0.35	1 000	8.15	52.80
二年							
三年							
五年							
其他							
合计	81 410.67	100.00	69 134.08	100.00	12 276.59	100.00	17.76

种类\期限	储蓄存款						
	2017年6月末		2016年12月末		增减		增幅
	金额	占比	金额	占比	金额	占比	金额
活期	168 487.49	39.15	169 326.52	38.21	-839.03	-2.53	-0.50
定活两便	3 417.98	0.79	3 417.93	0.95	0.05	0.00	0.00
通知存款	161.81	0.04	42.56	0.09	119.25	0.36	280.19
三个月	6 068.25	1.41	7 083.91	1.76	-1 015.66	-3.07	-14.34
六个月	7 825.61	1.82	7 924.92	2.54	-99.31	-0.30	-1.25
一年	156 040.33	36.26	132 310.99	36.21	23 729.34	71.68	17.93
二年	35 767.78	8.31	32 695.35	8.96	3 072.43	9.28	9.40
三年	33 702.46	7.83	29 146.42	7.48	4 556.04	13.76	15.63
五年	18 654.44	4.33	15 072.23	3.75	3 582.21	10.82	23.77
其他	234.06	0.05	236.21	0.07	-2.15	-0.01	-0.91
合计	430 360.21	100.00	397 257.04	100.00	33 103.17	100.00	8.33

表 11 存款集中度统计 单位：万元，%

金额	2017年6月末 账户数	2017年6月末 金额	2016年末 账户数	2016年末 金额	较年初 账户数	较年初 金额
1万元（含）以下	752 773	63 032.95	973 483	65 043.32	-220 710	-2 010.37
1万~5万元（含）	78 856	179 380.31	73 618	166 365.96	5 238	13 014.35
5万~10万元（含）	11 346	80 719.95	9 989	71 040.58	1 357	9 679.37
10万~50万元（含）	4 986	91 714.25	4 444	80 908.85	542	10 805.4
50万~100万元（含）	293	20 655.24	247	17 497.90	46	3 157.34
100万~1 000万元（含）	146	42 707.02	140	27 100.16	6	15 606.86
1 000万~3 000万元（含）	14	17 804.91	12	20 380.71	2	-2 575.8
3 000万元以上	2	15 756.25	3	18 053.64	-1	-2 297.39
合计	848 416	511 770.88	1 061 936	466 391.12	-213 520	45 379.76

表 12 付息负债利息支出明细 单位：万元，%

项目	2017年6月月均余额	付息额	付息率	2016年6月月均余额	付息额	付息率	月均余额增减	付息额增减	付息率增减
一、各项存款	512 153.34	3 392.43	1.32	416 738.31	3 356.14	1.61	95 415.03	36.30	-0.29
1. 单位活期存款	78 399.91	178.88	0.46	52 376.05	195.23	0.75	26 023.86	-16.35	-0.29
2. 单位定期存款	2 975.89	21.55	1.45	385.21	3.19	1.66	2 590.68	18.36	-0.21
其中：一年以下	81.98	0.60	1.45	159.37	0.98	1.23	-77.39	-0.39	0.22
一年	2 893.91	20.95	1.45	225.84	2.21	1.96	2 668.07	18.74	-0.51
二年									
三年									
五年									
3. 个人活期存款	50 630.15	88.11	0.35	45 373.55	79.61	0.35	5 256.60	8.50	0.00
4. 个人定期存款	256 445.79	2 879.69	2.25	222 616.32	2 903.64	2.61	33 829.47	-23.96	-0.36
其中：一年以下	18 059.32	114.52	1.27	19 694.18	129.95	1.32	-1 634.86	-15.43	-0.05
一年	153 356.62	1 336.06	1.74	130 780.10	1 372.71	2.10	22 576.52	-36.65	-0.36
二年	35 306.37	457.22	2.59	32 694.51	546.38	3.34	2 612.11	-89.17	-0.75
三年	32 512.43	605.19	3.72	26 437.97	547.26	4.14	6 074.46	57.92	-0.42
五年	17 210.80	366.71	4.26	13 009.56	307.34	4.72	4 201.24	59.37	-0.46
5. 银行卡存款	118 190.08	207.01	0.35	90 972.30	159.33	0.35	27 217.78	47.68	0.00
6. 财政性存款	2 300.49	4.27	0.37	3 277.45	5.71	0.35	-976.96	-1.44	0.02

中国银保监会的监管风暴、中央银行 MPA 考核与农村商业银行业务经营决策

续表

项目	2017年6月月均余额	付息额	付息率	2016年6月月均余额	付息额	付息率	月均余额增减	付息额增减	付息率增减
7. 保证金存款	3 211.03	12.92	0.80	1 737.43	9.43	1.09	1 473.60	3.50	-0.29
二、应付债券									
三、长期借款									
四、同业存放款项	1 725.76	64.32	7.45	5 764.62	40.56	1.41	-4 038.86	23.76	6.04
五、系统内存放款项		0.00		3 333.33	27.48	1.65	-3 333.33	-27.48	-1.65
六、向中央银行借款	2 833.33	0.00		0.00			2 833.33	0.00	0.00
七、同业拆入款项									
八、系统内拆入资金									
九、卖出回购资产款									
十、转贴现负债		43.92		13 192.51	208.79	3.17	-13 192.5	-164.8	-3.17
十一、其他付息资金									
合计	516 712.43	3 503.97	1.36	439 028.77	3 632.96	1.65	77 683.66	-128.99	-0.29

表 13　　　　　　　　　所有者权益　　　　　　　　单位：万元，%

所有者权益	2017Q2末	2016年末	增加	增幅
实收资本（股本）	20 000.00	20 000.00		
资本公积	9 397.54	9 397.54		
盈余公积	1 894.70	1 554.09	340.61	21.92
一般风险准备	6 470.10	5 076.04	1 394.06	27.46
未分配利润	928.99	3 334.67	-2 405.68	-72.14
合计	38 691.33	39 362.34	-671.01	-1.70

表 14　　　　　　　　　经营成果　　　　　　　　单位：万元，%

项目名称	2017Q2末	2016Q2末	增减	增幅
一、营业收入	13 816.99	11 838.76	1 978.23	16.71
二、营业支出	12 593.15	11 563.51	1 029.64	8.90
三、营业利润	1 223.84	275.25	948.59	344.63
加：营业外收入	0.28	15.86	-15.58	-98.23
减：营业外支出	43.19	43.81	-0.62	-1.42
加：以前年度损益调整				
四、利润总额	1 180.93	247.3	933.63	377.53
减：所得税费用	235.36	76.93	158.43	205.94
五、净利润	945.57	170.37	775.2	455.01

表 15 　　　　　　　　　　**相关财务指标**　　　　　　　单位：万元，%

主要财务指标	2017 年 6 月末	2016 年 6 月末	增减
资产利润率① （折年）	0.34	0.07	0.27
资本利润率② （折年）	4.85	0.91	3.94
净收入费用率③	43.44	53.05	-9.61
净收入④	10 203.06	8 119.05	2 084.01
金融增加值⑤	8 369.41	6 984.39	1 385.02
不良贷款率⑥	2.38	2.79	-0.41
贷款拨备覆盖率⑦	198.12	167.11	31.01
贷款拨备率⑧	4.72	4.66	0.06

注：①资产利润率＝净利润／（期初/2＋一、二、三和期末总资产余额/2）的平均数。
②资本利润率＝净利润/期初/2＋一、二、三和期末所有者权益余额/2）的平均数。
③净收入费用率＝业务及管理费/净收入。
④净收入＝营业收入－利息支出－金融机构往来支出－手续费及佣金支出。
⑤金融增加值＝营业利润＋职工薪酬＋固定资产折旧＋营业税金及附加＋资产减值损失－当年新增不良贷款预计损失。
⑥不良贷款率＝不良贷款余额/各项贷款。
⑦贷款拨备覆盖率＝贷款减值准备余额/不良贷款余额。
⑧贷款拨备率＝贷款减值准备余额/各项贷款。

表 16　　　　　　　　　　**信贷资产分类**　　　　　　　单位：万元，%

项目	2017 年第二季度末	2016 年 12 月末	增减	增幅
贷款总额	410 206.85	378 543.72	31 663.13	8.36
正常贷款	388 166.1	353 154.87	35 011.23	9.91
关注贷款	12 271.82	15 236.58	-2 964.76	-19.46
次级贷款	3 479.62	7 307.06	-3 827.44	-52.38
可疑贷款	6 201.3	2 717.21	3 484.09	128.22
损失贷款	88.00	128.00	-40.00	-31.25
不良贷款	9 768.92	10 152.27	-383.35	-3.78
不良贷款占比	2.38	2.68	-0.30	

中国银保监会的监管风暴、中央银行 MPA 考核与农村商业银行业务经营决策

表 17　　　　　　　　　　风险拨备提取　　　　　　　单位：万元，%

项目	年初余额	当年新提取	冲销	转回	其他	期末余额	增减情况	增幅
贷款损失准备	15 665.43	4 488.79	2 030.95	1 230.46		19 353.73	3 688.30	23.54
坏账准备	382.11					382.11		
各项资产减值损失准备合计	16 047.54	4 488.79	2 030.95	1 230.46		19 735.84	3 688.30	22.98
贷款拨备覆盖率	198.12					154.30	43.82	
拨贷比	4.72					4.14	0.58	

表 18　　　　　　　　　　风险监测指标　　　　　　　　单位：%

项目	主要指标	法定值	2017 年 6 月末	2016 年 12 月末	较法定值
资本状况	资本充足率（BIII）	≥10.5	12.74	13.90	2.24
	一级资本充足率（BIII）	≥8.5	11.63	12.80	3.13
	核心一级资本充足率（BIII）	≥7.5	11.63	12.80	4.13
	杠杆率	≥4	6.76	7.30	2.76
流动性	流动性比例	≥25	37.90	40.62	12.90
	存贷比	≤75	80.15	81.16	-5.15
	流动性缺口率	≥-10	50.89	29.81	60.89
信用风险	不良贷款率	≤5	2.38	2.68	2.62
	单一客户贷款集中度	≤10	9.53	8.50	-0.47
	单一集团客户授信集中度	≤15	9.53	8.50	-5.37
	全部关联度	≤50	11.36	9.75	-38.64
	关注类贷款占比	≤15	2.99	4.03	-12.01
拨备情况	拨备覆盖率	≥150	198.12	154.3	48.12
	贷款拨备比	≥2.5	4.72	4.14	2.22
其他	涉农贷款占比（县域机构）	≥80	75.68	70.34	-4.32
	小微企业贷款占比（城区机构）	≥60	24.71	24.28	-35.29
	贴现（含买断式转贴现）占各项贷款比例	≤15	19.25	25.91	4.25

案例教学使用说明

2017年4月上旬,中国银保监会先后密集下发七个文件,内容涵盖银行业市场乱象整治、银行业风险防控、弥补监管短板、开展"三违反""三套利""四不当"专项治理(简称"三三四"整治),央行推行宏观审慎监管(MPA)进入到实质惩罚阶段,使得多数商业银行重新规划业务经营。本案例选择江苏某农村商业银行[①]为研究对象,让学生通过业务数据分析深入了解银监会的监管风暴叠加中央银行的MPA考核等监管政策对业务的影响,探讨平衡业务发展与监管要求的经营策略。

一、教学目的与用途

本案例教学使用说明:此案例属《金融风险管理和金融监管》研究生案例集项目,为相关课程实施教学撰写,如将本案例应用于其他课程教学安排需要做相应调整,本案例使用说明可做参考。

1. 适用的课程

本案例适用于《金融机构与金融市场》《银行管理学》。

2. 适用的对象

本案例适用对象包括金融专业硕士研究生、金融学术硕士研究生和工商管理硕士研究生。

3. 本案例教学目标规划

银行业务是一个动态的业务,与实体经济活动的变化息息相关;银行是典型的风险企业,银行经营过程中不仅面临一般企业所面临的各种经营风险,更面临着金融机构所特有的金融风险。同时,银行又是社会经济活动各种风险的集散地,各种外部风险也会不同程度地影响银行经营的安全,银行经营中出现的风险反过来又会影响到经济的稳定。商业银行业务经营的稳健性一定程度上具有"公共品"的性质,不仅关系到银行能否实现风险收益最大化的经营目标,而且涉及存款人利益是否能得到尊重及其核心经济功能正常履行。因此,有必要对商业银行实施监管。本案例涉及银行的业务、风险管理与监管要求。

---

① 本案例仅作为课堂讨论的材料。为保密,作者可能在案例中有意隐去了一些真实姓名或其他信息。

中国银保监会的监管风暴、中央银行 MPA 考核与农村商业银行业务经营决策

具体目标分为以下 3 个：
(1) 了解农村商业银行的作用、产品、服务和经营地域；
(2) 运用银行风险管理的技术和工具分析案例银行的风险状况；
(3) 掌握银行监管的实务要求，评价案例银行的经营。

二、涉及知识点

逐利行为为银行从事风险提供极大的激励，金融监管促进了风险度量和监管协议的出现，风险量化技术的发展为开发度量工具奠定基础。本案例涉及金融风险管理与金融监管相关理论要素，具体有以下几个知识点：

1. 银行的业务。资产、负债与中间业务；重点关注因影子银行发展而产生的委外业务。

2. 银行的风险类别。信用风险、市场风险、利率风险、流动性风险和操作风险等。

3. 银行实施风险管理的基本条件。风险度量和评估，通过流程管理使风险与风险要素联系起来。

4. 银行监管的理论、制度与方法：巴塞尔协议、宏观审慎性监管；结合当前金融形势分析监管机构相关的文件监管目标。

三、要点分析

学生需要根据附录中的表进行相应计算，要点如下。

（一）经营概况

总体规模稳步增长：截至 2017 年第二季度末，银行资产总额 564 889.66 万元，较年初增加 25 128.90 万元，增幅为 4.66%；负债总额 526 198.33 万元，较年初增加 25 799.91 万元，增幅为 5.16%。所有者权益为 38 691.33 万元，较年初减少 671.01 万元，降幅为 1.70%。

存贷款规模增长良好：截至 2017 年第二季度末，各项存款 511 770.88 万元，比年初增加 45 379.76 万元，增幅为 9.73%。各项贷款 410 206.85 万元（含贴现金额 78 954.94 万元，下同），比年初增加 31 663.13 万元，增幅为 8.36%。

资产质量有所好转：截至 2017 年第二季度末，不良贷款余额（五级分类）9 768.92 万元，较年初减少 383.35 万元，下降 3.78%。不良贷款率（五级分类）为 2.38%，较年初下降 0.30 个百分点。不良非信贷资产余额为 371.85 万元，较年初上升 52.93 万元，增幅为 16.60%。不良资产余额为 10 140.77 万元，较年初减少 330.42 万元，降幅为 3.16%。

风险拨备水平显著提升：截至2017年第二季度末，贷款损失准备金余额为19 353.73万元，较年初增加3 688.30万元，增幅为23.54%。贷款拨备覆盖率为198.12%，比年初上升43.81个百分点。拨贷比为4.72%，较年初上升0.58个百分点。

拨备后经营效益同比上升：截至2017年第二季度末，实现利润总额为1 180.93万元，比上年同期增加933.63万元，增幅为377.53%，净利润为945.57万元，比上年同期增加775.20万元，增幅为455.01%。净利润同比大幅增加，主要是由于贷款利息收入和金融机构往来收入增幅明显。总资产收益率为0.34%，较上年同期上升0.27个百分点；净资产收益率为4.85%，较上年同期上升3.94个百分点。

（二）资产负债、所有者权益

资产、负债、所有者权益逐年稳步增长。截至2017年第二季度末，全县各项资产总额564 889.66万元，比年初增加25 128.90万元，增幅为4.66%；负债总额为526 198.33万元，比年初增加25 799.91万元，增幅为5.16%；所有者权益为38 691.33万元，比年初下降671.01万元，降幅为1.70%。

（三）资产分析

截至2017年第二季度末，各项资产总额为564 889.66万元，比年初增加25 128.90万元，增幅为4.66%。贷款、现金及存放中央银行款项、存放同业存款是本行的主要资产，占资产总额的92.16%。农业贷款占比较高，占全部贷款总额的71.32%，较上年年末有所上升，上升2.31个百分点。实体贷款较年初增加50 798.31万元，贴现资产较年初下降19 135.18万元。因受2017年银行信贷政策目标（强化信贷管理，严控信贷风险）影响，贷款规模稳中有升，贴现资产业务占比较年初下降明显。各项贷款中，短期贷款26.91亿元，占比较高，占贷款总额的65.61%，较上年末的80.83%下降了15.22个百分点，主要原因为新增贷款主要为5年期以上的个人住房按揭贷款。

（四）负债分析

截至2017年第二季度末，负债总额为526 198.33万元，比年初增加25 799.91万元，增幅为5.16%。增加的主要原因为吸收存款的增加，存款较年初增加了45 379.76万元，占负债总额增量的175.89%。同业负债及拆入资金较年初减少15 147.01万元，占负债总额增量的-58.71%。截至2017年6月末，银行吸收存款511 770.88万元，比年初增加45 379.76万元，增幅为9.73%。在激烈的市场竞争中，保持良好的增长，序时完成全年增长目标，存款结构有所优化,单位活期存款占比有所提升。

(五)经营成果概况

各项收入增幅明显,拨备后经营效益同比上升。截至2017年第二季度末,全行实现各项收入13 817.26万元,同比增加1 962.64万元,增幅为16.56%;各项支出12 636.34万元,同比增加1 029.02万元,增幅为8.87%;利润总额为1 180.93万元,同比增加933.63万元,增幅为377.53%;净利润为945.57万元,同比增加775.20万元,增幅为455.01%。利润增幅提高的主要原因为利息收入和金融机构往来利息收入的增加。2017年第二季度末,净息差(银监口径)为3.63%,比上年末上升0.05个百分点,主要是由于转贴现利率上升。净利差为3.56%,比上年末上升0.25个百分点。贷款收息率(不含贴现)为6.01%,比上年末下降1.05个百分点,银行实体增量贷款主要为房地产按揭贷款、银团贷款,执行利率较低,因此利息收入受到影响,贷款盈利能力减弱。存款付息率为1.32%,比上年下降0.29个百分点。

(六)风险管理、监管指标分析

资产质量有所好转,五级分类不良贷款实现"双降"。截至2017年第二季度末,不良贷款余额(五级分类)9 768.92万元,较年初减少383.35万元,降幅为3.78%。不良贷款率(五级分类)为2.38%,较年初下降0.30个百分点。风险拨备水平提升显著,主要由于加大资产减值准备的提取,以及加大对不良贷款清收力度。截至2017年第二季度末,资产减值准备余额为19 735.84万元,本年提取贷款减值损失4 488.79万元,同比多提取1 246.56万元。核销不良贷款2 030.95万元,同比少核销869.10万元。核销、置换贷款收回转回准备1 230.46万元,同比多收回229.32万元。2017年第二季度末,存贷款比例、涉农贷款占比(县域机构)、小微企业贷款占比(城区机构)等指标未达到监督管理要求,其余指标均已达到监管要求。

四、课程安排

本案例可以作为专门的案例讨论课来进行,如下是按照时间进度提供的课堂计划建议,仅供参考。

整个案例课的课堂时间控制在80~90分钟。

课前计划:提出启发思考题,请学生在课前完成阅读和初步思考。

课中计划:

课堂前言(2~5分钟)简单扼要、明确主题;

分组讨论（30分钟）发言要求：准备发言大纲；

小组发言（每组5分钟）幻灯片辅助，控制在30分钟；

引导全班进一步讨论，并进行归纳总结（15~20分钟）。

课后计划：请学生上网搜索上市农村商业银行的相关信息资料，通过比较分析给出具体的解决方案，写出案例分析报告（1 000~1 500个字）；明确具体的职责分工，为后续章节内容做好铺垫。

在课堂上讨论本案例前，应该要求学生至少读一遍案例全文，对案例启发思考进行回答。具备条件的还要以小组为单位围绕着所给的案例启示题目进行讨论。

我国 A 银行并购美国 B 银行的失败案例

曹源芳①

自商业银行股份制改革至今，中国银行业的规模与实力经历了爆发式的增长，在世界金融舞台上占得一席之地。随着自身实力的提高和中国企业"走出去"步伐加快，中资银行也意识到增强全球布局的必要性。无论是大型国有商业银行、股份制商业银行还是政策性银行和开发性金融机构都在积极推进全球化战略，在完善全球网点部署的基础上，参与更多跨国并购。中国的银行快速扩张需要扩展海外业务，并且银行海外并购有利于中资银行"走出去"。我国银行业要多涉猎海外的商业银行、保险、基金、信托机构等各种金融工具，通过国际结算、贸易融资、外汇保函、银团贷款等方式筹集资金，抢占海外市场，从而真正地实现中资银行"走出去"。

一、并购双方基本情况介绍

（一）A 银行基本情况

A 银行是由非公有制企业入股的全国性股份制商业银行，A 银行确定了"做民营企业的银行、小微企业的银行、高端客户的银行"的市场定位，积极推动管理架构和组织体系的调整、业务结构的调整和科技平台的建设，努力实现二次腾飞，打造成特色银行和效益银行，为客户和投资者创造更大的价值和回报。

A 银行在自身的不断发展中，顺应市场的发展和改革，积极调整市场定位，将民营企业、小微企业及高端客户群体作为主要的目标客户群体，并采取相应措施调整组织体系和管理架构，升级主营业务结构，加快建设信息化科技平台，把握金融业高速发展的契机，稳步提升自身实力，突出业务特色，提高经营效益，努力为客户和投资者带来更多的回报。截至 2014 年末，A 银

---

① 曹源芳（1974—），男，江西赣州人，南京审计大学金融学副教授，经济学博士，研究方向为商业银行业务与经营。

行实现净利润 445.46 亿元,加权平均净资产收益率达到 20.41%,总资产超过 4 万亿元。在分支机构的分布方面,截至 2014 年末,A 银行已在全国 38 个城市设立了 39 家分行,机构总数量为 1 021 个,成为国内综合实力较强的一家股份制商业银行。

(二)美国 B 银行基本情况

美国 B 银行成立于 1974 年,其总部位于加利福尼亚州旧金山,为美国三大华人银行之一,1988 年 11 月,美国 B 银行控股公司在纳斯达克上市,2009 年 11 月 7 日,美国 B 银行由于高层涉嫌欺诈及面临财务危机,被美国联邦存款保险机构接管,华美银行与美国联邦存款保险机构达成买卖协议成功收购了美国 B 银行的全球业务。

美国 B 银行将华人社区作为主营业务客户群,是美国面向华人的银行中最大的商业银行之一。由于加州是美国华人的主要聚集区,所以美国 B 银行的多数分行都设立在加州,除加州和美国主要城市外,还在我国香港设立了一家分行,在内地设有三个代表处。美国 B 银行在市场定位方面与 A 银行类似,主要经营个人和中小企业融资贷款,也做零售银行业务。但由于美国 B 银行还在美国房地产兴盛时期展开了房屋贷款业务,其贷款业务中有一大半的贷款来自房屋贷款,这与 A 银行又并不相同。2009 年,美国 B 银行控股公司的总资产为 104 亿美元,其每股股价下跌至 10 美元以下,比 2007 年下跌了 44%,市值大幅度缩水。2008 年 11 月,为了拯救美国 B 银行控股公司,美国财政部提供了 2.987 亿美元的援助资金。然而在 2009 年 11 月 6 日,由于其高层涉嫌欺诈及面临财务危机,美国 B 银行被美国联邦存款保险机构勒令关闭,并于次日被华美银行收购。

二、并购背景

2007 年,随着美国次贷危机的爆发,发达资本主义国家的金融行业遭到重创,银行业更是损失惨重。而由于管制较严格,开放程度有限,在这场次贷危机中,中国的银行业所受的冲击并不是很大,并且中资银行恰好有"走出去"的意图,这就为中国内地的商业银行海外并购提供了契机。国外的商业银行损失惨重,自顾不暇,而中国的商业银行恰好可用较低的成本进行海外扩张,因此一波海外并购的浪潮开始了。在这次中资银行的海外并购浪潮中,首先"出海"的是国家开发银行,其在 2007 年 7 月收购了英国的巴克莱银行。此后,仅仅 2007—2009 年,就有 13 起中资银行海外并购的案例,海外并购逐渐成为中资银行国际化经营的重要途径。

三、A银行并购美国B银行的动机

A银行自成立以来一直稳健发展，至2007年时在国内已发展良好，占有一定的国内市场份额，而美国次贷危机带来的机会让A银行的高管认为拓展海外业务的时机已经到来，并且希望能借这次机会进军海外市场。具体来说，A银行海外并购的动机主要包括以下几点：

（一）拓展业务地域范围，提高国际知名度

A银行主要是由民间资本入股的，与大型国有商业银行相比，其发展在一定程度上受到此背景的制约，虽然在国内还算有些名气，但是其影响力在国际上并不高。在并购前，A银行在国际银行业的排名一直不尽如人意，在2006年度《银行家》全球千家大银行排名中，A银行只位列全球第247名，全国第8名。作为一家由民间资本发起设立的一家股份制银行，与国有大型银行等银行不同，虽然A银行在国内的股份制银行里排名靠前，在国内拥有稳定的客户群体、较高的市场份额，但是由于没有强大的政府背景，之前一直在国内深耕也未过多地注重海外扩张，在国际上的知名度也不高。A银行从设立到实施此次并购计划，其间只有一次海外扩张的经历，就是2004年中国香港设立了代表处。为了跟上国内同行国际化的步伐，同时面对国内日趋激烈的同业竞争，A银行决定实施"走出去"的战略，因此，A银行试图通过海外并购，拓展地域来增强在国际上的影响力。2007年，A银行决定进行海外并购活动，A银行打算选择在金融市场高度发达的美国作为海外扩张的第一站。并购对象之所选择美国B银行，是因为其无论从规模上还是从服务客户群体来看，都能够与A银行相匹配。美国B银行作为美国本土银行，虽然规模较小，但有数量众多的营业机构，其网点虽比较集中在加州，但在全国都有分布，且其自身的知名度较高，历史较为悠久，具有一定的品牌效应。通过并购美国B银行，A银行可以顺利进入美国本土的金融市场，拓展自身的海外业务，并提高其在国际的知名度，从而提高国际地位。

（二）以低成本进军海外市场

截至2006年末，A银行除内地业务外，仅仅于香港设立了一个代表处，并没有海外的分支机构。因此为了将触角伸向海外市场，要么就要在海外新设自己的分支机构，要么就要采取海外并购的方式。与新设一些分支机构比起来，合理的海外并购无疑可以降低海外扩张的成本。因为一方面，在海外新设分支机构申办周期比较长，困难较多；另一方面，通过海外并购可快速获得对方的机构网络和客户基础，充分利用现有的人力资源与管理体系，尽快实现本土化经营。美国 B 银行经过长时间的发展，在美国本土市场有丰富的经验和熟悉政策法律的管理团队，且作为美国三大华人银行之一，其管理水平和技术水平都是毋庸置疑的。恰逢金融危机，美国 B 银行股价下跌，A 银行觉得这是一个获取被低估资产，同时又能低成本进军海外市场的好时机。

（三）两家银行的市场定位相似

A 银行与美国 B 银行这两家银行的目标客户群都是中小民营企业以及高端个人客户，二者的市场定位相似。这种相似的市场定位便于二者经营理念的无缝衔接，也能够使业务实现协同增长的效应。这样，A 银行在并购美国 B 银行后，便能够顺利迅速地进行业务整合，进而率先占领美国中小企业业务的市场份额。

（四）获取人才等无形资产

美国 B 银行作为排名靠前的华人银行，经过这几十年的发展，积累了相当数量的、稳定的客户群体，这对想进入美国本土市场的 A 银行来说是一笔巨大的无形资产，同时，美国金融行业的整体经营水平、管理能力化及员工素质都较高，因此，A 银行可以利用美国 B 银行的人才和技术优势加快发展。

（五）减少海外扩张阻力

在国内，A 银行和招商银行的情况有些类似，同为股份制银行，都以小企业客户和零售为主，在经营水平上基本位于同一档次，招商银行的海外扩张之路可以被 A 银行所借鉴。2003 年 10 月，中国招商银行纽约代表处就成立了，但是整整 5 年之后，招商银行纽约代表处才被升格为纽约分行。本身美国对金融市场的监管就非常严格，加上意识形态的差异，一家中资银行想进入美国的金融市场的困难就可想而知。因此，结合中国招商银行在美国设立分行所走的曲折、漫长道路，A 银行意图通过跨国并购的方式来绕过招商银行曾经面临的问题相对较容易地被美国监管机构所允许，从而进入美国的金融市场。

四、A 银行并购美国 B 银行的过程

（一）召开董事会会议通过收购计划

在 2007 年 9 月 27 日召开的临时董事会议中，经 A 银行董事会商讨后决定，A 银行将出资并购美国 B 银行的部分股份。A 银行在 11 天后公开了具体

的收购方案,将整个并购计划分为三步,并最终收购美国 B 银行控股公司的 9.9% 的股权,为此 A 银行将出资共计 3.2 亿美元,也将借此成为美国 B 银行的第一大股东,并制订了如图 1 所示的收购计划。

> 第一步:2008年3月,A银行以现金认购的方式,出资约0.97亿~1.45亿美元(折合人民币约7.37亿至11.02亿元)的现金,认购美国B银行控股公司拟增发的新股约535万股(约占美国B银行控股公司增发后总股本的4.9%)。其认购价格为签署投资协议前90个交易日美国B银行控股在纳斯达克股市的平均收盘价。

> 第二步:A银行将在2008年3月31日前(经双方协商同意,可推迟至2008年12月31日前),通过美国B银行控股发行新股或联合控股指定的某些售股股东出售老股的方式,增持到美国B银行控股合计9.9%的股权。新股收购价(如发行)为美国B银行控股第二步交割日期前5个营业日前的90个交易日的平均收盘价,另加5%的溢价,追加投资额约为1.15亿~1.72亿美元(折合人民币约8.74亿~13.07亿元)。

> 第三步:A银行有权但无义务通过购买美国B银行控股发行新股或其指定的某些售股股东出售老股的方式,增持至19.9%的股权。新股的收购价(如发行)将为第三步交割日期前5个营业日前的90个交易日的平均收盘价(第三步平均价)另加15%的溢价。A银行所持美国B银行控股股份的持股不变期为投资协议签署日后三年。

图 1　A 银行海外并购计划

从图 1 可以看出,通过计划前两步 A 银行与美国 B 银行约定要达到的持股比例是 9.9%。而最后一步是否增持至 20%,A 银行是保留了其自主选择权的。

(二)与 B 银行签署合作协议

2006 年影响全球的金融危机,其产生原因是次级信贷机构的破产。这场危机引起了全世界人民对美国住房贷款现状的担心,对于想要走入美国金融市场的 A 银行来说,既是机会,也存在一定的风险。

2007 年,当时的 B 银行董事长前来与 A 银行洽谈。在会议上,他抓住 A 银行急于进入美国市场的心态,积极游说,试图打消 A 银行的顾虑。他承诺,B 银行并不像其他美国的金融机构一样受次级信贷的影响,甚至连一个次级头寸都不存在。A银行在大跃进想法的驱动下,再加上当时属于世界五大投行之一的美林银行的推动,很快便于10月1日与B银行签署了合作协议。

(三) 对B银行进行收购

2008年3月,按照收购计划,A银行支付9 690万美元的现金购买了B银行增发的新股,成为第一大股东,占股4.9%。依照惯例,A银行将一名董事派往B银行任职,但是此名股东在决策上没有决定权,实质上是虚设。

2008年3月至11月期间,原本只在美国境内的信贷危机快速蔓延到世界的各个地区,全球经济呈现低迷的态势,华尔街受影响尤其严重,很多百年老店一夜间倒闭。经济的颓势之后紧接着便是全球股票市场的动荡,美国B银行的股价短时间内急速下跌,跌幅达68%,大部分机构投资者都抛售其股票止损。而此时,美国B银行董事长却多次到访中国,对A银行宣称股票价格接近谷底,马上要触底反弹,此时是投资的好机会。A银行听信了他的说法,继续持股。

2008年11月,美国财政部对B银行进行了注资,金额为2.987亿美元。这项注资属于美国股权增资计划的一部分,而其对象都是经过美联储和财政部层层挑选的,保证最终被注资的是没有财务问题、拥有发展前景的企业。这次看似"严格"的注资,坚定了A银行的持股信心。

2008年12月,正当A银行坚信可以低价完成这场收购,按照计划书进行第二次注资,支付0.3亿美元的时候,B银行管理层被爆出存在违规事项,需要接受调查。这个事件犹如当头棒喝,也预示着并购的结果或许并不乐观。

2009年9月,经过将近一年的调查,B银行在美联储的监督下发布了一份独立调查报告。报告中承认了其存在严重的财务问题,受金融危机的影响呈现越发严重的趋势,管理层对这一情况进行了隐瞒。曾经信誓旦旦,高调宣称"B银行是一家非常健康的银行"的管理团队面临被起诉。

2009年11月,这家经营了35年的B银行最终宣告关闭。此时的A银行想要买下B银行,但是由于美联储强硬的态度而未果。最终,B银行被另一家银行收购。

时隔不久,A银行对外发布确认投资损失的公告。公告中提到两次注资合计约为8.87亿元人民币,截至2009年9月30日,已确认投资和减值损失共计8.24亿元人民币。

五、A银行海外并购失败原因及启示

A银行海外并购美国B银行对A银行而言之所以是一次失败的并购行为,

主要是由于几点原因：一是没有充分分析自身的优势和劣势，二是对海外当地法律法规了解不够深入，三是没能做好尽职调查工作，四是对并购时机掌握不当，五是在并购区位和并购对象的选择上不够谨慎，六是未能合理选择并购对象。

（一）没有充分分析自身的优势与劣势

A银行选择美国B银行作为并购对象，没有深入地进行自身优劣势分析，A银行与招商银行、浦发银行等具有类似的发展水平，处于同样的发展阶段，A银行在进行海外扩张时候，没有充分考虑比较自身与同类型的银行相比的优劣势变化，没能给A银行的海外并购提供有价值的参考。与A银行最具可比性的银行是招商银行，招商银行在1991年便成立了纽约代表处，但是直到2008年才得到纽约联邦储备委员会的批准，升格成纽约分行，之间经历了17年，经历漫长的过程，除了有招商银行自身条件还不能满足美国银行业的监管要求外，政治上的歧视因素也是很重要的原因，但是A银行在决定并购美国B银行之前，从招商银行纽约分行这件事上，仅仅看到了新设机构的漫长，而没有充分考虑到政治因素，没能充分认识到在采用并购这一扩张形式上，A银行与招商银行相比，并没有明显的优势，在政治待遇上也没有明显的优待，如果A银行能够深入分析招商银行可以等17年新设一家分行而不是并购一家美国当地的银行来实现海外扩张从中权衡出激进、快速地进入美国市场的利害关系也许会取消或者暂缓并购美国B银行这一行动。

（二）充分了解当地的相关法律法规

在A银行海外并购美国B银行这一案例中，失败的原因之一就是在并购前，A银行没有完全知晓美联储对于本国银行的层层法律保护，导致A银行向美国B银行派驻的董事没有话语权，即A银行对美国B银行并没有实际的控制权。美国的相关法律对于本国的银行设置了层层保护，美联储对于外资银行对本国银行的并购行为态度也十分强势，在A银行向美联储表明自己的收购意图后，美联储表现出十分谨慎的态度。在完成首轮近1亿美元的现金注资后，A银行发现，即使在美国B银行长期派驻了一位董事，甚至在已经变成其最大的股东之后，竟然还是完全没有掌握到话语权。没有控制权的并购，对于A银行而言只是财务投资而不是战略投资，并不能真正地参与公司的发展决策，十分被动，对于A银行进军国际市场的帮助也是有限的。而A银行之所以处于如此被动的地位，究其原因是A银行在并购前对美国并购的相关法律法规没有足够的了解，对于美联储的强势没有做好充分的准备。由此可见，在制订海外并购计划之前，并购银行就应当对被并购银行所在的国家或地区相关的法律法规进行深入的了解与透彻的分析，对与之有关的法律法规可能会给并购带来的影响做好充分的准备。

总而言之，在海外并购的活动中，一定会关系到与被并购方相关的法律法规，所以，只有事先对当地的相关法律法规有透彻的了解，才能将并购方案制定得更加合理且有效，降低海外并购隐含的风险，从而促使海外并购行为的成功。例如英国的相关法律规定，发出并购要约的银行在并购后所持有的股份不可超出被并购银行总股份的 30%，若是已经持有了 30% 的股份，则不能够继续购买被并购银行的股份。此外，美国、日本等其他国家对银行的并购行为也都出台了相应的法律措施。综上所述，各个国家对于本国银行被外资银行并购这一行为都做出了详尽的有关规定。在中资银行计划实施海外并购前，一定要对当地的法律法规进行深入透彻的研究，这样才能保证并购活动能够顺利进行。

（三）认真做好尽职调查工作

尽职调查一般指在进行并购交易前，并购方经过一系列的调查和分析活动，确定被并购方的投资价值，确保该并购行为中没有存在隐蔽风险，以及评估可能发生的问题而带来的责任和利益影响。在进行海外并购交易之前，对被并购方的各方面情况进行全面而深入的调查了解是必不可少的。在金融业激烈的竞争背景下，即使有着密切的业务往来，一家银行也不可能把自己全部的信息展现给合作方，而是会倾向于公布对自己有利的部分信息。做好尽职调查工作，有利于发现被并购方可能存在的问题，降低交易后发生财务风险、商务风险等的可能，从而提前做好应对策略，以减少可能给自己带来的不利影响，同时，也可以通过尽职调查了解被并购方的资源、业务、财务、客户群体等方面的内容，判断其价值是否符合收购价格，这也对并购后的资源整合等后续工作提供了依据。此外，尽职调查工作可以让并购方接触到文件、资料等书面内容，一旦发生并购纠纷，调查中获取的书面资料也可以成为一种重要证据。

A 银行在决定海外并购美国 B 银行之前，A 银行自身并未认真做好尽职调查工作，甚至对美国 B 银行的财务报表都没有严格按照应有的流程进行查阅，而是仅仅凭借着时任美国 B 银行控股公司董事长兼总裁的一面之词就确立了合作意向。双方从高管的首次会面到签署合作协议，整个过程十分仓促，仅用了 3 个月的时间。A 银行在投资后才发现，对方的法人治理结构极不完善，美国 B 银行甚至在事前就有财务粉饰的行为，刻意隐瞒了其真实的盈利水平，导致美国 B 银行最终倒闭。而美国在政治上的强势使得 A 银行在美国 B 银行破产后提出的注资申请也被拒绝，A 银行遭受了惨重的损失。

在这一案例中，A 银行如果能够事前做好尽职调查工作，那么投资后出现的诸多问题中有一部分完全是可以提前觉察的，A 银行也不会遭受如此重大的损失。所以，中资银行在选择进行海外并购前，应当认真完成尽职调查工作，特别是在中资银行大举进行海外扩张的大环境下，切不可以忽视这项工作的重要性。

认真做好尽职调查工作，首先要做到的就是认识到在并购之前尽职调查的重要性。其次就是要详尽地掌握尽职调查的具体工作。全面的尽职调查除了程序化的流程之外，还应当进行反复的求证，对计划投资的银行进行适当的实地考察。在并购前进行尽职调查工作时，要对对方银行的历史、经营现状以及未来发展潜力进行评估，还应当通过详尽的财务和税务调查来了解对方的具体财务情况。除此以外，对管理层的具体调查也同样是至关重要的。管理层的行为作风往往对整个公司的未来发展都有非常关键的影响。总之，中资银行在进行海外并购活动前，一定要对拟投资的对象进行充分、细致、深入、灵活的尽职调查，从而保证并购行为是合理的。

（四）提升自身实力，抓准并购时机

A 银行在海外并购前自身实力并不是很强，且在并购美国 B 银行之前，A 银行在境内也完全没有并购经验，在境外也只在香港设立了办事处。而美国 B 银行在此之前已是全美华人第二大银行，虽然在资产规模上没有 A 银行庞大，但其经营管理模式已经比较成熟。在自身综合实力不是很强的时候选择并购一家在运营管理方面优于自己的银行，是一种比较冒险的行为。从以往的案例来看，通常"强"公司并购"弱"公司成功的可能性更高。此外，A 银行缺乏国际化的人才和经验，在谈判过程中只能听从对方和投行给出的意见，缺乏自己的判断。A 银行在并购美国 B 银行的整个过程中，自身没有精通跨国并购的专业人才，而是完全依赖第三方咨询机构，这就存在着一定的风险，第三方机构可能不会立足于 A 银行的角度考虑问题，而是尽可能地促成这次交易，这也使 A 银行的利益遭受了重大损失。所以，中资银行在进行国际化发展的过程中，应当先提升自身综合实力，加强国际化人才团队的建设，只有把自己做大做强，才能真正适应全球化的步伐。

从时机上来讲，A 银行选择在次贷危机这一特殊的金融形势下进行海外并购，本以为可以抄底买到低于以前市值的资产，但却低估了金融危机带来的风险。在次贷危机开始后很长一段时间，系统性的风险都可能没有被彻底释放。而且金融业不同于其他行业，其交易的多样性与复杂性导致风险远远高于普通行业，风险可能更不易被发现，甚至连被并购方所在国家的金融监管当局对相关的风险认识也是比较滞后的，更何况外国的投资者。美国B银行在金融危机到来后短短的几周内，股价就下跌了68%，导致了A银行第一次的注资大幅缩水。而在此时，美国B银行董事长再度来到中国，又详细地说明了B银行所谓的优势，表明此时是投资美国B银行最好的时机。面对抄底的诱惑，A银行完成了第二次注资，也使A银行的损失进一步扩大。因此，在危机爆发之初，中资银行应当不要急于抄底，不要盲目跟风，而是冷静思考，认清国际金融形势，充分权衡利弊得失，真正抓准海外并购的时机。

（五）合理选择并购区位

在中资银行进行海外并购时，合理选取并购地区是至关重要的。A银行在选取并购对象时有些盲目乐观，选取了中国从来没有涉足的美国市场。而中资银行海外并购美资银行是史无前例的，基本没有经验和教训可以学习和借鉴，对于自身实力并不是很强的A银行来说，只能"摸着石头过河"，其难度是不言而喻的。参考一些较为成功的跨国银行的发展历程，大型银行采用的国际化战略大都是从香港地区向东南亚地区再到全球市场的转变，因此，在进行并购区位的选取时，中资银行应当主要以我国周边的地区与亚洲区域作为基础之一，逐步向欧美市场进军。首先，中资银行对于香港地区的法律法规和文化氛围比较熟悉，并且与客户的沟通等方面必然更为方便，此外，香港地区由于特殊的历史发展过程，具有相对更加成熟的金融市场，中资银行选择在这里发展也可以进一步适应竞争氛围，学习成熟经验。因此香港目前已经成为我国金融业和银行业在发展时选择的重要跳板之一，使得中资银行能在逐步提升自己的同时稳步迈入国际市场。其次，东南亚市场对中资银行的海外扩张进程也可以起到极大的帮助作用，我国早已与东南亚多国建交，也有很多华裔人口长居东南亚各国，因此在文化和经济上的差异较小，可以让中资银行并购后较快地适应市场环境，融入其生活环境中，更好地发现自身的发展方向。而且东盟作为我国的贸易伙伴，我国与东盟贸易往来频繁，双方之间的结算、汇兑等业务往来更加频繁，这为中资银行在该地区发展分支机构，并购当地银行等提供了较大的市场需求，因而业界普遍认为，以新加坡和泰国两地市场为代表的东南亚金融市场，是银行想要海外扩张、进军国际的较好的突破口之一。

借助于这些发展业务的基础,中资银行海外并购的成功率会得到一定程度上的提升,也可以自此逐步向欧美等发达地区拓展业务市场。例如,同样是期望扩张海外市场的招商银行选择了香港的永隆银行进行境外并购。此前,招商银行就已经在香港金融市场有一定的涉足,也积累了一定的业务经验,对香港金融市场有了充分的了解与认识,因此它能够获得并购的成功。除了香港及东南亚金融市场之外,中资银行也可重点关注非洲等新兴国家的金融市场,等到获取了足够的经验再向美欧等发达的金融地区进军。这是由于非洲地区作为新兴市场,其发展潜力大,竞争和经营成本相对较低,而且这些新兴市场的经济发展速度快,对于中资银行来讲,这些地区的市场都还处于自身尚未开发的阶段当中,如果中资银行能够在合适的机会进入这些新兴市场,不仅可以抢占市场先机,而且借助于中非关系的稳步发展,非洲作为我国贸易伙伴市场价值的不断提升,进入的中资商业银行也能够获得可观的收益。例如,中国工商银行选择的海外并购进程,就是从非洲地区开始,并购了南非标准银行,虽然没有控股,但是得益于南非标准银行庞大的客户群体和市场范围,工商银行在此次并购中也获得了令人满意的经验和收益,也同时为其之后进行的其他并购行为奠定了基础。此后,中国工商银行海外并购了东盟市场中的泰国 ACL 银行,进一步获得了泰国由于经济快速发展而带来的良好的市场空间,同时间段内中国工商银行进一步并购了南美市场的阿根廷标准银行,北美地区的加拿大东亚银行及美国东亚银行,与中国工商银行的海外分支机构一道,逐步拓宽了自己海外扩张的市场,获得了海外并购的成功。

当然,从另一方面看,非洲等新兴市场所在地与我国的文化、经济背景还是存在着较大的差别,再加上这些地区政治经济情况复杂多变,因此在选择这些新兴市场作为发展目标时,需要中资银行慎重地进行调查和决策。总之,在中资银行海外扩张的目标区域上,应当根据自身的实际发展状况和战略需求,选择香港和东南亚等文化背景相似的区域,或是非洲等发展前景较好的新兴市场等地区,做好深入的调查考量,便从并购行为中获取足够的经验,从而进一步进军欧洲、美洲等经济发达国家的金融市场。

(六)合理选择并购对象

对于海外并购对象的选取,中资银行应根据自身制定的发展战略以及资本实力,合理选定符合自身长期发展方向的并购对象。中资银行可选择那些经营状况良好,且规模与自身相符的本土化银行,以及曾与自己有合作往来的本土银行,这样对被并购方有了大致的了解,深入的调查工作可更加方便地进行,而且并购本土化银行可以借助被并购方在当地的影响力,适当降低并购后开拓市场的成本,能够迅速地进入当地市场并占有一定席位,而选择规模适度的银行可以降低并购难度,减小损失的风险,并且这对二者并购后进行整合也是有利的。同样以中国工商银行为例,在收购阿根廷标准银行时,有55%的股份是通过南非标准银行旗下的全资子公司购买的,而且阿根廷标准银行也是由南非标准银行控股的,而中国工商银行同南非标准银行的合作已久,因而对被并购方有更加全面的了解,对这次并购的结果也抱着较为乐观的态度。

A银行在选取美国B银行作为其并购对象时,则体现出了激进的扩展战略,新加坡淡马锡控股派出的董事苏庆赞就持有反对的意见(当时新加坡淡马锡控股持有A银行3.3%的股权),他认为美国B银行将主要业务范围集中在商业房地产贷款,与A银行的主要业务范围和战略发展方向不完全一致。A银行选择的美国B银行在业务上与A银行不完全相似,且其贷款中商业性房地产贷款占比较大,美国房地产市场的波动会对美国B银行造成较大的风险,这也是造成并购失败的原因之一。但是在选择并购对象时,选择完全与自身业务领域相同的被并购方也不是完全可取的,与其他规模较大的跨国银行的业务范围相比,由于我国金融业的分业监管制度使得我国商业银行的业务种类相对较为单一,在海外的金融市场中,多元化的业务范围不失为一种强有力的竞争手段,也有助于更广阔地拓展市场。因此,中资银行在进行海外并购时可以考虑业务上的互补性,详细了解被并购方的业务范围、客户群体等,并且分析并购后在该地的发展潜力和方向,选择那些符合自己的发展规划,具有充足的客户资源,在业务领域能和自己形成优势互补的银行、证券等企业。总而言之,在选择并购对象时,应当结合自身的发展战略来进行决策,切不可盲目跟风。例如,如果一家银行自己本身的战略是期望能够迅速拓展海外业务,那么在选取并购对象时就应当选取那些在国际银行业务方面经验比较丰富的银行;如果一家银行进行海外并购是因为在海外的业务较多,需要扩大在其他国家或地区的业务板块,则应当去并购在相应地区具有相应业务优势的银行;而如果一家银行的战略是快速占领海外市场,那么这家银行应当选择并购在相应地区拥有较多营业网点,并在当地具有一定影响力的银行。由此可见,在选择海外并购对象时,中资银行应当根据自身的发展战略慎重选择，通常选择规模相近或较小、主要业务方面相近或能实现互补的银行，或同本国跨国企业在当地有较为密切的业务往来关系的银行。只有合理地选择好并购对象，才可以真正较好地实现海外并购的目的。

结束语

展望未来，随着经济发展、经济全球化的深入，海外并购是我国银行与世界接轨的重要方式。我国银行从初次涉足海外金融市场，到今日初具规模。虽然看似取得了一些成绩，但是从并购过程的方方面面来说，还是存在与国际银行之间的差距，国际市场上的竞争力不高。全球经济的发展瞬息万变，机会也稍纵即逝，我国银行需要在机会来临时迅速抓住，积极向行业先进学习，找准自身在海外市场的定位，积极参与国际市场竞争，努力获取世界金融市场的一席之位。

思考题

1. 什么是并购？并购有哪些风险？
2. 商业银行通过并购的方式进入国际市场具有哪些优势？
3. A银行并购美国B银行策略存在哪些问题？
4. A银行海外并购失败的案例能够给我们什么启示？

案例教学使用说明

一、教学目标与用途

1. 本案例主要适用于研究生课程中"并购""跨国经营""银行国际化"等内容的学习，适用于金融学术硕士及专业硕士等经济管理类研究生等案例教学使用。如将本案例应用于其他相关课程，本案例说明可做相关调整。

2. 本案例是一篇关于"A银行跨国并购"方面的案例，其教学目的首先在于使学生通过案例所给出的基本背景了解到"A银行跨国并购"的基本过程，其次进一步结合案例相关背景资料，分析A银行跨国并购失败的原因和如何避免这种情况再次发生的相关对策与思路。

二、涉及知识点

本案例涉及的主要知识点：

硕士生课程中的有关并购、跨国并购、跨国经营以及金融的国际化等知识点。

三、理论依据及分析

（一）效率理论

企业并购理论和并购实践一样充满着鲜明的时代脉搏。传统的效率理论认为，并购可提高企业的整体效率，即协同效应"2+2>5"，包括规模经济效应和范围经济效应，又可分为经营协同效应、管理协同效应、财务协同效应和多元化协同效应，如夺取核心资源、输出自己的管理能力、提高财务信誉而减少资金成本、减少上缴税收、多元化发展以避免单一产业经营风险。横向、纵向、混合并购都能产生协同效应。鲍莫尔（1982）提出可竞争市场和沉淀成本理论，进一步支持效率理论。1984年美国司法部的《合并指南》修正《克莱顿法》的传统观点，旗帜鲜明地支持效率理论。

（二）交易费用理论

科斯（1937）提出企业的存在原因是可以替代市场节约交易成本，企业的最佳规模存在于企业内部的边际组织成本与企业外部的边际交易成本相等时，并购是当企业意识到通过并购可以将企业间的外部交易转变为企业内部行为从而节约交易费用时自然而然发生的。交易费用理论可较好地解释纵向并购发生的原因，本质上可归为效率理论。

（三）市场势力理论

通过并购减少竞争对手，提高市场占有率，从而获得更多的垄断利润；而垄断利润的获得又增强企业的实力，为新一轮并购打下基础。市场势力一般采用产业集中度进行判断，如产业中前4家或前8家企业的市场占有率之和（CR4或CR8）超过30%为高度集中，15%~30%为中度集中，低于15%为低度集中。美国则采用赫芬达尔系数（市场占有率的平方之和）来表示产业集中度。该理论成为政府规制并购、反对垄断、促进竞争的依据。

（四）代理成本理论

现代企业的所有者与经营者之间存在委托—代理关系，企业不再单独追求利润最大化。代理成本由詹森和麦克林（1976）提出，并购是为降低代理成本（法玛、詹森，1983）。

金融经济学解释并购失效的三大假说：一是过度支付假说，主并方过度支付并购溢价，其获得的并购收益远远低于被并方的收益；二是过度自信假说（罗尔，1986），主并方的管理层常常因自大而并购，任何并购价格高于市场价格的企业并购都是一种错误；三是自由现金流量假说（詹森，1986），并购减少企业的自由现金流量，可降低代理成本，但适度的债权更能降低代理成本进而增加公司的价值。

（五）战略发展和调整理论

与内部扩充相比，外部收购可使企业更快地适应环境变化，有效降低进入新产业和新市场的壁垒，并且风险相对较小。特别是基于产业或产品生命周期的变化所进行的战略性重组，如生产"万宝路"香烟的菲利普·莫里斯公司转向食品行业。

企业处于所在产业的不同生命周期阶段，其并购策略是不同的：处于导入期与成长期的新兴中小型企业，若有投资机会但缺少资金和管理能力，则可能会出卖给现金流充足的成熟产业中的大企业；处于成熟期的企业将试图通过横向并购来扩大规模、降低成本、运用价格战来扩大市场份额；而处于衰退期的企业为生存而进行业内并购以打垮竞争对手，还可能利用自己的资金、技术和管理优势，向新兴产业拓展，寻求新的利润增长点。

四、要点分析

教师可以根据自己的教学目标（目的）来灵活使用本案例。这里提出本案例的分析思路，仅供参考。

（一）并购的概念与类型

并购指的是两家或者更多的独立企业，公司合并组成一家企业，通常由一家占优势的公司吸收一家或者多家公司。

并购的内涵非常广泛，一般是指兼并（Merger）和收购（Acquisition）。兼并，又称吸收合并，即两种不同事物，因故合并成一体。

收购，指一家企业用现金或者有价证券购买另一家企业的股票或者资产，以获得对该企业的全部资产或者某项资产的所有权，或对该企业的控制权。与并购意义相关的另一个概念是合并（Consolidation），指两个或两个以上的企业合并成为一个新的企业，合并完成后，多个法人变成一个法人。

并购的实质是在企业控制权运动过程中，各权利主体依据企业产权作出的制度安排而进行的一种权利让渡行为。

并购活动是在一定的财产权利制度和企业制度条件下进行的，在并购过程中，某一或某一部分权利主体通过出让所拥有的对企业的控制权而获得相应的受益，另一个部分权利主体则通过付出一定代价而获取这部分控制权。企业并购的过程实质上是企业权利主体不断变换的过程。

跨国并购就是指企业通过一定的渠道和支付手段，将目标国企业的一定份额的股权直至整个资产收买下来。事实上，跨国并购是企业在一定时期内进入国际市场的最快模式,是企业实现快速发展的捷径。随着中国经济的崛起和发展,中国企业的国际竞争力逐渐增强,中国企业跨国并购风起云涌。2014年中国企业海外并购交易数量同比增长近三分之一,达到创纪录的246宗,海外并购交易金额达到550亿美元。

跨国并购越来越成为国际直接投资的首选,这与跨国并购本身的优势是密不可分的。首先,企业可以通过跨国并购迅速进入他国市场并扩大其市场份额,即可以避免出口模式带来的跨国运输高额费用和他国关税壁垒的阻碍,也比投资"绿地项目"耗费的时间短。其次,企业可以充分利用被并购企业的成熟资源,包括项目资源、人力资源、管理体系、市场资源,等等,有效降低初入目标国市场的困难,提升竞争力,这些是其他模式难以快速获得的。最后,充分享有对外直接投资的融资便利,并购相比"绿地项目"的融资渠道更广泛。

(二) 并购的动因

产生并购行为最基本的动机就是寻求企业的发展。寻求扩张的企业面临着内部扩张和通过并购发展两种选择。内部扩张可能是一个缓慢而不确定的过程,通过并购发展则要迅速得多,尽管它会带来自身的不确定性。

具体到理论方面,并购的最常见的动机就是协同效应(Synergy)。并购交易的支持者通常会以达成某种协同效应作为支付特定并购价格的理由。并购产生的协同效应包括——经营协同效应(Operating Synergy)和财务协同效应(Financial Synergy)。

在具体实务中,并购的动因,归纳起来主要有以下几类:

1. 扩大生产经营规模,降低成本费用

通过并购,企业规模得到扩大,能够形成有效的规模效应。规模效应能够带来资源的充分利用,资源的充分整合,降低管理、原料、生产等各个环节的成本,从而降低总成本。

2. 提高市场份额,提升行业战略地位

规模大的企业,伴随生产力的提高、销售网络的完善,市场份额将会有比较大的提高,从而确立企业在行业中的领导地位。

3. 取得充足廉价的生产原料和劳动力,增强企业的竞争力

通过并购实现企业的规模扩大,成为原料供应的主要客户,能够大大增强企业的谈判能力,从而为企业获得廉价的生产资料提供可能。同时,高效的管理、人力资源的充分利用和企业的知名度都有助于企业降低劳动力成本,

从而提高企业的整体竞争力。

4. 实施品牌经营战略，提高企业的知名度，以获取超额利润

品牌是价值的动力，同样的产品，甚至是同样的质量，名牌产品的价值远远高于普通产品。并购能够有效提高品牌知名度，提高企业产品的附加值，获得更多的利润。

5. 为实现公司发展的战略，通过并购取得先进的生产技术、管理经验、经营网络、专业人才等各类资源

并购活动收购的不仅是企业的资产，而且获得了被收购企业的人力资源、管理资源、技术资源、销售资源等。这些都有助于企业整体竞争力的根本提高，对公司发展战略的实现有很大帮助。

6. 通过收购跨入新的行业，实施多元化战略，分散投资风险

这种情况出现在混合并购模式中，随着行业竞争的加剧，企业通过对其他行业的投资，不仅能有效扩充企业的经营范围，获取更广泛的市场和利润，而且能够分散因本行业竞争带来的风险。

（三）并购的经济效应分析

1. 韦斯顿协同效应

该理论认为并购会带来企业生产经营效率的提高，最明显的作用表现为规模经济效益的取得，常称为 $1+1>2$ 的效应。

2. 市场份额效应

通过并购可以提高企业对市场的控制能力，通过横向并购，达到由行业特定的最低限度的规模，改善了行业结构，提高了行业的集中程度，使行业内的企业保持较高的利润率水平；而纵向并购是通过对原料和销售渠道的控制，有力地控制竞争对手的活动；混合并购对市场势力的影响是以间接的方式实现，并购后企业的绝对规模和充足的财力对其相关领域中的企业形成较大的竞争威胁。

3. 经验成本曲线效应，其中的经验包括企业在技术、市场、专利、产品、管理和企业文化等方面的特长，由于经验无法复制，通过并购可以分享目标企业的经验，减少企业为积累经验所付出的学习成本，节约企业发展费用，在一些对劳动力素质要求较高的企业，经验往往是一种有效的进入壁垒。

4. 财务协同效应，并购会给企业在财务方面带来效益，这种效益的取得是由于税法、会计处理惯例及证券交易内在规定的作用而产生的货币效益，主要有税收效应，即通过并购可以实现合理避税、股价预期效应，即并购使

股票市场企业股票评价发生改变从而影响股票价格,并购方企业可以选择市盈率和价格收益比较低,但是有较高每股收益的企业作为并购目标。

(四) 并购的风险及风险控制策略

企业并购后可以产生协同效应,可以合理配置资源,可以减少内部竞争等多方面有利于企业发展的优势,但也存在大量风险,尤其财务风险最为突出。

1. 并购的主要风险

(1) 融资风险

企业并购通常需要大量资金,如果筹资不当,就会对企业的资本结构和财务杠杆产生不利影响,增加企业的财务风险。同时,只有及时足额筹集到资金才能保证并购的顺利进行。

按筹资的方式不同,可分两种情况:

①债务性融资风险,多数企业通过负债筹资的方式一般为长期借款,但是银行信贷资金主要是补充企业流动资金和固定资金的不足,没有进行企业并购的信贷项目,因此,难以得到商业银行支持。另一种负债筹资的方式是发行企业债券,虽然资金成本较低,但筹资时间长,筹资额有限。

②权益性融资风险,发行普通股是企业筹集大量资金的一种基本方式,而且没有固定利息负担,筹资风险小。但是,股利要从净利润中支付,资金成本高,而且无法享受纳税利益。

(2) 目标企业价值评估中的资产不实风险

由于并购双方的信息不对称,企业看好的被并购方的资产,在并购完成后有可能存在严重高估,甚至一文不值,从而给企业造成很大的经济损失。并购过程中人的主观性对并购影响很大,并购并不能按市场价值规律来实施。并购本身是一种商品的交换关系,所以需要建立服务于并购的中介组织,降低并购双方的信息成本且对并购行为提供指导和监督。

(3) 反收购风险

如果企业并购演化成敌意收购,被并购方就会不惜代价设置障碍,从而增加公司收购成本,甚至有可能会导致收购失败。

(4) 营运风险和安置被收购企业员工风险

企业在完成并购后,可能并不会产生协同效应,并购双方资源难以实现共享互补,甚至会出现规模不经济,整个公司反而可能会被拖累。而且并购方往往会被要求安置被收购企业员工或者支付相关成本,如果公司处理不当,往往会因此而背上沉重的包袱,增加其管理成本和经营成本。

2. 并购风险的控制策略

顺利的并购能够给企业带来很大的发展,但是如果并购遭到阻碍,也会给企业带来不小的损失。企业在并购时要采取相应对策降低并购风险。

(1) 了解目标公司价值和情况

企业要合理确定目标公司的价值,降低估价风险。信息不对称是产生目标公司价值评估风险的根本原因,因此,企业应在并购前对目标公司进行详尽的审查与评价。

企业可以聘请投资银行根据公司的发展规划进行全面策划,对目标公司的产业环境、财务状况和经营能力进行全面的分析,从而对目标公司的未来收益能力做出合理的预期。要小心被并购方财务报表上的漏洞,多留意表外内容,是否存在未决诉讼、大宗担保等预计负债,主要设施、关键设备是否被抵押等,以防资产不实风险。

(2) 看准时机,速战速决

企业一旦确定了并购目标,就要看准时机,该进则进,该退则退,运筹帷幄。不宜战线过长,耗时费力,虚增并购成本,更有甚者,给目标公司钻了空隙,功亏一篑。所以要果断出击,速战速决。

(3) 统一战略方向,妥善安置员工

企业要防范营运风险和员工的安置风险,要从生产、技术、资源、市场等方面彻底融合,进行总体布局。另外,文化理念要统一,双方在并购前的发展目标、岗位要求、管理方法都不一样,并购后要统一到一个方向上来。最后,要妥善安置员工,对被并购企业的员工一视同仁,给予相同的福利待遇和政治待遇,会激发被并购公司员工的工作热情,并购后的效益就可以得到保障。

(五) 跨国并购可能失败的因素

跨国并购的成功案例往往被业界津津乐道,但我们也需要清楚地认识到跨国并购对企业的自身能力要求高,风险大,需要谨慎而行。下面我们来看一下跨国并购可能失败的主要因素。

1. 企业缺乏国际战略指引。跨国并购失败的案例大都是"市场机会"牵引,企业以为遇到"便宜货"或"良好进入时机",盲目地进行并购,不清楚为什么要并购,通过并购得到什么,并购以后怎么办,从而给企业带来极高的风险。

2. 企业缺乏系统而全面的国别分析。对于目标国政治、经济、政策、法律以及营商环境等不了解，使得企业贸然进入目标国开展并购工作，可能由于政治风险、外资限制政策、行业壁垒、通货膨胀、汇率风险等多种风险，使企业陷入纠纷或背上包袱。

3. 对于并购方案缺乏深入研究。并购方案设计需要以深入的尽职调查、丰富的并购经验以及全面而细致的研究作为基础。首先是中介聘请问题，国内企业和中介机构缺乏国际并购经验。因此，聘请国际一流的中介机构是十分必要的，不要因为盲目自信或节省高昂的中介费用而忽视这点。其次是尽职调查问题，只有全面而深入的尽职调查才能发现由于不同的国家和营商环境而带来的风险，从而规避、防范风险。最后是方案设计问题，只有做好上述两点，才有可能对外部环境和风险有足够的预估并做出相应的计划安排，并结合出售和并购动机、自身和目标企业的优劣势，设计较为完善的并购方案。

4. 缺乏合适的公司治理和整合方案。国内企业在完成并购交易后，往往不重视公司治理结构的设计和资源、文化的整合，导致无法实现企业价值最大化，或后续管理不善效益下滑，或国内外理念、文化冲突成为企业发展的障碍。

（六）跨国并购的路径

跨国并购路径设计和选择不是依靠一个方案或短时期内可以实现的，是一个企业在国际化探索和发展中，所做的战略、策略、资源、能力、人才等全方位的保障，最后通过跨国并购以及跨国企业管理来实现价值最大化的系统工程。

1. 明确国际化发展战略

国内企业"走出去"必须事先做好国际化发展战略，做到"谋定而后动"。国际战略首先要明确"7个W"，即为什么"走出去""走出去"做什么、什么时候做、谁来做、哪里做、做哪个领域、怎么做？切实研究和回答了这些问题，才能做好国际化发展的战略指引。

2. 做好国际化发展的人才、能力和资源保障。跨国并购不是一蹴而就的工作，是需要企业自身练好内功，进行必要的准备之后才能开展的工作。第一，培养国际化人才队伍，通过外语能力、技术技能、管理、商务等全方位的培养，建立高素质、专业齐备、有经验的人才队伍，是企业开展国际化发展的首要条件。第二，核心能力建设，能力建设是一项长久的工作，也可以在实现并购之后进一步培育，但此前需要明确建立哪些核心能力，如何建立核心能力，因为跨国并购也是我们获得核心能力的一个途径。第三，资源保障是跨国并购成功的关键环节，资金、融资渠道、管理体系、人力资源等保障需要在跨国并购实施之前予以筹谋。

3. 并购机会筛选

跨国并购机会繁多和复杂，企业需要通过战略指引，来分析和鉴别合适的并购机会，包括目标国的国别分析、风险分析、目标企业的内外部环境分析等等，最后选定并购目标。议标和竞标是开展并购的两种途径，如果是竞标需要通过前期工作，并结合分析卖方诉求以及竞争者的情况，来初步设计并购方案以参与竞标并入围。

4. 全面的尽职调查。选择和聘请合适的技术、法律、财务顾问来开展尽职调查，全面了解和分析目标企业的情况、产业发展环境、上下游产业链以及一系列可能涉及的法律问题和财务、交易问题等，做好风险防范，为最终的并购方案设计和交易价格提供全面的支持和保障。

5. 做好融资安排，降低财务风险。跨国并购需要尽可能多渠道融资，充分利用国内外银行的融资渠道和现金支付、贷款、以股换股和发行债券等多种融资形式，确保并购能保证正常的现金流和健康的财务状况，从而控制资金成本和降低财务风险。

6. 获得政府支持。跨国并购必须取得政府部门的支持和协助，包括主管部门的备案、审批，外交部和使领馆的协助等，寻求更高层次的信息、投资担保、外交协助等一系列支持，为企业"走出去"营造有利环境。

7. 并购后的整合和治理。跨国并购后的整合成败决定着并购的成败。依据目标企业的实际情况，在并购方案设计中就需要明确可行的整合计划，并与管理层进行充分沟通，在交易完成后依据事先的规划安排，有计划、有步骤地对并购企业进行整合。从公司治理角度，很多国家不允许股东派出管理层，只能通过股东会、董事会行使权利，这点需要国内企业予以高度重视，从而设计公司治理的结构，以充分行使权利，实现价值最大化。从公司管理角度，设计合适的人力资源政策，留住管理层，对平稳过渡和后续发展具有重要意义，因为他们熟悉东道国法律、政策和文化，在多年经营中形成了公共关系网络和市场网络。同时，要加强与外籍员工的沟通，重视工会的作用并取得支持，灵活地处理劳资纠纷。从后续发展角度，股东、管理层、员工要加强沟通，建立相互信任、相互尊重的关系，并在此基础上进一步推动企业文化的融合整合。

8. 提升国际竞争力和国际品牌。并购交易不是最终目的，通过跨国并购以及目标企业的后续发展，从而提升国内企业的国际竞争力，打造中国企业的国际品牌，这才是中国企业通过跨国并购来"走出去"的战略意义和价值。

五、课堂安排

本案例可以作为专门的案例讨论课来进行。如下是按照时间进度提供的课堂计划建议，仅供参考。

整个案例的课堂时间控制在 80~90 分钟。

课前计划：提出启发思考题，请学员在课前完成阅读和初步思考。

课中计划：A 银行并购美国 B 银行的背景介绍（10 分钟）

拟定主题如下：

A 银行并购美国 B 银行的基本过程；

A 银行并购美国 B 银行的动机；

A 银行并购美国 B 银行的失败之处；

A 银行并购美国 B 银行的失败的启示。

分组讨论　　告知发言要求　　　　　　　　　　　　（30 分钟）

小组发言　　　　　　　　　　　　（每组 5 分钟，控制在 30 分钟）

引导全班进一步讨论，并进行归纳总结　　　　　　（15~20 分钟）

课后计划：

可以让学生写一份案例分析报告。报告可以参考如下结构：

1. 银行跨国并购的基本依据是什么？
2. 银行跨国并购的目标对象如何选择？
3. 如何控制银行跨国并购的风险？

课堂导入方式：

1. 先与学生一起列出可能的并购方式，请学生举手，看学生的回答情况再讨论启发性问题。

2. 从启发性问题入手，再讨论银行经营的国际化与跨国并购的关系。

兴业银行发展供应链金融案例分析

曹源芳①

供应链金融的发展得益于供应链的发展，经济全球化，尤其是在制造业跨界分工后，促成了跨国物流供应链的建立，实现了货物流通领域的连锁发展，使得资金流在不同的劳动分支间转移。随着货物流动，资金流在不同的公司账户之间转移，但无论谁拥有资金，它们都在银行内转移，由此产生的资金流量在不同银行之间转移。

作为一个新兴市场经济体，中国的供应链发展还处于起步阶段，与供应链配套的供应链金融服务也处于起步和探索的初级阶段，幸运的是，国内供应链的分工和物流业的快速发展为供应链金融的发展创造了有利的条件。以四大国有银行、民生银行、招商银行及兴业银行等为代表的银行业金融机构开始推出供应链金融产品，与此同时，以支付宝、快钱、网银在线等为代表的第三方支付公司开始探索线上的供应链金融服务，以中储物流、中远物流、中国邮政速递物流、顺丰、宅急送等为代表的物流公司开始与商业银行合作，推出供应链金融服务。但是，国内许多企业做法仍然处于自说自话的阶段，或仅仅是业务合作，而不是从客户需求的角度出发，为供业链上的公司提供全流程供应链金融服务。

一、供应链金融合作双方基本情况介绍

（一）兴业银行

兴业银行于2007年2月5日上市。2010年6月起，兴业银行开始大力发展供应链金融，2010年8月，兴业银行总行在组织部门结构中新设立贸易金融中心，全行已有专业团队从事供应链金融业务，并已经在全国三十多家一级分行开立了金融贸易部门。在汽车金融领域，通过不断地对市场进行细分，

---

① 曹源芳（1974—），男，江西赣州人，南京审计大学金融学副教授，经济学博士，研究方向为商业银行业务与经营。

为客户提供丰富的产品线,并首创汽车经销商"试乘试驾车融资",为客户提供一揽子金融解决方案。

(二) 福田汽车

北汽福田汽车股份有限公司(以下简称福田汽车)于 1998 年 6 月在上海证券交易所上市,注册资本 14 412 万元,是一家拥有资产 300 多亿元,品牌价值高达 500 多亿元的民营企业。福田汽车注重发展商用汽车业务的黄金价值链,把汽车制造、高新技术、物流金融、新型能源这四大板块进行有机融合,各节点上的企业形成战略伙伴关系,保证客户满意度,以提升企业的核心竞争力。通过不断创新,福田汽车已成为集时尚与科技、绿色与人文于一体的世界汽车主流企业。

二、兴业银行与福田汽车开展供应链金融合作的基本情况

兴业银行与福田汽车合作起点始于 2010 年底。当时在国内,从整个行业来看,金融服务的渗透率维持在 60% 左右,而福田汽车金融服务的渗透率却平均只达到 30%~35%,还有很大提升空间。这样,意图通过供应链金融业务提升销量的福田汽车与想进军汽车行业供应链金融业务的兴业银行一拍即合。兴业银行累计向福田汽车提供经销商预付款融资 50 亿元及终端客户按揭贷款融资 10 亿元的授信总额度来提升供应链中资金的丰沛程度。截至 2013 年 6 月末,福田汽车在兴业银行的授信安排下已发生经销商预付款融资额超过 15 亿元,终端客户按揭贷款融资额超过 5.7 亿元。2013 年上半年发生经销商预付款融资近 6 亿元,达到了 2011 年同期的近 3 倍。为了更好地与福田汽车开展合作,兴业银行专门组织了业务团队深入实地了解福田汽车的具体业务及上游供应商、下游经销商和终端客户的需求情况。通过有针对性地深入分析,在结合福田汽车自有金融业务的基础上合作开展了个性化业务。

三、兴业银行与福田汽车发展供应链金融合作的主要模式

(一) 经销商预付款融资模式——商贷通

"商贷通"业务是一种由兴业银行、福田汽车、经销商三方参与的供应链金融合作模式。在该模式下,兴业银行首先对福田汽车下游经销商核定贷款额度,经销商按核定后额度缴纳保证金。然后,兴业银行向福田汽车预先支付货款(一般以银行承兑汇票支付)。福田汽车在收到货款或银行承兑汇票一段时间内发车,并通知兴业银行货物到达情况,同时福田汽车将汽车合格证

交予监管方，下游经销商在收到车辆之后与兴业银行共同核实"证、实"是否一致，同时监管方将进行不定时实物盘点。下游经销商在销售车辆款项成功返还给兴业银行之后，兴业银行再将相应的汽车合格证还给下游经销商。最后是银行承兑汇票到期之后，如果车辆销售额实际小于订单额，则福田汽车对剩余车辆进行回购，将多余的账款直接返还给兴业银行。若出现经销商未能按期、足额兑付汇票的情况，福田汽车应回购与差额款价值相等的产品。

(二) 终端客户按揭贷款融资模式——个贷通、专贷通、租赁通

终端客户按揭贷款融资模式主要由三种方式构成，即个贷通、专贷通、租赁通。

1. 个贷通、专贷通业务

在这次合作中，针对终端客户按揭贷款融资共有三种产品：个贷通、专贷通、租赁通。前两种是以福田汽车为核心企业，在其承诺回购及提供担保的前提下，针对自然人和法人客户提供的按揭融资业务。若为直销模式时，一般由福田汽车向兴业银行出具担保及承担全部回购责任；当为经销模式时，一般由福田汽车与经销商共同承担回购责任，后者主要适用于当终端客户有租赁需求时。

针对自然人终端客户融资需求的产品——个贷通，福田公司首先凭借自身信用向兴业银行申请总授信额度并签署合作协议，然后对有购买意向的自然人（终端客户）进行考察与还款能力评估，确立客户后与之签订协议。在融资额度获批之后，自然人（终端客户）按月偿还贷款。

2. 租赁通业务

租赁通业务定位的目标群体为有租赁需求的终端客户，它是中车信融、福田汽车和兴业银行为满足终端客户（承租人）生产经营的需要，共同打造的一种租赁融资模式。通过对终端客户（承租人）的考察评估，与合格的终端客户（承租人）签订租赁协议，中车信融据此协议再与兴业银行签订有（无）追索权的租赁协议，在收到兴业银行提供的授信款项之后，中车信融按照终端客户（承租人）的要求从福田汽车的经销商处购买福田汽车生产的车辆租赁给终端客户（承租人）使用，客户（承租人）按月向中车信融偿还租金，租金支付完毕之后，车辆归终端客户（承租人）所有。通过这种模式，客户最少只需提供一成首付并交纳一定比例的保证金后，即可获得 1～5 年期贷款，这使得很多小型企业终端购买者也具备了购买大型设备的能力。

四、兴业银行与福田汽车发展供应链金融合作的积极效果

（一）渠道覆盖度分析

以欧曼系列（中重卡）为例，截至2012年底，经销商的预付融资和终端客户融资模式在除西藏以外的所有省市的欧曼系列分销渠道中均有不同程度的覆盖，除新疆外，覆盖率均在20%以上。粤闽琼地区终端客户融资的覆盖率较高，达到了54%，云川渝经销商预付融资模式覆盖率较高，该水平接近40%。

（二）金融支持率分析

兴业银行和福田汽车供应链金融取得了良好的进展，在全国多个地区的金融服务支持率超过了5%，尤其是内蒙古和陕西地区的金融服务支持率相对较高，达到了53.2%，主要是因为该地区客户高度集中，对中重卡的需求量较大，且中重卡业务是双方合作的关键业务。然而，尽管京津冀、山东等地的总销量非常高，但兴业银行金融服务的支持比率相对较低，基本维持在2.5%，上述地区具有比较大的金融服务发展潜力，应组织兴业银行各分行积极拓展市场，覆盖更多销售渠道。

五、兴业银行开展供应链金融的经验启示

（一）延展供应链金融服务领域

一是增加供应链金融产品企业的覆盖面。将企业的业务流程与现有的合作关系重新组合，并从产业链中成功的服务案例中吸取教训，通过供应链融资为优质企业提供供应链金融营销，并逐案开发供应链融资解决方案。用供应链融资优化计划取代原有的传统服务计划，尽可能覆盖金融服务。对于尚未建立合作关系的企业，通过将其引入供应链金融产品的营销和推广，用针对性高、准入灵活、定价合理的供应链金融服务解决方案，努力与客户合作，将拒绝传统产品的大量优质供应链客户纳入合作范围，并将其纳入供应链合作营销目标，为供应链融资服务相关配套政策提供专门服务。

二是提高供应链的产品覆盖范围。首先，梳理现有的供应链产品体系，为成熟市场的产品拓展产品项目，加快产品开发，尽快填补产品缺口。其次，提高供应链产品的质量和竞争力。在为企业提供供应链服务时，应进一步提高产品配套服务和产品组合的比例，避免供应链产品单一化、简单化的情况，提高银行高端供应链市场需求的满足度。最后，加强与企业沟通，增加企业

调研互动频次，找出公司真正的供应链产品需求，努力做到有针对性地为企业提供急需的供应链产品。

(二) 做实跨地区供应链金融合作体系

在传统银行模式下为上下游企业提供融资贷款时，经常会遇见异地授信的问题。众所周知，核心企业的上下游供应商和经销商遍布全国，分布相对分散，难以全面深入地去对各上下游企业进行现场调查，全面准确地了解其财务运营情况。比如在传统模式下，当企业下游的经销商需要资金购买企业产品时，就要求兴业银行北京分行先行取得异地企业的信贷融资办理权后才能开展相关信贷融资业务。因此，异地企业授信的审批流程在银行内部较长，更有可能向上级分行机构申报进行统一审批，程序较为烦琐。"全国业务全国办"的业务模式是兴业银行近年来推行的一种全新的信贷业务管理模式。通过划分主办行与协办行的职能，签署"总对总协议"与"从属协议"，打破了传统信贷模式在异地授信审批流程的制约。在"全国业务全国办"的信贷模式下，只需兴业银行北京分行与福田汽车签订融资"总对总"协议，成为福田汽车供应链金融业务的"主办行"，而福田汽车上下游链属企业所在地的兴业银行各分行担任"协办行"，参与供应链融资。

通过合作模式的改变，随着各分行机构对所在地企业的了解越来越多，上下游企业获取融资会更加便利，对主办行充分控制风险也是有益的。上下游企业与核心企业的交易关系分支机构可由主办行统一进行掌握。这种"全国业务全国办"的业务模式本质上是一种总分行模式下的跨区域协作机制，将极大地促进供应链金融服务的发展。

(三) 完善贷前、贷中、贷后风险控制体系

供应链金融作为一种新模式伴随着许多的不确定性。中小企业资信水平较低、实力较弱，供应链金融的中小企业融资面临更大风险。此外，供应链金融业务中每个节点的风险都是交叉和密集的，业务流程较长，这就要求中国的商业银行具有更高的风险控制能力，是"知易行难"的业务。从银行内设机构的角度来看，银行应该由专业部门和人员来开展供应链金融业务，确保在业务开展时有足够的业务人员对链上企业进行调查和行业研究，有必要针对供应链金融业务的复杂性和广泛的业务覆盖范围，制定详细完善的供应链金融管理系统，重点防范可避免的信用风险。

一是贷款前的详细调查，以及贷款时的科学审查。在开展信贷业务之前，应对申请贷款公司进行详细调查，重点确定贷前风险点，提高控制中小企业

实际运营、信用意识、资金使用和资产分配信息的能力，真正掌握更多真实有价值的客户信息。在贷款审查过程中，应放弃原有的"普遍"的信用评级体系，建立针对中小企业经营状况的评价体系，在科学、真实地反映信贷风险的基础上，银行的授信规模更加合理，避免了信贷规模过大或不足造成的资源浪费，或者排除了一些具有真实贸易背景的中小企业。在审查步骤上，银行应收集材料并提交给分支机构的财务部门审批，分公司财务部门直接接管的业务，应当提交分支机构信用部门审核，经分公司总裁签字后提交总行审批。这样不仅可以提高保送效率，还可以有效降低操作风险。

二是完善风险预警机制，动态监控贷款中存在的风险。实际上，在获得银行批准后，企业通常会积极与银行联系。这是因为一旦企业获得了银行的信贷支持，银行与企业的关系就更多的是债权人与债务人之间的关系，企业与银行的地位发生了变化，银行为了降低贷款风险，会主动加强与企业之间的联系，监控借款企业的现金流量和资金情况以及抵（质）押物的市场价值、行业与经营环境等信息，并关注企业各财务比率是否释放风险信号。通过这种方式，银行才能发现问题并且实现降低风险和有效停止损失等目标。在实践中，应坚持"谁放贷、谁负责"的原则进行贷后回收工作，避免因涉及的部门过多而导致责任不明确。贷款发放后，主办方应积极关注授信企业的经营状况、行业动态、市场需求、与链上企业的合作和风险把控能力等情况，根据合规状况、还款能力等实时因素，对以后的合作规模进行适当调整。在跨区模式下，如果授信企业3个月内未使用任何授信额度，银行应根据实际情况适当收回授信额度。作为授信风险的承担方，银行应做好三项调查，即贷前调查、贷时审查和贷后检查，根据供应链每个节点的不同风险特性，采用有针对性的措施。

三是通过事业部制改革，实现风险控制前移。随着"全国业务全国办"模式的大力推行，兴业银行的事业部制改革工作全面展开，并完成了核心工作，即在总分行进行专业化改革，建立金融市场总部、零售银行总部和企业财务总部，部门主管（总裁）由总行三位副行长兼任。改革前，总行集中审批进行风险控制，改革后贸易金融部主要负责授信审批和风险控制，在有效控制风险的同时，提高授信审批效率。未来，兴业银行只需把各业务线上的人员和财物的管理权限集中到总部，事业部制的改革就可以完成了。在专业化改革方面，兴业银行建立了汽车业务金融中心作为准事业部，是兴业银行在企业金融领域改革的试验场。在这次的合作中，该中心积极为福田汽车的

"产品设计"和融资解决方案发挥作用。在特殊情况和不同行业特征方面，除了通过正常程序报批外，还可以由相关业务部门或风险部门发起，案例在各部门以"联席会议"的形式进行讨论，允许"案件推广"，满足市场需求，同时满足特殊客户群体的需求。

（四）开展全方位创新

在供应链融资创新中，以先低风险、后高风险的理念，优先发展上游应收产品，同时考虑下游预付产品和库存产品。由于应收账款的融资风险和操作成本相对较低，业务创新难度较小，库存融资业务刚刚起步，急需积累控制货物的经验，提高风险防控能力。开展"先本地，后全国"的供应链金融创新，选择具有适当供应链金融的企业，开展综合供应链金融服务，等到方案的成效显著后再将经验扩展至全国。优先发展网上产品，逐步实现从线条组合到交叉带的全过程的转变，要加强渠道创新。目前，大数据和云计算等互联网技术在不知不觉中改变了人类的生活。互联网、物联网、模式识别等技术的创新发展在一定程度上影响了人类的社会活动和行为习惯。利用互联网技术，可以深入了解到客户需求和风险，连接内部和外部流程、渠道和信息，并实施集成的智能化服务交付与运营管理。随着互联网2.0时代的到来，智能手机的广泛应用，加上监控系统和设备的发展，人类已经迎来了一个崭新的时代，即大数据时代。数据已经成为市场竞争的关键资源，分析消费者的消费习惯，为消费者提供个性化服务。金融和网络在发展过程中的结合已经成为一种趋势，金融服务通过电子商务平台、第三方支付等方式，逐渐应用于客户产业链，使得上线和下线结合发展。因此，银行需要建立属于自己的互联网供应链电子商务平台，连通供应链上下游及各参与方，实现信息的交流互通，并通过整合产业链中相关各方产生的商流、物流、资金流、信息流，为供应链全链条提供融资、支付结算等服务。

（五）打造专业的供应链客户经理团队

内生经济增长理论认为，经济的持续增长的部分原因是由于人力资本的积累，这意味着供应链金融业务的从业者在掌握基本金融知识的同时，还需要对其他行业的专业知识有一定的了解，以提高管理能力，并且提高对行业风险的敏感度。

派遣业务素质高，并且学习能力强的信贷客户经理提供专门的供应链融资培训，从信贷产品学习、供应链产品设计、客户服务等角度提升营销人员的供应链专业知识。在推广和应用供应链综合服务计划的过程中，建立专门的供应链营销团队，开展有针对性的客户服务。在服务权限方面，供应链融资客户经理团队在低风险业务以及风险可控的前提下具有一定的自主权，它可以设计自己的融资计划，包括交易对手的信用等级限制、融资比例和其他担保要求等要素，再报上级分行备案。

（六）完善以激励为保障的营销机制

建立供应链融资激励保障制度，一是鼓励各地区加强供应链融资营销，特别是供应链融资营销空白区域，对实现零突破的团队给予一定的奖励，并鼓励业务营销部门以供应链的思维向客户推荐产品，提高供应链融资营销覆盖范围和营销效率。二是制订供应链融资评估激励方案，建立供应链融资营销利益分层机制，根据各级对供应链融资服务的贡献，评估供应链融资产品各种收入的有效性，例如核心企业开立的账户数量、收集的资金额和存款额等，为每个参与单位提供额外的奖励或营销费用，以调动营销热情。三是加强评估结果的使用，考核结果将作为客户经理营销团队选拔任用、教育培养、薪酬分配的重要依据。

结束语

因此，商业银行通过开展供应链金融合作，可以挖掘客户的最大价值、提升客户综合贡献度，把更多的银行产品有效地渗入到整条供应链的上、中、下游企业中。在帮助企业解决突出问题的同时，提供一揽子解决方案，连带为企业解决其他问题，在提升银行非利息收入所占比重的同时获得上下游客户的"存款沉淀"，且成本较低。从链上企业的角度来看，通过与银行合作既能解脱资金困境，还能有效地控制风险敞口，明确链上企业的困局及既有资源，最终形成"银企共赢"的合作伙伴关系。

思考题

1. 商业银行供应链金融的内涵是什么？
2. 兴业银行与福田汽车发展供应链金融合作带来的直接效应有哪些？
3. 兴业银行与福田汽车发展供应链金融合作能够给其他银行什么启示？

案例教学使用说明

一、教学目标与用途

1. 本案例主要适用于研究生课程中"银行业务创新"等内容的学习,适用于金融学术硕士及专业硕士等经济管理类研究生等案例教学使用。如将本案例应用于其他相关课程,本案例说明可做相关调整。

2. 本案例是一篇关于"兴业银行供应链金融业务创新"方面的案例,其教学目的首先在于使学生通过案例所给出的基本背景了解到"兴业银行供应链金融业务创新"的基本内容,其次进一步结合案例相关背景资料,分析兴业银行发展供应链金融业务的原因和如何继续完善供应链金融业务的相关对策与思路。

二、涉及知识点

本案例涉及的知识点:

硕士生课程中的有关银行创新、供应链金融以及商业银行流程再造等知识点。

三、要点分析

教师可以根据自己的教学目标(目的)来灵活使用本案例。这里提出本案例的分析思路,仅供参考。

(一)供应链金融的内涵

供应链金融,简单地说,就是银行将核心企业和上下游企业联系在一起提供灵活运用的金融产品和服务的一种融资模式。即把资金作为供应链的一个溶剂,增加其流动性。

一般来说,一个特定商品的供应链从原材料采购,到制成中间及最终产品,最后由销售网络把产品送到消费者手中,将供应商、制造商、分销商、零售商、直到最终用户连成一个整体。在这个供应链中,竞争力较强、规模较大的核心企业因其强势地位,往往在交货、价格、账期等贸易条件方面对上下游配套企业要求苛刻,从而给这些企业造成了巨大的压力。而上下游配套企业恰恰大多是中小企业,难以从银行融资,结果最后造成资金链十分紧张,整个供应链出现失衡。

(二)供应链金融的特点

"供应链金融"最大的特点就是在供应链中寻找出一个大的核心企业,以核心企业为出发点,为供应链提供金融支持。一方面,将资金有效注入处于相对弱势的上下游配套中小企业,解决中小企业融资难和供应链失衡的问题;另一方面,将银行信用融入上下游企业的购销行为,增强其商业信用,促进中小企业与核心企业建立长期战略协同关系,提升供应链的竞争能力。

1. 与产业金融及物流金融的关系

供应链金融包含在产业金融当中,而供应链金融又包括了物流金融,三者间的关系如图1所示,三者存在一定程度的从属关系。

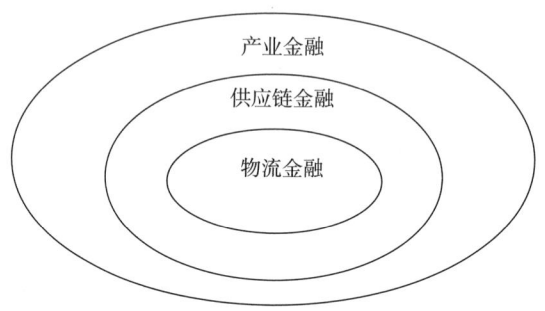

图1 供应链金融、产业金融、物流金融之间的关系

2. 与传统金融模式的区别

供应链金融和传统金融的区别主要体现在对风险的控制、授信的灵活度等方面,具体情况如图2、图3所示。

(1)传统金融——孤立的关注企业和业务本身

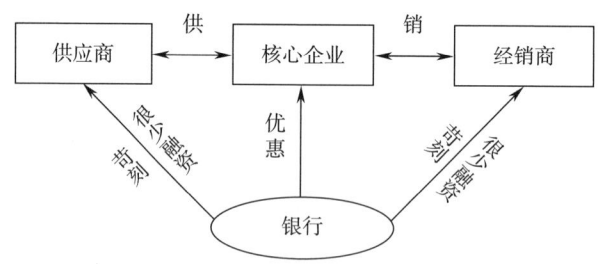

图2 传统金融的服务模式

(2)供应链金融:商业银行根据产业特点,围绕供应链上核心企业,基于交易过程向核心企业和其上下游相关企业提供的综合金融服务。

◆以核心企业为基准创建"1+N"或"M+1+N"的金融服务模式;

◆关注交易过程,整合物流、信息流和资金流;

◆根据产业特点,跨行业提供金融服务。

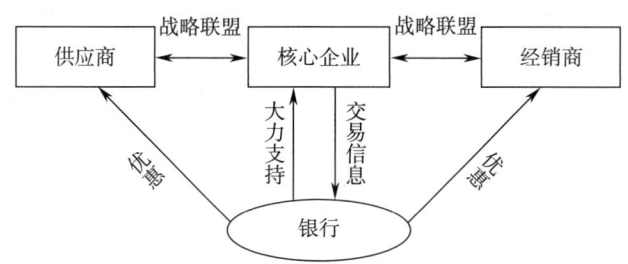

图3 供应链金融的服务模式

（三）供应链金融的融资模式

1. 应收类：应收账款融资

应收账款融资是指在供应链核心企业承诺支付的前提下，供应链上下游的中小企业可用未到期的应收账款向金融机构进行贷款的一种融资模式。在这种模式中，供应链上下游的中小型企业是债权融资需求方，核心企业是债务企业并对债权企业的融资进行反担保。一旦融资企业出现问题，金融机构便会要求债务企业承担弥补损失的责任。

应收账款融资使得上游企业可以及时获得银行的短期信用贷款，不但有利于满足融资企业短期资金的需求，加快中小企业健康稳定地发展和成长，而且有利于整个供应链的持续高效运作。

2. 预付类：未来货权融资模式分析

很多情况下，企业支付货款之后在一定时期内往往不能收到现货，但它实际上拥有了对这批货物的未来货权。

未来货权融资（又称为保兑仓融资）是下游购货商向金融机构申请贷款，用于支付上游核心供应商在未来一段时期内交付货物的款项，同时供应商承诺对未被提取的货物进行回购，并将提货权交由金融机构控制的一种融资模式。在这种模式中，下游融资购货商不必一次性支付全部货款，即可从指定仓库中分批提取货物并用未来的销售收入分次偿还金融机构的贷款；上游核心供应商将仓单抵押至金融机构，并承诺一旦下游购货商出现无法支付贷款时对剩余的货物进行回购。

未来货权融资是一种"套期保值"的金融业务，极易被用于大宗物资（如钢材）的市场投机。为防止虚假交易的产生，银行等金融机构通常还需要引入专业的第三方物流机构对供应商上下游企业的货物交易进行监管，以抑制可能发生的供应链上下游企业合谋给金融系统造成风险。例如，国内多家银行委托中国对外贸易运输集团(以下简称中外运)对其客户进行物流监管服务。一方面,银行能够实时掌握供应链中物流的真实情况来降低授信风险;另一方面,中外运也获得了这些客户的运输和仓储服务。可见,银行和中外运在这个过程中实现了"双赢"。

3. 存货类:融通仓融资模式分析

很多情况下,只有一家需要融资的企业,而这家企业除了货物之外,并没有相应的应收账款和供应链中其他企业的信用担保。此时,金融机构可采用融通仓融资模式对其进行授信。融通仓融资模式是企业以存货作为质押,经过专业的第三方物流企业的评估和证明后,金融机构向其进行授信的一种融资模式。在这种模式中,抵押货物的贬值风险是金融机构重点关注的问题。因此,金融机构在收到中小企业融通仓业务申请时,应考察企业是否有稳定的库存、是否有长期合作的交易对象以及整体供应链的综合运作状况,以此作为授信决策的依据。

但银行等金融机构可能并不擅长于质押物品的市场价值评估,同时也不擅长于质押物品的物流监管,因此这种融资模式中通常需要专业的第三方物流企业参与。金融机构可以根据第三方物流企业的规模和运营能力,将一定的授信额度授予物流企业,由物流企业直接负责融资企业贷款的运营和风险管理,这样既可以简化流程,提高融资企业的产销供应链运作效率,同时也可以转移自身的信贷风险,降低经营成本。

4. 供应链金融融资模式的综合应用

应收账款融资、保兑仓融资和融通仓融资是供应链金融中三种比较有代表性的融资模式,适用于不同条件下的企业融资活动。但这三种融资模式又是供应链金融中几大主要业务模块,可以将其进行组合后形成一个涉及供应链中多个企业的组合融资方案。例如,初始的存货融资要求以现金赎取抵押的货物,如果赎货保证金不足,银行可以有选择地接受客户的应收账款来代替赎货保证金。

因此,供应链金融是一种服务于供应链节点企业间交易的综合融资方案。中欧国际工商学院课题组对深圳发展银行"1+N"供应链金融进行了深入的研究,并针对供应链中不同主体的特点,总结了适用的供应链金融方案。

(1) 对核心企业的融资解决方案

核心企业自身具有较强的实力,对融资的规模、资金价格、服务效率都有较高的要求。这部分产品主要包括短期优惠利率贷款、票据业务(开票、贴现)、企业透支额度等产品。

(2) 对上游供应商的融资解决方案

上游供应商对核心企业大多采用赊账的销售方式。因此,上游供应商的融资方案以应收账款为主,主要配备保理、票据贴现、订单融资、政府采购账户封闭监管融资等产品。

(3) 对下游经销商的融资解决方案

核心企业对下游分销商的结算一般采用先款后货、部分预付款或一定额度内的赊销。经销商要扩大销售,超出额度的采购部分也要采用现金(含票据)的付款方式。因此,对下游经销商的融资方案主要以动产和货权质押授信中的预付款融资为主。配备的产品主要包括短期流动资金贷款、票据的开票、保贴、国内信用证、保函、附保贴函的商业承兑汇票等。

(四) 供应链金融的意义

1. 供应链金融实现四流合一

供应链金融很好地实现了"物流""资金流""信息流""商流"的四流合一。

物流:物质资料从供给者到需求者的物理运动,包括商品的运输、仓储、搬运装卸、流通加工,以及相关的物流信息等环节。

资金流:指采购方支付货款中涉及的财务事项。

信息流:在整条供应链中,与物流、资金流相关联的各类信息,也是物流和信息流的一部分,包括订购单、存货记录、确认函、发票等。

商流:在供应链中,上下游供应商的资金链均可被金融服务机构整合,从而形成商流。

在供应链中,物流、资金流、信息流、商流是共同存在的,商流、信息流和资金流的结合将更好地支持和加强供应链上、下游企业之间的货物、服务往来(物流)。传统意义上,企业会将注意力集中于加速供应链中物流的流转,但是资金流的流转对企业来说同样很重要。随着市场全球化的发展和新兴市场上浮现出来的贸易机会,如何管理好企业的资金流已经成为企业参与供应链重点关注的话题。

2. 纵观整条供应链的各个环节

为了确保整条供应链能够顺利进行,企业就必须纵观全局,了解上、下游企业的具体情况,以及与之相关的物流和资金流的信息。在许多案例中,我们可以发现供应链一旦出现了问题,基本上都是由于供应商无法正常按照合约（如：质量、数量、日期等）提供产品所引起的，并非是采购商无法支付货款所引起的。因此作为下游的企业更应当与上游供应商保持紧密联系，及时了解供应商的各种信息，避免因供应商无法及时交货而引起的供应链中断。正如之前所说的，企业通常会将注意力集中在货物流上，仅仅关注于企业的货物是否按照要求及时送到。但是值得注意的是，供应商不能及时提供货物的原因主要是因为资金上的短缺。因此作为下游的企业更应该倍加关注整条资金流的状况。

3. 借助金融产品完善供应链管理

当有越来越多的商品来自新兴市场，这也意味着企业面临更加复杂和更具风险的市场，市场上越来越多的交易开始通过赊账的方式进行。企业应当审视到他们存在的风险以及采取积极的方式提高整条供应链的效率。

在当前的金融市场上有许多方法可以加强企业的供应链管理效率，其中使用最为广泛的就是银行的供应链金融产品。目前有一种现象，就是银行和企业之间缺少一定的必要沟通。银行一般不会了解到企业的现金管理和营运资金的情况，除非是和自己业务有密切关系的企业信息。这样的话，在单独开展相应的融资服务的时候，银行就会面临很大的信用风险，企业当然也无法针对自己的资金状况寻求到更为合适的银行产品。开展了供应链金融之后，这种局面就会得到很好的改善。因为供应链金融是基于供应链中的核心企业，针对它的上、下游企业而开展的一种金融服务。通过供应链金融将上、下游企业和银行紧密地联系起来。供应链金融使得整根链条形成了一个闭环模式，银行能够准确地掌握各个环节上企业的信息。银行通过核心企业的优质信誉，为它的上下游提供金融服务，在一定程度上规避风险。企业通过银行的帮助，也能够做到信息流、物流、资金流的整合。在收到对方支付的款项之后，企业就可以及时地将物流进行跟进，这样就实现了资金收付的高效率，加速了整条供应链的物流和资金流的高速运转，提升了整体价值。在开展供应链金融的时候，供应链中最基本的订单和发票也不应该被忽略，因为订单作为供应商和采购商之间的一种协议，直接关系到了供应商发货前和发货后的融资行为以及采购商存货融资的行为。

四、课堂安排

本案例可以作为专门的案例讨论课来进行。如下是按照时间进度提供的课堂计划建议，仅供参考。

整个案例的课堂时间控制在80～90分钟。

课前计划：提出启发思考题，请学员在课前完成阅读和初步思考。
课中计划：兴业银行发展供应链金融的背景介绍。　　　　　（10 分钟）
拟定主题如下：
兴业银行发展供应链金融的基本模式；
兴业银行发展供应链金融的主要效应；
兴业银行发展供应链金融的启示。
分组讨论　告知发言要求　　　　　　　　　　　　　　（30 分钟）
小组发言　　　　　　　　　　　　（每组 5 分钟，控制在 30 分钟）
引导全班进一步讨论，并进行归纳总结　　　　　　　（15～20 分钟）
课后计划：
可以让学生写一份案例分析报告。报告可以参考如下结构：
1. 银行为什么要发展供应链金融业务？
2. 银行发展供应链金融业务还可以在哪些方面进行创新？
课堂导入方式：
1. 先与学生一起列出哪些银行开展了典型的供应链金融业务，请学生举手，看学生的回答情况再讨论启发性问题。
2. 从启发性问题入手，再讨论银行供应链金融业务与金融深化的关系。

联手诈骗案
——A 市合作社与民营企业联手诈骗政策性银行贷款

杨小玲[①]

一、引言

B 银行是直属国务院的政策性银行,在全国设有 31 家省级分行。本案例审计对象为 B 银行在 A 市的一个分行。B 银行作为政策性银行,不同于一般商业银行,它不以盈利为目的,而是坚持以市场化方式实现国家的发展战略,支持国家基础设施、基础产业、支柱产业(即"两基一支")和高新技术领域的发展及国家重点项目建设,并配合国家宏观发展战略,促进科学发展与和谐社会的建设。故此审计重点是调查 B 银行是否认真贯彻落实国家宏观调控政策,加强对高耗能、高污染行业贷款投放的控制和监管。

对 B 银行的审计,是在政策性银行面临转制和我国投融资体制改革不断深化的关键时期,国务院领导交办的一项重要任务,是新时期加强金融审计工作,有效发挥审计建设性作用的一次难得机遇。为圆满完成任务,审计组在审前组织参审人员认真学习《B 行 2012 年度审计工作方案》《B 行审前调查工作要求》《B 行经营管理特点》以及《B 行汇报交流材料》等,收集了国家关于基本建设的法律法规、调阅 B 行内部有关制度规定,深入了解贷款业务的操作流程。

二、主题内容

(一)财务审计切入

2013 年 7 月的 A 市,骄阳似火。审计组某特派办派出的审计组,对 B 政策性银行 A 市分行的审计工作正在紧张地进行当中。B 银行自身独有的经营

---

① 杨小玲(1983—),女,江西宜春人,南京审计大学金融学讲师,经济学博士,研究方向为金融审计、农村金融。

特点，要求审计组必须及时改变以往对商业银行的审计模式，重新定位，找好切入点，积极探索政策性银行审计方法和效益审计路子，有效发挥审计的"免疫系统"作用。

审计开始，审计组就以信贷资产为突破口，结合A市分行的电子数据，对其信贷资产进行深层次的分析，发现该行2012年末次级、可疑、损失等不良贷款合计9.96亿元，不良率只有4.59%。另外，在该行全部217.05亿元贷款中，2012年新增贷款45.37亿元，占全部贷款的五分之一。

在此基础上，审计组经过进一步分析，发现A市分行的"两基一支"贷款普遍存在金额大、期限长、借款人为政府成立的融资平台等特点，如果在审计之初即对该类贷款投入过多力量，恐怕短期内难见成效。针对这种情况，审计组内部经过充分讨论，及时调整思路和战略，把2012年新发生、借款人为民营企业及与政府关心、群众关注的难点、热点问题相关的新农村建设、资源环保、安居工程等社会"瓶颈"领域的贷款确定为第一阶段的重点审计内容。

(二) 细节中查找线索

明确了方向，还需突出重点。经过逐层筛选，审计组最终锁定SD公司的"再生资源回收与利用建设"贷款项目，把它作为重点攻克对象，力求尽快取得突破。分析结果显示，该贷款项目具有如下特点：

(1) 项目内容为再生资源回收与利用建设项目，属于目前国家倡导的循环经济的范畴；

(2) 借款人SD公司为股份制的民营企业；

(3) 担保单位A市合作社是市政府的职能部门；

(4) 贷款金额为3亿元；

(5) 贷款合同签订时间为2012年12月25日，临近年末，不排除A市分行存在为完成总行下达的考核指标，突击放贷的嫌疑。

于是，审计人员凭借多年的审计经验，开门见山，直接从贷款档案入手，在验证贷款投向是否符合国家有关的产业政策时，该项目评审报告的评审结论首先进入了审计人员的视线："该项目总投资55 896万元，其中项目资本金25 896万元已基本落实，具体详见附件"。审计人员顺着这个线索，随后对SD公司提供给A市分行的有关票证展开审验，发现附件由36张银行电汇凭证、发票和收款收据等复印件构成，合计金额31 322万元。SD公司为什么要向A市分行提供这些票证的复印件呢？带着这个疑问，审计人员继续翻阅贷款档案以探其究竟,最终在该行的贷审会纪要上找到了答案。原来,会议纪要上已明确注明该笔贷款必须严格把握项目的资本金落实情况,把项目资本金与该行贷款同比例到位作为发放该笔贷款的必要条件。于是,审计人员又回过头来仔细察看这些复印件,以辨其真伪。一些蛛丝马迹没能逃过审计人员锐利的眼睛:一是收款收据的书写与付款支票的签发为同一人所为;二是电汇支出凭证上盖的不是银行专用表示结算的三角章,而是只表示收到该笔业务的方形"收妥抵用"章;三是不同收款单位所付收据或发票却在同一号段,并且存在重号、跳号现象;四是所附支票根标明的支出金额在当期的银行对账单上没有体现。审计人员带着这些疑点,经过与 SD 公司总经理刘某的几番较量,并向他申明,审计组将带着这些票证复印件到相关单位核实,而且可能要向有关部门移交。迫于强大的压力,刘某最后不得不承认,是 SD 公司为了达到 A 市分行的放款条件,掩盖项目本金尚未到位的事实,通过私刻其他企业公章、将其他企业公章复印拼接到空白收款收据上再复印等手段伪造了 30 张、合计金额达 30 954 万元的票证复印件。至此,一起诈骗银行贷款的大案初露端倪。

(三) 盘根纠丝,继续查找

发现上述问题后,审计人员紧紧抓住贷款档案这根藤,穷追不舍,在贷款档案中又先后发现:SD 公司以偏概全,凭借单一的项目环境影响评价报告替代总的项目环境影响评价报告,借此蒙混过关。再生资源回收与利用建设项目由再生资源回收网络及仓储基地、金属加工基地和再生塑料加工基地 3 个项目联合组成,每一个项目都是相对独立的,分别位于 3 个相距几十公里的不同地方进行项目建设。细心的审计人员发现,其中仅有再生塑料加工基地项目在向 A 市分行申请贷款时有环境影响评价报告,其他两个项目并没有取得环保部门出具的环境影响评价报告。另外,SD 公司在申请贷款时提供给 A 市分行的材料反映,借款人已上缴了项目建设用地的土地出让金,土地使用证正在办理之中。但贷款档案中仅有 3 份收购工业用地使用权的协议,并无其他能够证明交纳土地出让金和办理土地使用证的相关资料。为拿到第一手证据,把这个案件办成铁案,审计人员又长途奔波,亲自到距审计驻地 100 多公里的 3 个项目所在地的土地管理部门进行延伸调查,最终核实了 3 个建设项目的土地出让金均未上缴,且并未办理土地使用证。

(四) 乘胜追击,扩大战果

既然 SD 公司能通过伪造票证人为虚增项目资本金、用单一项目环评报告替代总的项目环评报告借以蒙混过关,那么它的借款主体资格会不会也存在问题呢？因为审计人员在审前调查中了解到，这笔贷款的背景是2010年中华全国合作社与B行签订《开发性金融合作协议》，B行要在5年内提供300亿元政策性贷款，用来支持供销合作社的建设项目。想到这些，审计组决定趁热打铁，兵分两路，同时到工商局和合作社展开延伸调查。结果不出所料，从工商局反馈回来的信息显示：2010年9月，SD公司通过变更工商登记将法人代表刘某原出资额2 100万元中的1 050万元转让给合作社，使其成为SD公司名义上的最大股东，从而取得了B行用于支持供销总社项目贷款的资格。2011年2月，SD公司在A市分行取得的3亿元贷款全部到位后，又将刘某前述转让出去的股本全额收回，重新变回民营企业。从合作社了解到的情况也验证了上述事实，合作社根本未向SD公司注资，只是通过一纸协议形式控股，目的就是以母公司的名义替民营企业向发展改革委申报项目立项、向供销总社推荐申请B行政策性贷款。

查清上述事实后，审计人员没有就此止步，又马不停蹄，冒着高温酷暑，重新抖擞精神，先后延伸调查了SD公司的多家关联企业、多家商业银行，并到当地人民银行、发展改革委、税务局等部门调查取证，掌握了SD公司、A市合作社为掩盖真实的经营状况，虚增偿债能力，向A市分行提供了虚假的会计报表等事实。从上述两家单位会计报表反映的资产及经营状况来看，偿债能力都比较低，A市分行的1亿元政策性贷款存在损失风险。

随着延伸审计调查的不断深入，审计人员的收获也不断增多。审计人员在随后的审计调查中又发现A市合作社从2010年末开始将1.55万平方米国有土地使用权无偿提供给SD公司的子公司使用至今，涉嫌国有资产流失。

（五）拨云见日，水落石出

经过近20天的内查外调，审计人员理清了所有的线索，最终查明：上述3亿元贷款并没有被用在再生资源回收与利用项目建设上，而是在SD公司多个关联企业之间转移，并被A市合作社挪用25 313万元，其中9 000万元、15 000万元分别被该社及其下属单位A市物资回收总公司用于共同注册成立SD置业有限公司，并且上述出资均未在两家出资单位的账内反映，置业公司将上述两家单位投资中的2 763万元支付"百安居"建材超市项目建设土地出让金，237万元用于开办费等项支出，其余2 313万元被用于支付建材超市项目所欠工程款等。与此同时，从银行打出的对账单反映，A市分行贷款到账后，SD公司及其子公司SD资源开发有限公司在短短的几个月时间内，共从建行A市新柳支行提取现金3 745万元。至此，一起由A市合作社和民营企业精心合演的一起骗贷大案终于浮出水面。

结束语

特派办将上述问题的审计信息反馈上报后,多位领导做出重要批示。

B 行党委根据领导批示精神,将审计反映的问题做了进一步核实后,对 A 市分行 7 名责任人给予行政处分。

在审计组撤点时,A 市分行已将上述被骗 1 亿元政策性贷款及贷款利息全额收回。

✎思考题

1. 分析审计重点如何确定?B 银行自身独有的经营特点,要求审计组必须及时改变以往对商业银行的审计模式,重新定位,找好切入点,积极探索政策性银行审计方法和效益审计路子,有效发挥审计的"免疫系统"作用。

2. 伪造票证的手段有哪些,如何识别?

3. 探讨借款主体为什么不符合 B 政策性银行发放贷款资格?

4. 如何认定贷款诈骗罪及其处罚?

审计案例附录

1. 被审计单位的行业信息

B 政策性银行成立于 1994 年,注册资本 570 亿元,直属国务院领导,是我国唯一一家农业政策性银行,全国设有 31 家省级分行。

2. 被审计单位的基本情况

B 政策性银行是直属国务院领导的我国唯一的一家农业政策性银行,1994 年 11 月挂牌成立。主要职责是按照国家的法律、法规和方针、政策,以国家信用为基础,筹集资金,承担国家规定的农业政策性金融业务,代理财政支农资金的拨付,为农业和农村经济发展服务。全系统共有 31 个省级分行、300 多个二级分行和 1 800 多个营业机构,员工 5 万多人,服务网络遍布中国大陆地区。

3. 审计组的基本情况

审计组成员共 9 人,其中主审刘处,根据资金和项目情况,下设两个分组:

账目组,由郭处领导,该组成员主要精通财务知识;

项目组,由杨处领导,该组成员对项目申报、建设等流程熟练。

4. 审计项目情况

据合并财务报表反映,其 2012 年底资产总额为 22 930.79 亿元,负债总额为 22 432.83 亿元,所有者权益为 497.96 亿元;当年实现营业收入 717.99 亿元,净利润 142.92 亿元。

审计结果表明,B 政策性银行积极贯彻落实中央经济金融政策,加大"三农"发展信贷支持,促进粮棉油市场稳定;不断完善内控和风险管理制度,创新管理手段,推进精细化管理;深化内部综合改革,努力提升经营绩效,可持续发展能力进一步增强。但审计也发现,该行在存贷款及财务收支管理等方面存在一些不规范问题。

案例教学使用说明

一、教学目标与用途

本案例教学适用于《金融审计》课程。

本案例以政策性银行审计为例,向学生展示政策性银行的特殊性,以及在发放贷款时,借款主体虚构资格,联合诈骗贷款的事实。借此案例,激发学生认真思考今后政策性银行发展难点问题、金融审计所面临的风险等问题。

二、涉及知识点

该案例主要涉及《金融审计》课程中的贷款审计章节。

涉及相关知识点:贷款主体条件,审计重点选择,伪造票证,贷款诈骗定罪等。

三、知识要点分析

(一)政策性银行审计重点的确定

1. 政策性银行特点:涉及大型国家经济发展战略项目;贷款周期长;有特定的贷款对象(如农业发展银行主要为"三农"基础设施贷款),等。

2. 如何确定审计重点:基本思路是,从报表审计入手,利用会计报表和业务报表,逐层确定重点业务种类、重点审计机构、重点审计客户和重点经营环节,最终发现审计线索进行重点审计和延伸。鉴于政策性银行的特殊性,还得结合国家宏观发展战略进行审计重点的确定;确定几个有典型的代表性项目;资金金额量大;具有可操作性,等。

3. 案例小结及知识点归纳:如何确定审计重点,直接关系到该审计组的审计方向,具有提纲导向的作用。政策性银行基于其特殊性,业务重点主要涉及国家宏观经济发展战略的一些项目，故在审计时要突出。同时要考虑到审计时间短，可操作性，审计组还需结合实际项目来进行审计。

（二）伪造票证的手段

1. 常见伪造票证的手段

（1）描绘法。仿照真票证的图样和颜色，用手工描绘的方法进行伪造，其仿真程度取决于绘画技巧。用此种方法伪造的票证，其一般只是"依葫芦画瓢"，模仿出大体的表象特征，对凸版印刷的平面防伪特征（比如：两组不同方向的号码、图形的接线过渡印刷、暗记以及防伪纤维丝等）有一定的模仿能力。而此种伪造方法对防伪印刷油墨和防伪印刷纸张印制的防伪特征不具有模仿能力。

（2）变造法。变造法是指伪造者对原票证的部分内容，采用机械或化学的方法加以部分的改变。通常是用涂改、刮擦、添写、挖补等方法来达到伪造的目的。

变造法伪造的票证，其部分是真票证的防伪特征，部分是伪造的，而伪造部分应因不同的伪造方法模仿不同的防伪特征，因此，我们在检验时要注意观察客体的表面是否有沟痕、纸张纤维的翘起、纸张的厚薄不同、底纹有破坏或者胶水变硬的痕迹。

（3）多色复印机套印。有些假票证是用带三色或四色墨粉的复印机套印的，或事先用其他方法印上浅色的底纹，再用复印机套印。为此在制作过程中要将图文部分分成几色版面，通过剪辑、遮挡、定位，分三次或四次套印而成。

用这种方法印制的假票证同彩色复印机伪造的票证一样与真票证"形同神离"，部分的防伪特征（如：两组不同方向的号码、暗记以及防伪纤维丝等）呈现出逼真的效果，但是，用此种伪造方法伪造的票证易出现遮挡痕迹，不同颜色的，图形的过渡色显得生硬、错位。这本身就与真票证有区别，同时我们可以结合对防伪印刷油墨和部分防伪印刷纸张印制的防伪特征的检验进行综合检验。

（4）彩色复印机复印。彩色静电复印机有模拟式和数字式两种。模拟式彩色复印机是用红、绿、蓝三种滤色镜，将票证反射的三种色光分别在感光鼓上成像，在用青、黄、品红三种颜色的墨粉显影并复印。数字式彩色复印机，先是用电感耦合器件对票证进行扫描，使图像转化为数字信号，经图像处理转换成激光扫描的光信号，在感光鼓上成像，再用四种颜色的墨粉颗粒分别显影后，一次复印而成。

相对于描绘法，彩色复印机复印出来的假票证其图案结构更加复杂，色彩更加丰富，色彩过渡色更自然，从表面上看更逼真，几乎与原件完全一致。因此，票证防伪技术中的一维防伪特征（如：网线底纹、暗记）容易被复制、模仿。但是，其对防伪印刷油墨和防伪印刷纸张印制的防伪特征难以模仿。

这种伪造手段制成的假票证的特点是图文为不同的颜色的墨粉颗粒混合而成，空白部分有弥散的墨粉颗粒，而且容易刮掉。如果复印完后再用树脂薄膜过塑，稍加搓揉则塑膜起褶，图文上的墨粉易脱落。检验时还应结合票证印刷油墨和纸张来鉴别真伪。

（5）彩色打印机打印。效果较好的是用图像扫描仪或数码相机，将图像输入计算机，调好图形的尺寸和色相，再用彩色激光打印机或彩色喷墨打印机打印而成。这种伪造的票证的图文部分是由网格状列而成的三色或四色的墨点构成并由墨点的大小来表达图文的深浅、明暗层次。

彩色打印机伪造票证中用激光打印的比较多，因为彩色打印采用的是墨粉，在打印时墨粉有一个膨胀的过程，打印出的图案、线条有一定的凹凸感，对凹版印刷有一定的模仿效果。由于彩色打印是经数码或扫描后输入计算机的，因而对平面的防伪特征有较高的伪造能力（比如：图形、接线过渡色印刷、暗记和两组不同方向的连续号码等防伪特征）。但是，这种方法过于从形上去模仿真票证，它对防伪印刷油墨和防伪印刷纸张的防伪功能模仿较少。因此，检验时我们应从防伪印刷纸张、印刷油墨和印刷过程三个方面入手。

（6）高仿真制版印刷。高仿真制版，包括图像仿真和制版方法的仿真。伪造者通过摄影的方法复制图像，再按制作票证的方法制成凹版或平版、凸版，采用高精度的仪器进行印刷。

因此，用这种方法伪造出的票证有"以假乱真"的效果。双面套印对位精确，图形和接线过渡色过渡自然，防伪安全线、暗记应有尽有。但是，这种伪造方法对部分防伪印刷纸张，防伪印刷油墨的模仿效果是比较差的。例如：防涂改纸、防复写纸、加密纸、温变防伪油墨、化学加密防伪印刷油墨等这些市场上难以得到的特种印刷材料的运用比较少。

因此，我们检验时为区分真伪，必须与真票证进行全面的比对、鉴别。从特种印刷油墨、印刷纸张的检验入手。

2. 票证防伪特征的检验要点

检验时，我们一般应从防伪印刷纸张、印刷油墨和印刷过程三个方面入手。

防伪印刷纸张的检验,真票证的印刷过程中或运用防涂改纸(如工商银行的存折)、加密纸、原子核径迹纳米核水印防伪纸等。而伪造的票证或者可涂改、或者非加密纸印刷、或者防伪水印是在票证生产中而非纸张生产中制作出水印等。其伪造技术对于高科技的防伪技术还望尘莫及,其用纸或在激光下无荧光,或无暗记和无防伪安全线等。

防伪印刷油墨的检验,真票证的印制过程中一般要运用紫外荧光油墨(比如:现金支票的编号)、折光油墨(比如:新版人民币100元的正面的左下角"100")、温变防伪油墨等。一般来说,防伪印刷油墨在不同的观察方向,不同的物理条件,化学条件下其呈现的现象不同。但打印油墨在紫外光源的照射下无荧光,在化学试剂的作用下无变色反应。或者检验时也可以与生产厂家的专家联系,共同识别、检验。

防伪印刷过程的检验,伪造票证,一般来说其制作过程单一,对于一些票证采用了特殊的套印,印制过程疏于模仿。检验时只要向专家了解真票证的制作过程即可鉴别。对于精细细微文字印刷,一般的伪造者就难以做到。

3. 案例小结及知识点归纳

任何一家银行在发放贷款时,都须严格按照规定的程序,要求贷款企业提供相应的资质、材料,并对其真实性进行审核,以确保此笔贷款的安全性。本案结合对"再生资源回收与利用建设"贷款项目要求及特点出发,考查票证的真实性,最后在一些疑点的带领下,进一步顺藤摸瓜,查找线索。

(三)贷款主体资格不符合的原因

1. 农业发展银行贷款对象和借款人条件规定:

根据《中国农业发展银行贷款管理制度》(农发行字〔2001〕107号)

第六条 农发行的贷款对象(以下简称借款人)是:

(1)中国储备粮管理总公司及其直属库;

(2)经县级和县级以上人民政府行政管理部门批准成立的国有粮食购销企业;

(3)专门从事批发、调销、进出口等经营活动的国有及国有控股的粮食企业;

(4)经省级政府有关部门批准的具有专门从事棉花收购(含初加工)、调销、进出口业务资格和能力的供销社棉花企业;

(5)农业部门所属的良种棉加工厂;

(6) 供销社棉花企业控股的股份制棉花企业；

(7) 国务院和中国人民银行批准的其他企业。

第七条　借款人应当具备下列基本条件：

(1) 认真执行国家粮棉油购销政策，恪守信用；

(2) 经工商行政管理机关核准登记的企业法人；

(3) 在农发行开立基本存款账户，同时开立收购资金存款账户、应付利息存款账户、财务资金存款账户等专用存款账户（简称"一基三专"账户），并按规定使用；

(4) 有固定的经营场所；

(5) 按规定及时向开户银行（以下简称开户行）提供真实的财务和统计资料，并接受其信贷管理和监督。

2. 该案例做法：

不同的项目贷款需不同的贷款主体，该案中若 SD 公司不是 A 市合作社的最大控股公司，不符合贷款主体资格要求，根本不可能向银行贷到款。

其实合作社根本未向 SD 公司注资，只是通过一纸协议形式控股，目的就是以母公司的名义替民营企业向发展改革委申报项目立项、向供销总社推荐申请 B 行政策性贷款，联手骗贷。

而"再生资源回收与利用建设"贷款项目中的项目申报书、前期规划、土地批复、环保批复等一系列手续都不完善，资金不到位，存在还贷风险。

3. 案例小结及知识点归纳

在项目贷款过程中，需严格根据相关的规章制度，对审核贷款人资格的真实性、可靠性，资金的安全性进行审定。

(四) 贷款诈骗罪及其处罚的认定

1. 贷款诈骗罪的认定

根据《中华人民共和国刑法》第一百九十三条规定，贷款诈骗罪，是指以非法占有为目的，编造引进资金、项目等虚假理由、使用虚假的经济合同、使用虚假的证明文件、使用虚假的产权证明作担保、超出抵押物价值重复担保或者以其他方法，诈骗银行或者其他金融机构的贷款、数额较大的行为。贷款诈骗罪属于金融犯罪的一种。

2. 贷款诈骗罪的处罚

根据《中华人民共和国刑法》第一百九十三条规定，有下列情形之一，以非法占有为目的，诈骗银行或者其他金融机构的贷款，数额较大的，处五年以下有期徒刑或者拘役，并处二万元以上二十万元以下罚金；数额巨大或者有其他严重情节的，处五年以上十年以下有期徒刑，并处五万元以上五十万元以下罚金；数额特别巨大或者有其他特别严重情节的，处十年以上有期徒刑或者无期徒刑，并处五万元以上五十万元以下罚金或者没收财产：

（一）编造引进资金、项目等虚假理由的；

（二）使用虚假的经济合同的；

（三）使用虚假的证明文件的；

（四）使用虚假的产权证明作担保或者超出抵押物价值重复担保的；

（五）以其他方法诈骗贷款的。

3. 常见的骗贷手段

有关机构数据统计发现，每100个拒贷案件中，都会涉及各种程度的蓄意造假或欺骗，欺诈行为已经成为信贷机构面对的大敌之一。这些骗贷招数包括：职业信息虚假、联系人虚假、工作相关联系信息虚假、资产类资料虚假、冒充他人贷款、组团骗贷等。简要探讨以下几种：

（1）提供虚假文件、证明资料

在贷款中提供虚假文件、证明资料是最常见的骗贷手段，很多借款人为了拿到贷款，使出浑身解数，生怕自己漏过了可以"包装"的方法，比如通过自行PS或中介公司伪造银行流水、征信报告、房产证、结婚证、工作证、经济合同，提供虚假联系人等，甚至有些人通过某宝购买萝卜章，随意在资产证明文件、经济合同等相关资料上盖章，从而达到骗贷的目的。

（2）重复提供抵押物

在不同的平台提供同一抵押物进而获取多笔贷款。一辆车子抵押给A平台，获得一笔贷款，然后拿到B平台做质押，再获得一笔钱，或者进行重复抵押借款，或者直接低价卖掉已经抵押的车子，然后改头换面，隐姓埋名，拿钱跑路，是不是很爽？这就是很多骗贷人常用的招数，但是现在贷款机构也变聪明了，会在车子上安装车辆GPS定位系统，只要你开的车超出了一定的范围，贷款机构就会立马收到信息，以免借款人跑路。

（3）专业骗贷

专业骗贷就比较高级了，通常这类团伙都熟知放贷机构的审核流程，深知贷款进件的条件与门槛，专门帮助有意骗贷的客户去进行资料的包装。通常他们都会在偏远地区去收集一批"小白"的身份证，然后帮助他们包装流水、收入、征信等，进而去进行诈骗。

还有一种情况是找一些群演,在贷款前期对他们进行长达数月的培训,把他们变成表面上真的有贷款需求的客户。从前期的申请、提交资料、与信贷员沟通,到中期的接听信审电话、面签,再到最后的贷款完成,每一环节都经过层层的模拟与训练,直到他们的演技达到炉火纯青的地步。一旦他们的诡计得逞,他们便会卷铺盖卷走人,从人间"蒸发",不知所踪!

这种专业骗贷的危害特别大,所涉金额巨大,能让银行一夜之间损失惨重,他们通常集体作案,有组织有预谋,十分难以分辨!是所有银行或放贷机构共同的敌人。

4. 案例小结及知识点归纳

引导学生对贷款诈骗诱因和其危害性进行掌握,以期其在今后工作学习过程中能有所帮助。

(五)授课案例总结

1. 从国家审计署公告来看,最近几年,政策性银行违规贷款,企业联合诈骗的案件呈增多趋势,故有必要从审计角度探讨政策性银行今后贷款过程中需注意的地方。

2. 贷款资料真实性的审核,是一线信贷人员需重点关注的地方。该案件中,SD 公司和 A 市合作社联合诈骗成功,与信贷人员的工作失职也有关联。

3. 金融是服务于实体经济的,任何落入个人口袋的贷款行为都是被严厉打击的。

四、课堂安排

本案例可以作为专门的案例讨论课来进行。如下是按照时间进度提供的课堂计划建议,仅供参考。

整个案例的课堂时间控制在 80~90 分钟。

课前计划:提出启发思考题,要求学生在课前完成阅读和初步思考。

课中计划:联手诈骗案的背景、参与方介绍　　　　　　(10 分钟)

拟定主题如下:

分析审计重点如何确定?

伪造票证的手段有哪些,如何识别?

探讨借款主体为什么不符合 B 政策性银行发放贷款资格?

如何认定贷款诈骗罪及其处罚?

分组讨论　　告知发言要求　　　　　　　　　　　　(30 分钟)

小组发言　　将讨论内容（4个思考题）划分为4次进行讨论

（每组7分钟，控制在30分钟）

引导全班进一步讨论，最后老师进行归纳总结　　　　（15~20分钟）

课后计划：

可以让学生写一份案例分析报告。报告主题可以参考如下内容：

1. 审计重点选择的依据和方法？
2. 伪造票证如何进行审计？
3. 贷款诈骗罪的构成要件及相应处罚？

五、其他相关说明

该案例借鉴，康文硕、李环、姜兴国．咬定青山不放松——D市供销社与民营企业联手骗贷案审计纪实［J］．中国审计，2009（21）．

鉴于教学需要，在此案例基础上进行修改。

消费信贷资产证券化（ABS）风险管理

孙 清[①]

一、引言

中国消费市场的规模本身非常大，2016 年社会消费品零售总额已经达到了 33.2 万亿元。在经济新常态下，消费已成为未来中国经济结构调整的重点，相应的消费观念和消费手段也正在发生变革，利用金融工具实现提前消费的理念已经被年轻消费群体所广泛接受。

互联网金融的发展和征信体系的完善，消费金融业务已进入了发展快车道。金融机构积极开展消费金融业务。以消费性贷款业务为例，2012 年末消费性贷款的余额仅为 10.44 万亿元，2016 年末已经增加到 25.05 万亿元；消费性贷款占各项贷款余额的比重也从 2012 年末的 16.57% 增长至 2016 年末的 23.50%。

消费金融市场呈现出多元业态、共同参与、激烈竞争的格局。我国消费金融产品主要由银行、消费金融公司和互联网平台公司提供，而平台公司又可根据其业务模式在产品、风控、获客、资金等方面的特点进一步分为电商平台、分期购物平台和 P2P 平台三类。截至 2016 年底，全国 300 多家消费金融公司中仅有 21 家获得消费金融牌照，16 家持牌机构的股东有银行背景。苏宁、海尔等非银行系企业为少数，蚂蚁花呗、京东白条等规模较大的消费金融平台属于非正规军。

商业银行与互联网电商平台的消费信贷产品证券化设计在发行动因、基础资产和交易结构特点、风险及控制措施等方面存在差异，案例通过对宁波银行和京东公司发行的"宁波银行永盈 2015 – 1 ABS"和"京东白条 ABS"两个证券化产品进行比较分析，旨在让学生了解该类消费信贷证券化需要注意的问题。

[①] 孙清（1965—），男，江苏苏州人，南京审计大学金融学教授，管理学博士，研究方向为金融风险管理。

二、消费信贷证券化的政策背景

政策推动是我国消费金融快速发展的重要推手。2009 年，银监会颁布《消费金融公司试点管理办法》开启了消费金融市场发展的序幕。2013 年，银监会重新修订《消费金融公司试点管理办法》，在武汉、南京、泉州等 12 个城市进行消费金融公司试点推广。2015 年，国务院下放消费金融公司审批权至省级部门，将试点工作范围扩大至全国。2016 年，《关于加大对新消费金融领域支持的指导意见》由央行、银监会联合发文，该文件进一步推动新消费金融的发展。

2017 年 7 月 14 日至 15 日，习近平在第五次全国金融工作会议上指出：金融是实体经济的血脉，金融要回归本源；把为实体经济服务作为金融改革出发点和落脚点，把更多金融资源配置到经济社会发展的重点领域和薄弱环节，全面提升服务效率和水平。要建设普惠金融体系，更好满足人民群众和实体经济多样化的金融需求。

我国资产证券化制度是重要的金融基础设施，其根本宗旨是为实体经济服务。我国已经进入消费拉动经济发展的新时期，消费作为经济发展的"三驾马车"之一，由金融为消费经济服务。

消费金融 ABS 作为资产证券化的重要板块对实体经济有着无缝对接、精准输血的作用。无论是传统机构开展的消费金融，还是新型机构办理的互联网消费金融，只要是合法合规开展的，毫无疑问都从根本上符合中央的金融政策要求。

三、消费信贷 ABS 交易结构的发展趋势

1. 原始权益人多样化，发行场所多元化

目前金融市场上消费金融类 ABS 发行主体主要包括商业银行、消费金融公司、小贷公司、网贷平台及电商平台，其中商业银行、消费金融公司作为发起机构的 ABS 产品在银行间债券市场发行交易，受银保监会监管；小贷公司、电商平台及其他平台类互联网金融企业作为发起机构的 ABS 产品既可在交易所市场发行交易，受证监会监管，又可以在银行间债券市场交易，但主管机构为交易商协会。

2. SPV 及管理服务机构多元化

在银行间市场发行交易的信贷资产证券化产品，其交易结构标准化程度

较高，银行或消费金融公司作为发起机构，通常也担任基础资产的贷款服务机构，将消费贷款以信托的方式委托给信托公司，信托公司作为受托机构设立特殊目的信托载体 SPT 并以此发行资产证券化产品。在交易所发行交易的各类资产证券化产品，其交易结构相对灵活，既包括计划管理人设立并管理用于向原始权益人购买基础资产专项计划（单 SPV 模式），又包括引入信托受益权用于场外资产证券市场甚至引入双资产服务机构（双 SPV 模式）。越来越多的消费金融 ABS 引入专业服务结构，例如"读秒——去哪儿网第一期消费分期资产支持专项计划"由独立信贷技术服务商作为项目主导方和发起方，并同时担任专项计划资产服务机构的互联网消费金融 ABS 产品，还引入消费场景提供方去哪儿网作为资产服务支持机构，为基础资产的形成、项目存续期间的稳定运营提供支持。

3. 越来越多的企业采用储架发行方式

资产证券化对于融资渠道相对狭窄的消费贷款公司是一种成本较低且可循环发行的融资方式。尤其当储架发行方式获批后，消费贷款公司的融资规模和效率将会得到大幅提高。虽然储架发行对发起机构的经营模式、风控能力等多方面有着很高的准入门槛，有利于提升其在资本市场的接受度。目前市场上获得储架发行额度的消费贷款公司有蚂蚁金服（蚂蚁花呗、蚂蚁借呗）及捷信金融。

4. 资产注入多采循环购买形式

为解决产品端与资产端期限不匹配的问题，消费金融类 ABS 常常采用循环结构以减少资金闲置成本。由于消费金融类贷款通常期限相对较短且提早偿还率较高等，而消费金融公司又希望获得较长期限的融资，同时，中长期资产证券化产品的收益率较高对于投资者更有吸引力。

消费类金融资产证券化产品循环购买可分为购买期和摊还期两个阶段。在循环购买阶段，资金池产生的现金流用于支付证券化资产的利息和其他相关费用，剩余的部分资金用于购买合格标准入池资产；在摊还阶段，资产池产生的现金流用于按照约定向证券化资产持有者偿付本金和利息。在进行循环购买交易的购买频率、购买比例、分配顺序和分配方式等结构设计时，需要以考虑消费金融资产的信用等级、资产池的容量、资产的期限、早偿率、违约率及利率等特点。

5. 大多侧重内部增信，极少采用外部增信

内部增信设计主要包括优先级/次级的结构安排、超额利差、超额抵押、

流动性储备账户、交叉互补机制等因素,其中,优先级/次级的分层设计是资产证券化产品中最常见的增信措施,内部增信还常用超额利差及较高的入池管理费等措施。目前市场上已发行的消费金融资产证券化产品的外部增信措施主要表现在基础资产层面进行保险。

6. 大多侧重挖掘消费场景与大数据风控,作为 ABS 产品设计的核心逻辑

消费金融 ABS 的核心是消费场景和大数据风控,前者关乎债权发生原因的真实性,后者关乎风险控制的科学有效性。一方面互联网技术创新丰富了消费场景,消费金融产品可以覆盖更广阔的受众群体;另一方面,借助互联网技术对征信数据的补充也将全面提升各类机构的风险管理能力。

消费金融机构提供的金融服务以"无抵押担保、贷款审批速度快"为特点,在 ABS 发行时逾期率与坏账率处于"静默期""滞后期",在循环期内持续的资产质量监控离不开大数据支撑,而原始权益人或发起人基于现代金融科技手段的风控体系以及大数据有利于控制风险。

四、"宁波银行永盈 2015 - 1 ABS"与"京东白条 ABS"

(一)宁波银行永盈 2015 - 1 ABS

宁波银行是一家中外合资的股份制商业银行,成立于 1997 年。该行于 2007 年在深圳证券交易所挂牌上市,是在深圳证券交易所挂牌上市的首家城市商业银行。

1. 产品基本要素

2015 年 7 月 17 日,宁波银行作为发起机构,将本行发放的个人消费信用贷款转让给国元信托,由国元信托作为受托发行机构,东方花旗担任主承销商,在全国银行间市场发行"永盈 2015 第一期消费信贷资产支持证券"(以下简称"永盈 2015 - 1 ABS")。永盈 2015 - 1 ABS 是国内第一只以个人消费信用贷款为基础资产并且采用循环购买模式设计的资产池的资产证券化产品。

2. 产品交易结构设计

消费信贷资产证券化产品发行的参与机构包括特殊目的机构(SPV)、证券承销商、信用评级机构以及投资者等(见表1)。

消费信贷资产证券化（ABS）风险管理

表1　　　　　　　永盈2015-1 ABS参与主体

参与主体	公司名称
委托人/发起机构	宁波银行股份有限公司
发行人/受托机构	安徽国元信托有限责任公司
主承销商/财务顾问	东方花旗证券有限公司
资金保管机构	兴业银行股份有限公司
证券登记托管机构	中央国债登记结算有限责任公司
信用评级机构	联合资信评估有限公司/中债资信评估有限责任公司
会计顾问	安永华明会计师事务所（特殊普通合伙）
法律顾问	北京大成律师事务所
投资者	银行间债券市场投资者，包括商业银行、保险公司、基金等金融机构

注：根据永盈2015-1 ABS计划说明书整理。

永盈2015-1 ABS的基本交易结构、各方之间的法律关系框架以及现金流转过程如图1：

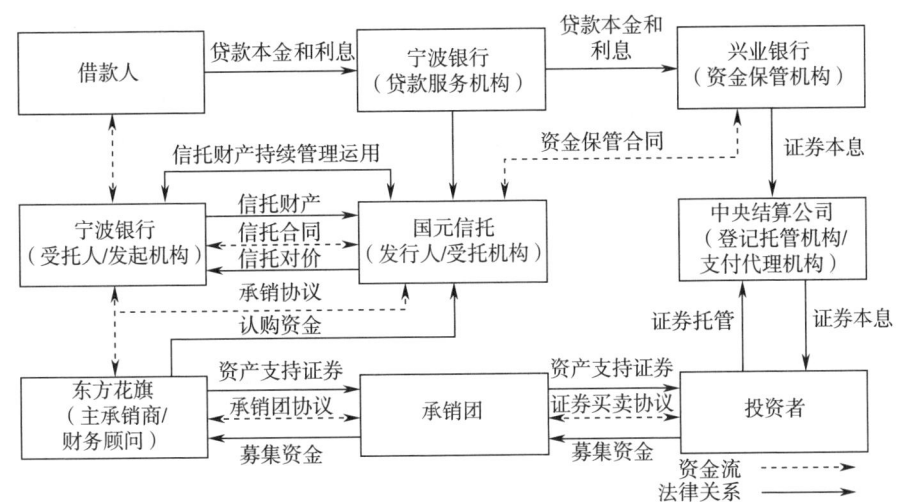

图1　永盈2015-1 ABS交易结构

国元信托委托宁波银行作为贷款服务机构负责所发放的消费信贷资产的风险监控与本息的回收、兴业银行作为第三方资金保管机构对资金池产生的现金流提供保管服务、中央结算公司作为登记托管机构为宁波银行的资产支持证券（永盈2015-1 ABS）提供登记托管和代理本息兑付服务，联合资信和中债资信担负对永盈2015-1 ABS的信用评级工作。信托运营期内资产产生的收益在支付证券利息以及各项税费后将用于循环购买新发行的标的资产,宁波银行和国元证券共同决定是否标的资产的购买与出让。在信托运营期结束后的摊还期,信托资产的管理人负责按照合同约定偿还各级证券投资者的本金。

3. 资产池基本情况

宁波银行作为发起机构将其发放个人消费信用贷款按资产证券化合同的约定构建资产池,国元信托作为受托机构将信贷资产设立为特殊目的信托(SPT)以实现破产隔离。国元信托与东方花旗根据信贷资产池设计标准从宁波银行持有的个人消费信用贷款中选取了 36.99 亿元构建了初始资产池。同时,国元信托作为发行人以信托资产所产生的现金流为支撑发行资产支持证券(永盈 2015 – 1 ABS)。详见表 2。

表 2　　　　　　　　永盈 2015 – 1 ABS 资产情况

基本情况	
资产池未偿还本金金额(万元)	369 919.00
贷款笔数(笔)	34 130
借款人数量(户)	23 345
单笔贷款平均本金金额(万元)	10.84
单笔贷款最高本金金额(万元)	50.00
合同总金额(万元)	386 995.40
单笔贷款最高合同金额(万元)	50.00
单笔贷款平均合同金额(万元)	11.34
利率水平	
单笔贷款最高年利率(%)	11.20
加权平均贷款年利率(%)	8.33
信用状况	
正常类(%)	100
贷款合同期限	
加权平均贷款合同期限(月)	10.33
加权平均贷款剩余期限(月)	5.74
加权平均贷款账龄(月)	4.58
其他	
前 10 大借款人贷款金额占比(%)	0.14
前 20 大借款人贷款金额占比(%)	0.27

4. 增信措施

永盈2015-1 ABS计划的结构按优先/次级的分层设定构,分为优先A档、优先B档和次级档三档,发行额度分别为：299 600万元（占80.99%）、44 400（占12%）及25 919元（占7.01%）。东方花旗作为主承销商分别和宁波银行、国元信托签署《承销协议》并负责组建承销团队。按目前签署的《承销团协议》，承销团队对优先A档和优先B档资产支持证券以单一利差（荷兰式）招标方式公开发行,次级档资产支持证券以数量招标方式发行。优先档资产支持证券全国银行间债券市场上市交易,次级档资产支持证券将按照人民银行规定的方式进行流通转让（宁波银行自持部分除外）。详见表3。

表3　　　　永盈2015-1消费信贷资产支持证券基本情况

	优先A档	优先B档	次级档
资产支持证券代码	1589124	1589125	1589126
发行规模（万元）	299 600	44 400	25 919
分层比例（%）	80.99	12	7.01
信用评级	AAA级（联合资信）AAA级（中债资信）	A（联合资信）A（中债资信）	无评级
面值	人民币100元	人民币100元	人民币100元
票面利率	基准利率+0.14%	基准利率+0.64%	无票面利率
利息支付频率	按季支付	按季支付	按季支付
还本方式	过手摊还	过手摊还	—
预期到期日	2017年7月26日	2017年7月26日	2017年7月26日
加权平均期限（年）	2.03	2.03	2.03
法定到期日	2019年7月26日	2019年7月26日	2019年7月26日

（二）京东白条ABS

京东商城是中国第二大电商平台,京东世纪贸易公司通过京东商城平台进行网上零售交易（中国第一大自营B2C电商）。根据中国电子商务网站的统计,2014年京东商城的交易规模约占自主销售为主的B2C网站交易总额的56%,公司行业领先地位显著。

1. 产品基本要素

京东白条ABS是京东世纪贸易公司依据《京东白条服务协议》对使用京东白条服务的客户所享有的按期支付应付货款、服务费或其他应付款所形成的债权（即应收账款）构建基础资产。京东白条ABS采用循环交易结构来实现资产证券化设计，即从资产证券专项计划成立期间运用资产池产生的现金流购买符合入池标准的基础资产形成动态资产池。京东白条ABS是国内首例互联网消费金融资产证券化产品。

2. 产品交易结构设计

京东白条ABS的原始权益人（资产服务机构）为京东世纪贸易公司，SPV管理人（专项计划管理人）为华泰证券（上海）资产管理有限公司，受托管理人为兴业银行股份有限公司。登记托管机构为中国证券登记结算有限公司深圳分公司，联合信用评级有限公司为专项计划的评级机构，普华永道中天为专项计划的会计师事务所，北京奋迅律师事务所为专项计划的法律顾问（见表4）。

表4　　　　　　　　　京东白条ABS参与主体

相关方	名称
原始权益人/资产服务机构	北京京东世纪贸易有限公司
计划管理人/推广机构	华泰证券（上海）资产管理公司
托管人	兴业银行股份有限公司
登记托管机构/支付代理机构	中国证券登记结算有限公司深圳分公司
信用评级机构	联合信用评级有限公司
法律顾问	北京奋迅律师事务所
会计师事务所	普华永道中天会计师事务所

注：根据京东白条应收账款债券资产支持专项计划说明书整理。

京东白条ABS的原始权益人（京东世纪贸易公司）将京东白条服务的客户所享有的按期支付应付货款、服务费或其他应付款等债权转让给SPV管理人。SPV管理人将符合京东白条ABS专项管理计划入池标准的基础资产构造资产池，其中优先级资产支持证券可在深交所综合协议交易平台交易流通。京东世纪贸易公司作为入池资产服务机构负责京东白条的日常管理。在循环交易结构中，京东世纪贸易公司除了负责对资产池的管理，还会在应收账款到期后及时向SPV管理人报告。SPV管理人根据到期资产的情况发出相应的指令，要求京东世纪贸易公司再次购买符合一定标准的基础资产，并进行后续管理，直至资产管理计划循环期结束。托管人兴业银行根据协议对专项计划的现金收益进行管理。兴业银行根据华泰资产管理公司的指令对资金进行划拨。此外，兴业银行还将对华泰资产管理公司的职责履行情况以及其操作的合规性进行监督。SPV管理人委托中国登记结算分公司将按照购买协议对商品进行处置（见图2）。

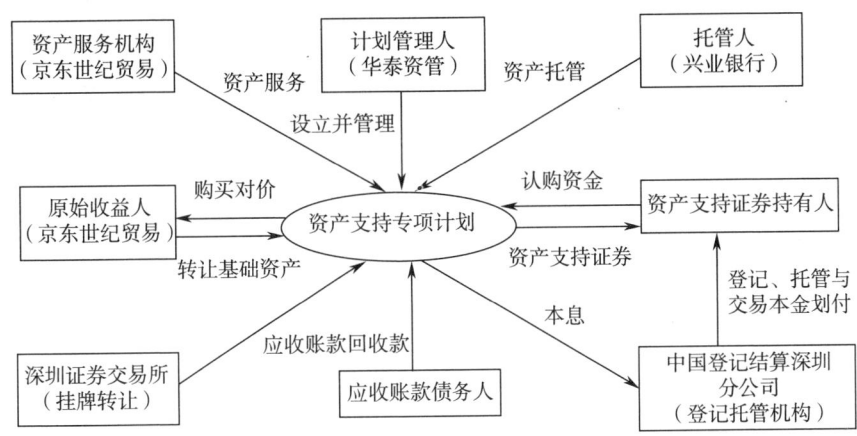

图2 京东白条ABS交易结构

3. 资产池基本情况

京东白条ABS资金池规模为8亿元，基础资产系来源于原始权益人在京东网上购物商城赊销商品的债权。所合法享有的要求用户（"京东白条"）按期足额支付应付货款、服务费及其他应付款项（包括但不限于违约金，如有）。京东白条ABS资产专项管理计划的基础资产是基于买卖合同关系所产生的企业应收账款。该专项计划以资产池产生现金流循环购买新的符合计划标准的基础资产的方式构建动态资产池（见表5）。

表5　京东白条消费信贷资产支持证券基本情况

应收账款余额（元）	949 462 128.6
合同数（个）	1 031 632
加权下平均利率（%）	7.90
加权平均剩余期限（天）	162.34

4. 增信措施

表6　"京东白条"资产支持证券基本情况

证券简称	京东优01	京东优02	京东次级
类别	优先级	次优级	次级
是否转让	是	是	否

续表

证券简称	京东优01	京东优02	京东次级
存续期	2年	2年	2年
到期日	2017/9/26	2017/9/26	2017/9/26
发行规模	6亿元	1.04亿元	0.96亿元
利率形式	固定利率	固定利率	无
预期收益率	5.1%	7.3%	无
信用等级	AAA级	AA-级	无
偿还本息方式（循环期）	按季度偿还	按季度偿还	无
偿还本息方式（分配期）	摊还本息，按月支付	摊还本息，按月支付	偿还优先级和次优级证券本息后的剩余收益
交易流通场所	深交所综合协议交易平台	深交所综合协议交易平台	无

京东白条ABS专项计划按现金流偿付顺序分为三级，分别为优先级、次优级以及次级，每个级别证券的偿付风险依次递减。从各级的规模看，优先级、次优级以及次级的占比分别为75%、13%、12%。联合评级根据产品结构设计的内部增信方式，分别给予京东优01和京东优02证券AAA级、AA-级的信用等级，也即优先级获得的信用支持水平为25%，次优级获得的信用支持水平是12%。京东白条ABS专项计划的所有类别证券面向合格机构投资者发行，其中优先级和次优级证券均可在深交所综合协议交易平台交易流通，次级证券由原始权益人京东世纪贸易的全资子公司江苏京东信息技术有限公司持有至到期。

该专项计划的加权平均利率为7.90%，远高于优先级证券和次优级证券的票面利率，由此产生了超额利差专用于吸收资产池未来可能产生的损失。本专项计划中京东世纪贸易转移的基础资产余额为9.49亿元，发行证券募集金额为8亿元，因此两者的差额1.49亿元即为超额担保。同时，该专项计划还针对可能的加速清偿事件设置了信用触发机制。当加速清偿事件发生时，基础资产的现金流优先用于保障优先级证券持有人的权益。

结束语

中国经济发展结构有助于向消费和服务领域转型。城乡一体化和中产阶级崛起有助于推动消费和服务的增长。世代转换和财富增长使得居民消费理念迅速转变，消费规模增长和消费升级成为中国经济最重要的破局点。众多的传统金融机构和互联网科技企业都发现了这片蓝海，进入这个领域开疆拓土。在市场拓展的过程中，各类金融机构均承受着资金压力，资产证券化也因此成为各机构破解资金困境的一个重要招式。

资产证券化是由多个专业机构分工合作、相关制约才能完成的复杂集合性商事交易。概括地讲，资产证券化的基本流程是，发起人将基础资产出售给一家特殊目的机构SPV（或者由SPV主动筛选购买可证券化的基础资产），然后SPV将这些资产进行集合或拆分重组并评级增信，再以该基础资产所产生的现金流支撑发行有价证券进行融资。因此，基础资产选择和证券化过程中的风险管控至关重要。消费贷证券化是相对专业化的领域，有很多比较抽象的概念。第一，资产证券化产品是一种金融衍生品——基于不同"基础资产"的证券化是不同的种类。本案例中，"宁波银行永盈2015-1 ABS"的基础资产是银行消费贷款池属银行信用，而"京东白条ABS"基础资产是应收账款属商业信用；从交易平台看，商业银行发行证券化产品多数在银行间债券市场交易，互联网电商企业的证券化产品都在交易所债市交易。基础资产池中贷款的数目和单笔金额影响风险的分散。一般来说，消费贷款池的贷款数目多，单笔贷款单笔金额小，风险分散度大，所以是国际资产证券化市场上的主流产品。第二，ABS项目的不良率是有计算公式的。一般来说，ABS项目不良率 = 该项目沉淀的不良贷余额/项目的贷款余额，这表示不良率是一个时点数据，换句话说，这个公式意味着任何一个ABS项目，随着到期日临近，其不良率的分母（项目的贷款余额）都会接近零。第三，在资产证券化中，资产池分为静态资产池和动态资产池两种类型，其不良率测算是完全不同的逻辑。中国发行消费贷证券化产品的机构分为两种，一种是持牌类金融机构（包括银行和消费金融公司），另一种是非持牌类金融公司（例如，蚂蚁金服、京东金融、小米小贷等）。大部分持牌类金融机构使用静态资产池，而非持牌类金融机构多使用动态资金池。

思考题

1. "宁波银行永盈2015-1 ABS"与"京东白条ABS"基础资产的性质与质量有何差异？

2. 宁波银行、京东集团实施资产证券化的动因？

3. 两种专项计划资产支持的证券存在哪些风险？如何控制？
4. 如何降低专项计划参与机构的尽职风险？

附录

1. 资产证券化政策法规

时间	单位	法规
2005-4-20	中央银行、银监会	《信贷资产证券化试点管理办法》
2005-5-16	财政部	《信贷资产证券化试点会计处理规定》
2005-6-13	中央银行	《资产支持证券信息披露规则》
2005-6-15	中央银行	《有关资产支持证券在银行间证券市场的登记、托管、交易和结算等事项的公告》
2005-11-7	银监会	《金融机构信贷资产证券化试点监督管理办法》
2006-2-20	财政部、税务总局	《关于信贷资产证券化有关税收政策问题的通知》
2006-5-14	证监会	《关于证券投资基金投资资产支持证券有关事项的通知》
2007-8-21	中央银行	《人民银行公告〔2007〕第16号》有关信息披露的公告
2007-9-30	中央银行	《有关资产支持证券质押融资的公告》
2008-2-4	银监会	《关于进一步加强信贷资产证券化业务管理工作的通知》
2012-5-17	中央银行、银监会、财政部	《关于进一步扩大信贷资产证券化试点有关事项的通知》

2. 宁波银行财务近三年主要财务指标

	2014年	2013年	2012年
净利润（百万元）	5 634.13	4 847.27	4 068.14
总资产（百万元）	554 112.52	467 772.60	372 697.35
总负债（百万元）	519 948.41	442 250.71	350 580.39
归属于母公司股东的权益（百万元）	34 091.09	25 506.69	22 116.96
基本每股收益（元）	1.89	1.68	1.41
稀释每股收益（元）	1.89	1.68	1.41
净利差（%）	2.50	2.46	2.76
净息差（%）	2.51	2.51	2.83
加权平均净资产收益率（%）	19.45	20.41	19.97
资本充足率（%）	12.40	12.35	12.06
一级资本充足率（%）	10.07	10.02	9.36
核心一级资本充足率（%）	10.07	10.07	10.07

资料来源：宁波银行2012—2014年年报。

3. 宁波银行近五年个人消费贷款状况

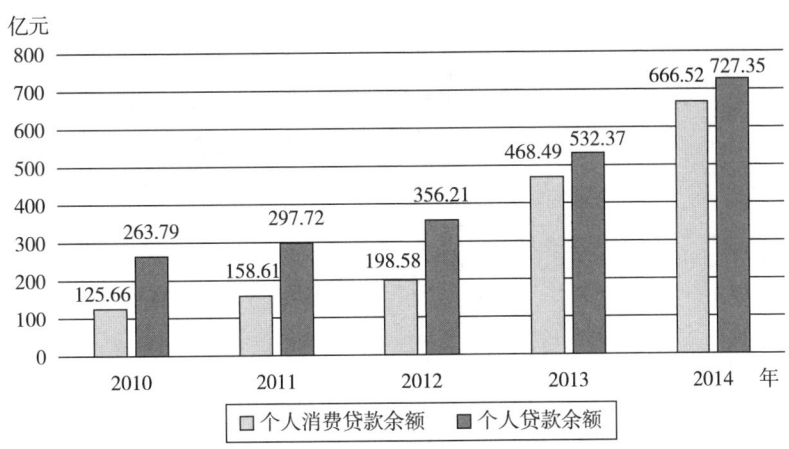

（资料来源：宁波银行 2012—2014 年年报）

案例教学使用说明

一、教学目的与用途

本案例教学使用说明：此案例属《金融风险管理和金融监管》研究生案例集项目，为相关课程实施案例教学撰写，如将本案例应用于其他学科和层次学生的课程案例教学，本案例使用说明可作教学参考。

1. 适用的课程

本案例适用于《金融机构与金融市场》《银行管理学》。

2. 适用的对象

本案例适用对象包括金融专业硕士研究生、金融学术硕士研究生和工商管理硕士研究生。

3. 本案例教学目标规划

信贷资产证券化运作的理论基础包括一个核心理论和三个基本理论。其中现金流分析是核心理论，三个基本理论则分别是资产重组理论、风险隔离理论和信用增级理论。本案例的目标是让学生对这四个基本理论进一步深化理解和灵活应用。

具体目标分为以下 4 个：

（1）现金流分析。基础资产能够产生稳定的预期现金流是何种类型资产证券化的最基本的要求；现金流分析是评级机构对资产支持证券（ABS）开展估值和信用评级工作的基础，也是其实现风险和收益相匹配目标的重要依据。

（2）资产重组是指基础资产的原始权益人对资产进行重新分割和组合构成资产池，以实现发行资产支持证券（ABS）的目标过程。根据资产重组原理，原始权益人选择构建资产池的基础资产应能满足以下几个要求：①资产池规模达到一定规模以实现多样性和分散风险；比如金融机构的贷款也会在地域、行业、规模等方面实施多样化和分散化，以降低非系统性风险。②基础资产较准确预测现金流的稳定性。因为稳定的预期现金流才能进行资产证券化定价。

（3）风险隔离原理是指将原始受益人的基础资产支持证券的正常运营与破产风险隔离开来。实现风险隔离的方法是设立特殊目的机构（SPV），由SPV购买基础资产。风险隔离可以实现以下两点目标：①基础资产原始受益人通过风险隔离将不愿意或者不能承担的风险转移给有愿意并且有能力承担的人。②证券投资者则无须承担发起人所面临的一切风险，仅需承担自身所愿意承担的那部分风险。

（4）信用增级原理是指发行人在资产证券化过程中利用基础资产的现金流来提供自我担保，或者引入担保主体为基础资产信用提供担保，以此来提高资产支持证券的信用等级并使其达到提高证券发行成功率以及降低融资成本的目标。根据增信主体的不同，通常可分为内部增级和外部增级。内部增级方法主要包括：优先/次级结构设计、现金储备账户、超额利差账户、超额抵押账户等。外部增级方法主要包括：保险公司提供担保合约、第三方提供担保以及现金抵押账户等。

二、涉及知识点

资产证券化是由多个专业机构分工合作、相关制约才能完成的复杂集合性商事交易。概括地讲，资产证券化的基本流程是，发起人将基础资产出售给一家特殊目的机构SPV（或者由SPV主动筛选购买可证券化的基础资产），然后SPV将这些资产进行集合或拆分重组并评级增信，再以该基础资产所产生的现金流支撑发行有价证券进行融资。本案例涉及消费信贷证券具体有以下几个知识点：

1. 资产证券化，指以计划项目所投入的各类资产产生的预期现金流量（收益）为基础，在金融市场上发售的不同风险档次的证券类金融产品募集资金；

2. 特殊目的载体（SPV）指在发起人提供的资产为基础发行证券化产品并且有效实现破产隔离的机构；

3. 期限错配就是企业的资产和债务期限无法对应起来，现金流不足以用来支付利息和投资者需要所带来的风险；

4. 单一交易结构是指原始权益人将基础资产一次性转移给特殊目的机构（SPV），由SPV发行资产支持证券的交易结构；

5. 循环交易结构是指特殊目的机构不仅会向原始权益人初次购买基础资产，在存续期内会连续多次购买基础资产并以此发行资产支持证券的交易结构；

6. 信用增级机构是通过担保、差额支付承诺等方式来提升资产证券化过程中所发行资产支持证券的信用级别的主体。

三、案例要点分析

1. 基础资产风险。基础资产风险是指基础资产面临还本付息的不确定性。影响基础资产现金流稳定性的重要因素包括：基础资产的质量、有无提前还款。基础资产风险主要包括信用风险、抵消风险和提前还款风险。

2. 证券化过程风险。资产证券化过程参与主体较多且交易环节较复杂，其风险表现在以下几个方面：（1）破产隔离风险，破产隔离使得资产支持证券能够独立于原始债权人。即使发起人破产，破产隔离机制能够保证资产支持证券免于进入发起机构的破产清算财产。（2）资金混同风险，资产支持证券的资金流转虽然有严格的划拨流程，但是在资金流转过程中可能会出现部分资金暂时归集保留在相应服务机构的情况。如果该服务机构将归属于支持证券的资金与其自有资金混用，该笔偿付资金可能被认为是自有，且在这段时间该服务机构出现债务问题而进入诉讼或破产程序，继而支付给债权人。（3）参与主体违约风险。资产证券化业务每一方参与主体能否如约履行职责，对于证券化成功有至关重要的意义。资产支持证券的交易文件对参与机构的义务有明确的规定，其中某一方未能如期履行都将影响正常还本付息过程和投资者的收益。甚至如果参与主体破产并停止一切经营活动，那将导致交易环节中断，影响支持证券的正常运作。（4）信用支持下降风险。资产证券化产品的信用增级措施包括内部和外部。内部增级以交易结构的分层来实现而外部增级一般可采取抵押、第三方担保等方式。担保公司自身信用等级下降可能会导致外部信用支持下降的风险。除了增信机构自身信用恶化，增信的强度、覆盖金额也会影响信用支持是否足够有效。（5）专业机构失职风险，资产支持证券涉及的交易结构较复杂且主体较多,投资者很难仅依靠自身能力对风险做出全面准确的判断,很大程度上要依赖于专业机构的意见。如果会计师事务所、信用评估机构等中介机构不能够尽职尽责完成调查,或者故意提供不实的报告,将对投资者造成误导。

四、课程安排

本案例可以用于专门的案例讨论课,课堂计划时间进度仅供参考;

整个案例课的课堂讨论时间控制在 80~90 分钟。

课前安排:同学分组并提出案例阅读思考题,要求学生在课前完成阅读和小组初步讨论。

课中安排:

课堂导言(2~5 分钟),简明扼要介绍案例主题;

小组发言(控制在每组 15~20 分钟),幻灯片(PPT)辅助演示;

引导全班进一步讨论,并进行归纳总结(15~20 分钟)。

课后安排:要求学生结合讨论要点进一步收集相关信息资料,采用研究报告形式给出更新后的解决方案,或写出案例分析报告(1000~1500 个字);明确具体的职责分工,为后续章节内容做好铺垫。

我国证券市场做空机制完善

——基于 A 乳业集团案例

张 杰[①]

辽宁 A 乳业集团是我国国内知名的乳制品制造企业。开拓了新的乳品制造业的统一体系，建设从牧场至餐桌的包括牧草种植培养、饲料加工、牧场管理、原奶运输、乳品生产、质量管控和产品销售等统一体系，成为第一批中国国内乳品行业婴幼儿配方奶粉产品追溯首批试点单位以及中国食品工业协会物流专委会认证的"透明供应链"5A级企业。这样一家有着良好声誉的企业却在浑水公司发布两份沽空报告之后的 90 天股价跳水 90%，在一系列债务重组之后仍然难逃被退市的命运，其深层次原因值得进一步挖掘；在我国逐步放开做空机制的背景下，A 乳业跳水事件可以帮助我们进一步了解做空机制对于股市的影响，以及在价值发现方面的作用，监管机构如何建立完善的做空制度？面临不断深入的做空制度，我国上市公司又该如何应对？

一、A 乳业及浑水公司介绍

（一）A 乳业基本情况

辽宁 A 乳业集团位于辽宁省沈阳市，北纬 40 度的天然牧草带，得天独厚的地理位置优势为其乳品制造的发展提供了无与伦比的便利，纯自然的黄金奶源为其以后发展奠定基础。该品牌历史悠久，最早成立于 20 世纪 50 年代，于 2009 年成立控股集团，长期以来，A 乳业利用自己的优势，把"打造中国最值得信赖的乳品品牌"的理念作为自己企业的价值追求，不断创新，注重可持续发展，坚持探索中国国内乳制品行业产业链的发展模式，着眼于乳制品行业安全问题，把从源头保障乳制品的安全作为乳制品行业的发展核心。

A 乳业充分利用自然条件，提出依托牧场的全产业链的发展模式，在辽

[①] 张杰（1984—），男，湖南湘潭人，南京审计大学助理研究员，研究方向为高校管理、财务与金融创新。

宁省沈阳、锦州、阜新、抚顺、铁岭，江苏盐城等地投资建设了良种奶牛繁育及乳品加工产业集群项目，总共耗费资金200多亿元，A乳业迅速崛起，并且其生产产品种类繁多，几乎所有乳制品相关行业都有涉足，如婴幼儿配方奶粉、成人奶粉、灭菌乳、巴氏杀菌乳、发酵乳等多个产品品类。

作为农业产业化国家重点龙头企业，A乳业不拘于自己的优势，坚持创新，谋求进步，其正确的企业价值观使其不仅仅获得产业内的多项国家、省、市各级政府及行业殊荣，而且在技术领域也有突出的贡献，如奶牛良种繁育及乳品加工产业集群关键技术开发、优质苜蓿草种植及产业化技术开发都已引起国家关注，荣获国家级星火计划项目证书。

结合以上信息，A乳业公司具备从"牧场到餐桌"的统一产业链，包括牧草的种植、培养、加工、奶牛的饲养和乳制品的销售。

(二) 浑水公司情况介绍

浑水公司是由一位美国人在2010年6月28日创立的，该公司创始人是卡森·布洛克（Carson Cutler Block）。他2005年从法学院毕业后就来到了中国，实践了一年的法律知识，浑水公司主要是曝光在美国上市的中国小公司的虚假财报和欺诈行为。

2010年11月10日，B公司被浑水公司披露。B公司是中国钢铁商供应水处理系统的制造商，浑水公司对B公司做了三十多页的报告并将其披露，理由为B公司客户关系虚假、过分夸大收入、非法挪用资金等，正因为浑水公司的披露使得B公司股价大跌，从13美元降至几乎为零的低位，市值损失3.7亿美元，面临着被交易所停牌或者摘牌的风险。

粗略算来，从2010年6月开始，浑水公司不仅仅只揭示了B公司一家，还有其他三家在北美上市的中国公司先后被浑水公司揭示，这三家分别是东方纸业（ONP）、多元环球水务（DGW）和中国高速传媒（CCME），同样，这三家公司的股票价格也随着浑水公司的披露而下跌，面临被交易所摘牌的风险。至此，四家公司加起来，浑水公司已经让中国股票损失70亿美元。

浑水公司做空机构的获得利润的方法与其他做空机构并无差别。首先，寻找"猎物"，这里的猎物就是有问题的公司。其次，通过券商机构得到该公司的股票，并且卖掉股票。接着，制作调查报告，并且揭示曝光目标公司的问题；目标公司会因为揭示而股价下跌，面临被交易所停牌的危险。最后，正当这家公司股票下跌时，做空机构会趁机大量购入该公司的股票，然后还给券商，从中获得利润差。但是，与其他的做空机构相比，区别在于，浑水公司的调研方法不计成本如 A 乳业这个例子。根据浑水公司所发布的调查报告，可以看出，浑水公司对 A 乳业进行长达数月的调查，同时还派有无人机来观看 A 乳业的牧场情况，同时浑水公司的调查员拜访了 35 家农场、5 个生产基地（其中有一个仍处于建设中，另外两个并没有开工建设的迹象）；并且与多名不同背景的供应商进行咨询，这其中的供应商就有向 A 乳业进行供应苜蓿的，专门请教乳品制造行业的专家。

二、一份做空报告引发的"血案"

（一）事件始末

2016 年 12 月 16 日，浑水公司发布了一篇针对中国 A 乳业的报告。

浑水公司在这份报告里揭示了 A 乳业的一系列的问题，报告揭示了 A 乳业在 2014 年开始的财务报表为虚假报表，并指出当时出具的该报表没有任何价值，并且存在夸大开支的行为。与此同时，浑水公司不仅仅指出 A 乳业的财务问题还揭露 A 乳业一直以来所宣扬的苜蓿自给自足，从牧场到餐桌的全产业链是谎言等问题，报告达 47 页。

浑水公司的突然曝光使得 A 乳业措手不及，其于 2016 年 12 月 16 日 11 点 12 分紧急停牌，紧接着发布报告，对浑水公司的揭露进行反驳，不仅否认浑水公司的指认而且宣告将用法律的武器解决问题，并对此事保留法律措施的权利。

2016 年 12 月 19 日，浑水公司再次出击。浑水公司又继续发布 13 页报告，指认 A 乳业的收入有欺诈嫌疑，双方再次陷入"交战状态"。A 乳业不甘示弱，再次对这 13 页报告进行澄清反驳，第二天复牌，尾盘报收 2.8 港元，股价回升 1.82%。

2017 年 5 月 16 日，据深交所公告，A 乳业被调出港股通股票名单。

2017 年 3 月 21 日，公司执行董事、掌管财务大权的高管因病失联。

2017 年 3 月 24 日，这原本是平淡的一天，然而却成为所有港股投资者，甚至是港交所监管者最"难忘"的一天，当天 11：30，一家叫 A 乳业（6863.HK）的中国东北乳企突然跳水。A 乳业（6863.HK）在半小时内暴跌了 90%，短短三十分钟里抹去了 300 多亿元市值。

（二）激烈交锋

2016 年 12 月 16～19 日，A 乳业和浑水公司用公告和报告的形式进行交战，场面激烈。浑水公司发布的第一份报告就指出 A 乳业财务造假，同时对外宣扬苜蓿自给自足是谎言。

对此 A 乳业同样也发布报告进行批驳。A 乳业发布公告回应称，2013/2014 财年、2014/2015 财年及 2015/2016 财年，该公司苜蓿草产量分别达到 14 万吨、13.4 万吨及 8.5 万吨（另有燕麦产量 7.9 万吨，燕麦与苜蓿草可替代），三个财年共计产量 35.9 万吨，由于苜蓿草于 6 月开始收割，A 乳业于三个财年内每年外购苜蓿草 1 万吨以弥补收割前所需的消耗量，此外购量的占比为 4.3% 至 9.2%。并且针对浑水公司在报告中称 "A 乳业的苜蓿草不是自给自足而是来自一家美国公司 And erson & Grain Company" 的说法进行反驳。

同时，A 乳业针对浑水公司的第二份报告中揭露的"收入造假"指出，A 乳业的数据已经在国家税务总局的数据里面进行核实，并且在国家工商总局备案的数据是不需要进行内部交易抵消后的。可以通过登录国家税务总局官方所得税汇算清缴申报电子系统进行查询。经过查询国家税务总局的电子系统得出 A 乳业下属 4 家子公司，即辽宁 A 乳业集团有限公司、A 乳业（沈阳）销售有限公司、A 乳业（锦州）销售有限公司及辽宁 A 商贸有限公司，于 2015 年在系统中的申报确认收入分别为 10.02 亿元、21.98 亿元、4.77 亿元和 0.084 亿元，合计销售收入是 36.85 亿元人民币，查询所得的结果与 A 乳业在国家税务总局的备案是一致的，而且明显与浑水公司发布的报告里的言论不符。

另外，反观浑水公司的第二份报告，里面不仅仅揭露 A 乳业的收入造假，同时还对 A 乳业曾经所宣称的 A 乳业原料奶的平均售价高于市场整体的平均售价的说法提出质疑。对于浑水公司的这个说法，A 乳业在澄清报告中反驳并拿从香港证券交易所进行上市的两家可比牧业公司的原料奶售价为例，其 2016 年 1～6 月原料奶平均销售单价分别约为 4 040 元/吨和 4 005 元/吨；相比之下，A 乳业 2016 年 4～9 月的原料奶平均销售单价约为 4 144 元/吨，至少高于上述可比牧业公司 2.6%。

并且 A 乳业也发布了股东增加持有股份的报告，当浑水公司发布第一篇揭露报告的第二天，A 乳业的股东通过某有限公司从市场上购买了 2 416.6 万股，而且他所通过的这个公司是由杨某、葛某作为一致行动人全资所有，但如今，A 乳业的 73.06% 的股权掌握在这两个人手中。

当时乳业专家宋亮表示，浑水公司做空公司股票的手法和以前一样，都是通过数据来进行揭露目标公司，但是随着中国国内经济的发展技术的提高，国内的奶牛养殖技术的提高，优质牧场的奶牛单产量也会随之增长，无论是从数量还是从质量上来看，中国的优质牧场奶牛单产量较之以前都有很大的提升，过去浑水公司的做空手法并不适用于现在的中国企业，到目前为止，浑水公司和A乳业的激烈交锋，A乳业的回击能够让人信服，而且合情合理。

双方分别发布公告或报告后，A乳业的股价不仅没有像想象中那样暴跌，竟然出现股票价格上涨，这种现象表示在这场做空与反做空的交战中，A乳业暂时取得了胜利。

但是A乳业的胜利是短暂的，直到2017年3月20日左右，各个银行突然收到A乳业的通知，表示A公司暂时不能够按时偿还一部分银行的利息，而且这部分利息金额大概为3亿元。根据不完全统计，A乳业的债权人涉及23家银行、十几家融资租赁公司等70多家债权人，金融债权预计至少在120亿~130亿元。

辽宁省金融办于2017年3月23日召开A乳业债权工作会议，这其中的债权银行和A乳业的负责人都有参加，鉴于A乳业曾经的荣誉和良好的公司声誉，辽宁省金融办提出给予A乳业4周的时间进行资金周转，并要求各家银行在这个时候对A乳业不要进行抽贷，很多参会的债权人认为，这个会议并不是很顺利，而且会议得出的建议措施也不能够将A乳业挽救于水火之中。

这次会议不成功的措施后来也被市场看成是A乳业股票暴跌的直接原因。2017年3月24日11：30，A乳业（6863.HK）突然跳水，在半小时内暴跌了90%，三十分钟里抹去了300多亿元市值。

至此，面临浑水公司的做空威胁，A乳业处于水深火热之中。港交所披露，危机发生后，A乳业实控人杨某在2017年3月底和4月初，通过其独资持有的公司分5次减持某股票，共计套现4.2亿港元。同一时刻，从2017年5月8日起，香港证监会发出指令，香港证券交易所正式对A乳业的股份交易进行停牌，同时这使得A乳业的银行债权交易陷入困境。浑水公司做空A乳业的战役以浑水公司的全面胜利而结束。

三、A乳业的应对之策

2017年3月，A乳业的实际负责人、董事长杨某公开承认A乳业的资金链断裂，暂时无法周转资金，不过他又非常自信地宣称，只要一个月内A乳业就可以筹集到150亿元的资金，这样一来，损失的市值就可以得到维护，投资者也不会受到严重损失，A乳业的品牌就可以得到保护。

2017年3月23日，辽宁省金融办针对A乳业的债权问题专门召开了工作会议，中国银行、浙商银行等银行代表大力支持A乳业，他们表示非常相信A乳业这个有着六十年历史的老品牌，并且在这次会议上也看到了辽宁省政府对A乳业的充分信任，这主要体现在以下几个方面。辽宁省金融办提出：第一，A乳业所拖欠的银行的利息会由政府出面处理，大约费时两周，并且政府也会帮助A乳业在四个星期内解决暂时的资金周转困难、资金链断裂的问题。第二，A乳业的部分土地，会有政府收购，这样一来A乳业暂时所面临的困境就会缓解很多。第三，为保护A乳业，辽宁省将A乳业这次事件作为特殊案例，并且要求金融机构不上报征信，不进行诉讼。第四，一些相关机构的负责人组成联合的委员会，专门设立机构处理A乳业的问题，并且委员会的主席由中国银行担任，副主席由九台农村商业银行担任，金融办和机构的相关负责人一起交流沟通，集思广益，挽救A乳业，力求将A乳业的影响降到最低。

A乳业与债权方谈判，进行债务重组，但是债务重组并不是一件简单的事情，也不是一朝一夕就可以解决的事情，整个债务重组涉及几十家公司，七十多个债权人，这其中就包括23家银行、10多家金融租赁公司，还有互联网金融公司如诺亚财富旗下的歌斐资管、红岭创投，此外还有地方交易所，如大连金融资产交易所。

A乳业不停地与债权方进行谈判，并且A乳业希望能够与债权方达成一致，可以将债权转为股权，转换成股权之后，会成立一家新的公司，这家公司将接手A乳业的所有业务，将A乳业的所有业务全部转接到新的公司上来，但是，还有一个问题并没有解决，即组成新的公司之后，谁将出任A乳业的大股东，并且新公司什么时候成立得看众多利益分歧能不能协调成功。

但是，虽然上述会议制定了一系列挽救A乳业的措施，但是A乳业仍然处在困境之中，面对大量即将到期的银行贷款，A乳业的资金周转也是有一定困难的。财报显示，A乳业将要偿还的短期债务为110亿元，偿还日期为2017年9月30日，但是仍然还存在很多债务需要偿还，日期尚不得而知，是否需要在2017年9月30日之前偿还还不确定。对于这件事，很多业内人员认为，A乳业面临很多问题，重组和融资的价格将会是A乳业面临的最重要的最核心的问题，同样，这个问题也很难解决。另外，A乳业的股票价格暴跌，损失惨重，针对A乳业的股价，是不是被过度低估还有待考证。不过，A乳业要求进行重组，原A乳业的股东也不一定全部愿意等，这一阶段，对于A

乳业来说，这种情况无疑是雪上加霜。

在被证券交易所停牌的五个月之后，A乳业的债务重组牵动业内大部分人的心，刚开始重组有了新的转机。2017年8月，有市场消息称，对于公司债务重组，A乳业已经做出了很详细可行的重组方案，并且主要债权人也非常满意，如果不出意外的话能够收到大概超过三分之二的债权人的支持，这样一来，重组指日可待，如果能够重组成功，A乳业也会脱离困境。新方案能不能成为决定A乳业"东山再起"的一个重要工具尚待考究，A乳业债务重组问题仍然备受业内关注。

据了解，A乳业债务重组的新方案大概是先清算破产所有还在境内的公司，然后在香港建立新公司，这个新公司会在境内新建平台，这个平台就会承接原来的A乳业的所有资产，再重新引进战略投资者。具体步骤如下：首先将境内的资产进行清算重组，关于债权人的清算问题，A乳业不希望通过诉讼解决而是希望能够与债权人进行和解；其次在香港设立新公司，新公司的具体控股情况为：公司董事长由杨某担任，并持股15%，债权人持股85%，新公司承接所有的资产；最后慎重引进战略投资者，或者可以将新公司卖给上市公司，由此债权人实现退出。

但是，这个所谓的流传的新方案并不是由A乳业公开发布的，同时方案上的相关措施还需要斟酌。A乳业体系内的资产用来弥补债务，部分债权人组成一个新的公司，将百分之十五的股权让渡给新的管理层，这个举措受到了大部分的债权人的支持，也存在少部分债权人的强烈反对。在反对者看来，需要抵债的金额巨大，近几百亿元的资金不知所踪，管理团队没有给出确切的理由，让人无法相信。

A乳业有没有确定按照这个新方案进行，并未公布，但是确切的是A乳业确实已经开始进行重组，A乳业的报告显示，A乳业委托某家新三板挂牌的股权投资公司进行债务重组，并且该股权投资已经递交了债务重组的方案。

四、浑水公司胜利的原因

浑水公司自2010年成立以来，已经有十几家中国公司遭遇其狙击，凡是受到浑水公司做空的公司处境并不乐观，大部分公司的股价出现了暴跌，更严重的是有两家公司已经退市，在这些交锋中浑水公司"硕果累累"，受益匪浅。浑水公司的成功率如此之高大致有两个方面的原因：

一方面，一些中国概念股本身就存在一些或多或少的道德风险，如果是把这种问题放在 A 股市场,可能司空见惯,但是相对于国外市场尤其是美国市场,就存在一种制衡机制,制度比较成熟,正是因为国内概念股本身存在的问题,才使得浑水公司"狙击"成功。

2016 年 A 乳业被撤销"持续经营资格",因其滥用杠杆。截至 2016 年 10 月末,A 乳业流动性资产为 139.92 亿元,流动负债高达 158.63 亿元,流动负债比流动资产高 18 亿元。有 70 多家债权人,其中 23 家银行,十几家融资租赁公司,金融债权预计至少在 120 亿~130 亿元。到了 2017 年 3 月 20 日,债权行突然收到 A 乳业无法偿还本金利息,终于,几天之后引起了资本市场股价的塌方。

这次金额涉及量巨大,曝光 A 乳业的债权人除了兴业银行、建设银行、光大银行、恒丰银行等以外,其他国有银行、股份制银行也都是其债权人。

另一方面,从浑水公司攻击公司的惯用手法来看,浑水公司在攻击目标公司前会做大量的研究,准备极其充分。调查发现,从浑水公司攻击公司以来其所发布的报告最多达 80 页,最少的都有 20 页,无论浑水公司是准备做多还是做空一家公司,都做到了足量的详细的调研,只不过,当做多时浑水会搜集证据证明该公司的优劣,当做空时,浑水公司会"吹毛求疵",仔细地查找该公司的财务报表,一旦发现财务报表有一丁点虚假便会揪住不放,这就会成为做空的理由,成为浑水公司攻击上市公司的重要把柄。

浑水公司的做法并不是完美的,实际上很多业内人士认为浑水公司背后有对冲基金在支持,通过做空来获利。并且根据观察,当浑水公司准备攻击一家上市公司前,该公司的股票往往会出现不正常的波动,不由得让人想到对冲基金参与了浑水公司的"行动"。C 公司就是一个很好的例子,C 公司在被浑水公司攻击前股价出现异常,在短短两个月之内股价从 21 美元逐步下滑到 13 美元,随后就被浑水公司做空。对于浑水公司的做法,不同的人有不同的看法,有些人认为浑水公司的做法能够揭露一些虚假公司,这种行为能够净化市场环境,规范市场顺序。也有一些人认为,浑水公司专门做空中概股从中获得收益,这个目的并不合理,这种恶意的做空也不利于资本市场的发展。

不过这种做空机构并不是没有监管,相关金融监管机构也在不断加大对做空机构的管制,港交所于 2016 年 7 月修订了沽空名单的选取准则。对于受到这种做空机构攻击的上市公司,一般情况下公司要求停牌,并且在短时间内找到资金托市。

五、重要启示

在融资融券政策实施之前，A股投资者只能通过空仓等待的方式来看空预期，在这种情况下投资者一般通过做多来获得收益，而不是做空。同样融资者也会通过各种方法或者手段来推高个别股票价格获利，炒作等各种违规的方式屡见不鲜，情况严重使得资本市场混乱，股票价格扭曲，市场环境不稳定，与此同时伴随的系统性风险也会随着加剧，股市泡沫越来越严重。当股市泡沫破裂之后又进入到下一个循环中去，这个时候，市场很难在短期内自动恢复。

当市场处于只能做多时，不能够形成做多与做空循环体系，这样只能做多的单边市场会不断加剧资本市场的风险。有许多方式能够单向推高股指：第一，当牛市出现时，这个时候股票价格会上升、人气不断升高等，券商等机构从中获利，诱导许多投资者进行投资。第二，对于同一件事，身处不同地位的人有不同的看法，对于上市公司来说做多的好处多于做空，当做多时，股票价格增高改善公司市场前景，同时上市公司在筹发新股时用更高的股价也能获得资金。另外，对于管理者来说股票价格上升也是一件好事，股价上升也从侧面反映出股票市场的繁荣，对推动整个社会经济的进步也有一定的积极作用。

正因如此，做空机制就相应出现，做多推动股票价格上涨，当股票价格肆意上涨，大大偏离其水平时，做空机构就会趁机而入进行打压，经过打压之后，股票价格终于回归正常水平，在其价值上下波动，因此从一定意义上说，在一个成熟的股票市场，做空机制有助于其规范运行，做空有助于促进股票市场健康、可持续发展。

做空机制在做空之前会对目标公司进行更加仔细的调查，倘若目标公司有任何一丝欺骗投资人或者出现虚假账务的行为，便会成为被做空的把柄，在这场激烈的交战中做空机构往往能够更加理性地全面分析，这样一来，任何财务虚假等欺骗行为都会被曝光。往往当一家公司的经营模式出现问题时，会将资本转移到其他更有希望的公司上去，从这个角度看，做空促进了市场的资本转移的效率，一定程度上对遏制非法违规行为具有重要的意义。

做空机制的好处不仅仅拘于一点，还有很多。例如，对于银行来说，银行也一般会高度重视做空机制发出的报告，银行可以通过对该公司的经营模式、生产特点等多方面来确认风险，这样一来更加便于掌握放贷规模。最后，做空机制的出现有利于市场均衡平稳地发展，促进了股票市场制衡机制的成熟，促进资产的流动性，提高资本转移效率，做空所揭露的一系列虚假甚至违法问题会引起相关部门重视，对完善股票市场的监管具有重要的意义。

当然，做空机制的存在也是一把"双刃剑"。存在相当一部分的做空公司为了获得利润恶意做空，使得上市公司股价下跌，谣言滋生并蔓延，上市公司的品牌形象毁于一旦，更有甚者出现一些虚假夸大的报告，大大影响了上市公司的正常经营。做空机制有利也有弊，不能因为片面理解就过分高度赞扬或者禁止做空机制的存在，就目前来看，做空机制的利是大于弊的，相关部门应加强监管，不断优化股票市场，对做空机制的利要"物尽其用"努力使其发挥到最大，对做空机制还存在的"弊端"，要采取具体措施进行监管，尽量避免因为做空而出现影响市场秩序的现象。

境外成熟市场对卖空的监管力度经历了由松到紧的演变过程，在金融危机期间不惜通过临时禁止卖空挽救市场，并在危机后把对卖空，尤其是裸卖空的监管常态化，这是成熟市场对卖空机制的监管趋势。我国资本市场引入卖空机制时间尚短，市场运行机制不够完善，极端情况下更容易发生系统性风险。

为了完善股票市场，使市场更加成熟，2015年中国证券业协会出台《关于促进融券业务发展有关事项的通知》，与此同时，市场出现了很多做空机制，如融资融券、股指期货等。但是，A股市场还是很不成熟，做空机制也还是没得到完善和发展。比如截至2017年5月11日，沪深两市融资融券余额为8 877亿元，其中融券余额仅为50亿元，空头几乎忽略不计，做空机制的缺失使得资本市场的市场功能不能完全发挥。不仅如此，股指期货、融资融券都设立50万元的门槛，一般小散户根本没有资格做空，这就使得目前的做空机制天然地站在中小投资者的对立面，散户对空头极度仇恨。

通常，恶意做空的方式主要有以下三种：

在市场下跌过程中，恶意做空者集中资金优势抛售现货或期货打压市场，进而引发市场跟风行为，以从股价下跌中获利。

通过卖空股指期货，然后集中抛售权重股诱发股指下跌，通过期现联动效应带动股指下跌，以从期指空单中获利。

在卖空后散布利空虚假消息等谣言，加剧市场恐慌，从市场下跌中牟利。

此外，程序化交易因无法及时自我调整，基于卖空的算法在极端情况下也可能成为操纵证券价格的工具。

✎ 思考题

1. 健康的市场应该抑制做空吗？
2. 做空机制的存在对上市公司行为的影响有哪些？
3. 成熟市场对做空的监管经验给予我们的启示有哪些？

案例教学使用说明

一、教学目的与用途

1. 本案例主要适用于研究生课程中"公司治理"和"金融市场交易机制"等内容的学习，适用于金融学术硕士及专业硕士等经济管理类研究生等案例教学使用。如将本案例应用于其他相关课程，本案例说明可做相关调整。

2. 本案例以浑水公司做空 A 乳业事件作为切入点，围绕做空对股市的影响和价格发现功能展开讨论。让学生讨论分析做空机制的积极与消极影响以及当前形势下进一步开展做空制度建设的重要性。

二、涉及知识点

本案例涉及的知识点主要是硕士生课程中的有关公司治理理论、公司价值理论和市场交易理论等知识点。

三、理论依据及分析

（一）公司治理的利益相关者理论

弗里曼于 1984 年在《战略管理：利益相关者管理的分析方法》中第一次提出"利益相关者"这个概念，同时明确地提出"利益相关者管理理论"。该理论的含义是指企业应当做到利益均衡，企业的管理者应当考虑到所有的利益相关者，无论是大股东还是个人消费者，企业的经营管理者应当基于均衡的利益来进行相关管理活动。这与传统的管理理论相反，传统的管理理论更加注重大股东等利益主体的要求，而利益相关者管理理论更加注重所有，是从一个整体的利益出发。而不仅仅只是几个人的利益。

从整体的角度考虑来说，利益相关者管理理论更加注重整体的利益。一个企业的利益相关者包括很多，不仅仅有股东、债权人、雇员、消费者、供应商等交易伙伴，也包括政府部门、本地居民、本地社区、媒体、环保主义等的压力集团，甚至包括自然环境、人类后代等受到企业经营活动直接或间接影响的客体。每一位利益相关者对企业的影响都是多方面多角度的，对企业的经营模式生产发展的影响至关重要，例如，供应商为企业的生产提供原料、职员为企业的经营活动付出了代价、银行等债权人为企业的发展分担了部分风险等。企业的生存和发展取决于每一位利益相关者，而不仅仅只是股东，股东只是大家在日常生活中更加熟悉的。

（二）公司治理的委托—代理理论

如今，不少公司采用所有权与控制权分离的制衡的方式来经营公司，但是，这还存在一个问题就是作为没有控制权的所有者如何监督或制约拥有控制权的经营者，采用何种指标、何种方法、何种手段在不影响公司正常经营的时候进行监督。公司当然希望经营者把公司利润最大化作为自己的目标而不是滥用权力使得私人效益最大化，这同时也是委托—代理理论所要解决的核心问题。委托—代理将在两权分离的公司制度下，所有者（委托人）和经营者（代理人）双方关系的特点归结为：经济利益不完全一致，承担的风险大小不对等，公司经营状况和资金运用的信息不对称。经营者负责公司的日常经营，拥有绝对的信息优势，为追求自身利益的最大化，其行为很可能与所有者和公司的利益不一致，甚至于侵损所有者和公司的利益，从而诱发风险。为了规避这一风险，确保资本安全和最大的投资回报，就要引入公司治理这一机制，实现对经营者的激励和监督。

委托—代理理论的主要思想是：该理论认为在一家公司中，所有者指的是股东，而经营者也就是所谓的代理人，一般情况下，经营者是公司从外面聘请来的管理人才，但是，经营者也有自己的利益，例如，会用自己的职权来达到自己的某种目的，从而获得利益的行为。所以，公司治理的核心是如何用正确恰当的方法监督考核代理人的行为，使其时刻把公司利润放在首要。

（三）企业投资价值理论

现代意义上的企业投资价值理论来源于莫迪格利亚尼和米勒在1958年发表的《资本成本、公司财务和投资理论》，这篇文章不仅对企业价值的定义和企业投资价值理论的评估方法做出了说明，而且对投资决策、融资决策和企业价值之间的关系进行了证明，其理论成果表现为MM三定理。《资本成本、公司财务和投资理论》一文为企业价值评估理论的发展奠定了理论根基，该篇文章的发表标志着现代意义上的企业价值评估理论的建立。

MM定理的主要含义就是无论采用何种筹资方式，市场的总价值都不会因此而改变。对于筹资，不同的企业有不同的偏好，例如，如果企业偏好债务投资，那么该企业的债务量就会上升，上升之后企业的风险一定随之加大，同样，风险加大之后股票价格就会下降，所以，也可以这样理解，企业因为债务投资而得到的好处会被股票价格的下跌所抹掉，从而导致企业的总价值（股票加上债务）保持不变。总之，企业无论采用何种投资方式，企业的总价值是不会改变的，改变的是企业的总价值在股权者和债权者之间的分配比例。

MM 定理是在高度抽象现实生活的基础上得出的结论，难免会遇到来自现实生活的挑战。因为税收列支的先后、破产的可能性、对经理行为的制约、维持生活的挑战、良好的企业形象以及企业控制权等几方面的因素表明，股权资本筹资和债券筹资对企业收益的影响不同，进而直接或间接地影响企业市场的总价值。

四、要点解析

授课教师可以按照其本身的教学大纲，利用本案例来制定相应的教学计划，接下来，这里将提供本案例的教学思路，仅供参考。

（一）做空机制的作用：健康的市场应该抑制做空机构的出现和发展吗

做空和做多是股票市场相互制衡的两种机制，相互协调，共同促进股票市场的发展。做空是金融市场上的一种操作，主要是当投资人对股票市场上的某种股票进行看跌时，采取的一种投机获利或者出于保护自身利益的一种行为，这与商场中的赊销交易有些相像，往往，做空机构通过先卖后买的方式从中获得利润差，而被做空的上市公司就会面临被证券交易所停牌的风险。国内不成熟的股票市场使得风险积聚，做空机制发展不完善，有必要引入信用交易、股指期货交易以强化做空机制。

做空机制有利于股票市场的稳定和发展，它的作用如下：

促进市场流动性、提高资本转移效率，并且使得投资者主动规避风险

如果一个股票市场没有做空机制，那么对于一个理性的投资者来说，如果其预期股票价格下跌，他只能选择抛出股票，空仓等待。另外，在没有做空机制的市场上，投资者要想获利就必须低买高卖推进股指，这种行为无疑会加大股票市场的风险，这个时候整个市场的股价出现不合理的上涨，当面临暴跌时各个投资者被紧紧套牢，交易量下跌，市场一片萧条状态。但是当存在做空机制或者股票市场的做空机制很成熟时，那么投资者不仅仅可以进行"套期保值"还可以主动出击，赚取利润差，从股票下跌来获得收益。

有利于维持国内股票市场的平稳运行，降低市场风险

倘若一个市场没有做空机制，那么该市场就无法形成做多与做空的制衡，这样一来，市场上只能单一进行做多，这就加剧了市场风险。在单一做多的市场中有许多行为能够单向推高股指，例如，若此时市场是牛市那么会出现股价升高，交易数量增多，吸引许多投资者的眼球，这时候券商等其他机构从中获利。同时，这对于上市公司来说也不是一件坏事，股价增高使得上市公司在市场上的价值增高，同时上市公司在配增新股时的可以以较高的价格筹到资金。另外，管理者也同样希望看到这样的场景，即股价增高，交易量增多，这也侧面体现了资本市场欣欣向荣的景象，股票市场的繁荣在一定程度上可以推动整个社会经济的发展。

但是单一地做多市场并不能保证整个股票市场的稳定，暴涨暴跌的情况时常发生，所以引入做空机制是十分必要的。当股价过分上涨时，做空机制就会通过大量调研分析上市公司的经营状况，尤其财务状况，一旦发现虚假行为，便会公之于众。这样一来使得股票价格围绕其价值上下波动，不会出现过分的偏离，从这个层面上讲，做空机制的这种行为规范股票市场，是成熟资本市场健康运行的一个重要保证。

提高我国股票市场的融资效率，使得市场投资科学化、合理化

对于没有做空机制的市场，因为缺少相应的风险规避机制，投资者若想获得利润就必须进行短线投机来达到获得利润的目的，然而这样的获利不持久，也不科学。当市场有了做空机制，投资者就可以参考做空机制综合信息，进行科学决策，这样不仅提高了股票市场的融资效率，还降低了投资风险。尤其，一个成熟的股票市场做空机制的存在，不仅仅能够降低市场风险，而且还能够引导投资者理性投资。同时，做空机构会专注于上市公司的财务分析，上市公司的任何虚假行为都会被揭露。最后，当上市公司经营状况出现问题的时候，一经做空机构揭露，上市公司会率先找到新公司转移资本，做空机构的行为促进了市场的资本转移。

促使证券市场监管的间接化、弹性化和科学化

我国国内的证券监管注重利用行政的方法来进行调整，这种监管方式在市场初期建立时会取得良好的效果，但是长时间之后不利于证券市场的发展，政策实施的时滞性会使其效果甚微，并且市场是动态的市场，不是一成不变的，人为管理的僵硬和政策的生硬会使政策实施变形，同时，政策的颁布到政策在实际中取得效果还需要一定的时间，而在这段时间内，市场将会向什么方向发展并不是人为可以完全掌控的。或者说即使在短时间内的效果明显，但从长期来看却有着很大的副作用，这样的做法使得我国股市发展到如今，仍被人们称为"政策市、消息市"。

(二)做空机制的微观作用:做空机制的存在对上市公司行为的影响有哪些

卖空可能通过以下途径影响企业行为,第一,卖空机制为投资者提供了通过负面消息盈利的渠道,激励投资者挖掘关于上市公司和经理人的负面消息,这些负面信息会直接威胁到经理人的个人利益,进而制约了经理人损害股东的自利行为。卖空者不仅有动机而且有能力去发现经理人的不当行为或当前股价尚未包含的公司负面消息。卖空者的知情交易会给股价施加一个向下的压力,这会导致经理人所持股票和期权的市值下降,直接减少经理人的财富,同时也会增加公司被敌意收购的可能,甚至导致经理人失业。因此,只要经理人关心自己的财富和职业生涯,卖空的威胁就能够在一定程度上约束其损害股东或其他利益相关人的自利行为。第二,卖空往往是保证金条件下的杠杆交易行为,在股价下行时,卖空会放大投资者"用脚投票"和抛售股票的效应,这会进一步加重对经理人不当行为的惩罚。投资者买卖有价证券可以被看作对经理人当前行为的"信心投票",卖空操作可以被看成对经理人的行为"投反对票"。第三,卖空机制的放开可以增加经理人激励合约的有效性,进而有效地约束经理人行为,卖空提高了市场的定价效率。为了规避卖空带来的股价下行风险,上市公司会给经理人发放更多的股票期权合约以及采取更多的反收购措施。从这一角度来看,卖空会使得用以激励或约束经理人的契约更加有效。这也在一定程度上缓解了股东和经理人之间的委托—代理问题。总之,不管是加重了对经理人不当行为的惩罚,还是使激励合同变得更有效,卖空都能够约束经理人行为,进一步增强上市公司的治理水平。

(三)市场监管:成熟市场对做空的监管经验给予我们的启示有哪些

在市场异常下跌的背景下,为遏制恶意做空者扰乱市场秩序,境外成熟市场经常采取临时限空措施,并在危机后对卖空规则进行调整。

从美国市场的情况来看,美国证券交易委员会于2005年推出了约束卖空交易的SHO法案。2008年,随着金融危机的爆发,恶意的裸卖空交易时常发生,为了减少这种状况维持资本市场的稳定,美国证券交易委员会先后颁布了两条临时卖空禁令:第一条禁令禁止了包括房利美和房贷美在内的若干政府支持机构股票的裸卖空交易;第二条禁令将范围拓展至799只金融股票的一般卖空交易。2009年,美国证券交易委员会通过在SHO法案中增加"204规则"永久性禁止了裸卖空交易,同时还强化了信息报告要求。2010年,奥巴马总统签署通过《多德—弗兰克法案》,要求美国证券交易委员会加强卖空信息披露，打击卖空操纵市场的行为。

从德国市场的情况来看，2008年国际金融危机期间，德国联邦金融监理局也推出了临时限制做空的措施，临时限制卖空11只德国金融机构的股票。后续爆发的欧债危机期间，德国联邦金融监管局于2010年5月18日宣布禁止在德国对欧元区国家国债、10家德国主要金融机构股票以及信用违约掉期进行裸卖空交易。德国政府于2010年6月2日批准法案，禁止对所有股票和不以对冲汇兑风险为目的的欧元衍生品进行裸卖空交易。

英国、澳大利亚、日本等成熟市场的监管机构在2008年国际金融危机期间均采取了不同程度的临时限空措施，并开始部分或者完全禁止裸卖空交易行为。

成熟市场的监管经验对我们有如下的启示：一是应完善对市场操纵的立法。《证券法》和《期货交易管理条例》通过列举、兜底和授权的方式对市场操纵行为做出规定，分别适用于证券市场和期货市场，而互相之间不能直接适用，因而跨市场操纵只能通过兜底条款进行规制，容易引起争议，两部法律中应该分别增补各类恶意做空操纵市场的情形，并加大对操纵市场行为的处罚力度，还可借鉴美国市场操纵立法的经验，对操纵行为本质进行界定以有效规制市场操纵行为，并放松主客观条件降低市场操纵的认定标准。二是应建立健全对卖空机制的监管制度。境外成熟市场对卖空的监管力度经历了由松到紧的演变过程，在金融危机期间不惜通过临时禁止卖空挽救市场，并在危机后把对卖空，尤其是裸卖空的监管常态化，这也表明了成熟市场对卖空机制的监管趋势。我国资本市场引入卖空机制时间尚短，市场运行机制不够完善，极端情况下更容易发生系统性风险。监管机构应深入研究各类产品的卖空机制及相互影响，建立常态化、系统化的卖空监管制度。三是应充分发挥卖空机制的积极作用。卖空机制已经成为资本市场的基本交易制度，在价值发现、提高资产配置效率、提供多种避险方式等方面起到重要作用，不应因恶意做空全面否定卖空机制，应在完善监管制度的基础上充分发挥卖空机制为市场提供的自我稳定机制。

五、课堂计划

可以按照上述案例制订教学计划，灵活进行授课，如下提供以时间为进度的课堂建议仅供参考。

整个案例讨论课时间范围：80~90分钟。

课前准备：抛出具有启发性的问题，要求学员提前预习并加以思考。

课中计划：A乳业和浑水公司的背景介绍　　（10分钟）

拟定主题如下：

A乳业的运营模式；

A乳业的资本结构及其利益相关群体；

A乳业遭遇浑水公司做空后的反应及启示。

分组讨论　　提出发言的具体要求　　（30分钟）

小组发言　　（每一个小组发言不得低于5分钟，最多不得超过30分钟）

点燃学员兴趣，带领全班进入讨论，并对本节课做总结（15～20分钟）

课后安排：

课后作业为：一份案例分析报告。报告可以参考如下结构：

1. 公司治理机制对企业经营的影响？

2. 做空机制对于市场发现企业价值的积极与消极影响？

课堂导入方式：

1. 先与学生一起列出遭遇做空的企业及其原因，请学生举手，看学生的回答情况再讨论启发性问题。

2. 从启发性问题入手，再讨论企业治理机制与企业价值之间的关系。

从"蒙面举牌"看我国证券市场监管制度的完善

——成都 A 工程公司股权争夺战案例分析

张 杰[①]

一、引言

随着我国资本市场的蓬勃发展，A 股二级市场中的"举牌事件"也越加频繁，由此伴生的股东之间隐匿一致行动人关系"蒙面举牌"等情形也此起彼伏，由此造成的上市公司股权争夺战等各种问题暗潮汹涌。根据我国《证券法》的相关规定，单个独资者买入一家上市公司的股票数量达到该上市公司发行股票总数的 5% 时，应在 3 日内向证券监督管理机构、证券交易所进行书面报告，并且履行有关法律规定的义务。我国的《上市公司收购管理办法》规定，当某个投资者持股一家上市公司股票比例超过上市公司股票总数的 30% 时，投资者可以选择两种方式收购上市公司，实现控股：一是与上市公司协商谈判进行要约收购；二是根据"爬行条款"，投资者继续每年增持上市公司的股票数量不超过 2%，直至达到 50% 以上，从而实现控股或收购。而在近期的一些举牌事件中，出现的蒙面人举牌的行为，完全可以规避上述规定。

所谓蒙面人举牌，是指一个或多个个人或机构投资者联合购买某一家上市公司股份，其中一个或多个投资者超过 5% 的股份比例，而其他合伙人的股票购入不达到监管要求披露的购置股份比例达到 5% 的举牌条件，或所有投资者单个购置的股份比例均未达到 5% 的信息监管要求，不需要对外披露，但这些多个投资者合起来的股份能实现操纵公司股份、影响公司的决策，甚至超过原控股股东谋求公司的控制权。这些联合起来的投资者为了规避国家证券

[①] 张杰（1984—），男，湖南湘潭人，南京审计大学助理研究员，研究方向为高校管理、财务与金融创新。

市场相关部门的限制与监管，相互之间否认存在一致行动人关系，但在公司多个事项的投票中表现出高度一致。这些蒙面合伙人由于表面否认一致行动人关系，很难有证据证明其属于一致行动人，隐蔽性强，相互之间可以通过暗中助攻、潜伏入局或暗中勾结等方式左右战局。在我国证券市场，蒙面人事件并不鲜见，如 2016 年以来，某公司为规避 5% 的持股比例的信息披露的监管要求，购买了多家上市公司接近但未达到 5% 的股份比例，达到"买而不举"，并且在短期内进行了减持获取股价上涨带来的收益。更有甚者，原持有某家上市公司 5% 以上比例股份的股东，为规避 5% 以上股东每减持 1% 必须公告的监管要求，进行"精准"减持甚至是"迷你"的减持，从而由持股 5% 以上的股东转变为背后的蒙面人。如某上市公司于 2017 年 9 月 20 日发布公告，其股东于 2017 年 9 月 19 日通过集中竞价减持 1 万股，持股比例由原来的 5.004% 变为 4.999%，不再为 5% 以上持股股东。2017 年 9 月 18 日某科技公司公告称，其股东于 2017 年 9 月 18 日减持 100 股，套现 2 090 元，持股比例由 5% 变为 4.9999%。

越来越频繁的蒙面人行为损害了其他投资者尤其是广大中小投资者的利益，并扰乱证券市场秩序，践踏市场原则。尤其是隐瞒一致行动人的蒙面人举牌等行为，已经成围猎上市公司的潜规则，其举牌成本大大降低，蒙面合伙人成为利益获得者，完善我国证券市场对蒙面人的监管制度势在必行。本案例以成都 A 工程公司的股权争夺战为例，通过分析蒙面人举牌事件的经过并总结相关经验，得出相应的完善我国证券市场的监管制度的启示。

二、成都 A 工程公司及举牌方基本情况介绍

成都市 A 工程股份公司自 2015 年 8 月至 2018 年 9 月一直深陷股权争夺之中。自然人李某在二级市场先后分四次买入成都 A 工程公司总计约 1.47 亿股的股票，占成都 A 工程公司总股票数量的 20.0554%，成为成都 A 工程公司第一大股东，由此引发了成都 A 工程公司的股权争夺战。李某生意场上的"带头大哥"刘某某控股的四川四川某公司，于 2017 年 8 月 14 日通过深交所集中竞价交易系统累计买入成都 A 工程公司股份合计 3 723.3498 万股，占成都 A 工程公司股份总额的 5.05%，构成举牌，且四川某公司加上李某的持股比例，恰好超过成都 A 工程公司实控人郑某某的持股比例。四川某公司与李某联合获得了成都 A 工程公司的控制权，存在"蒙面人举牌"的嫌疑。

（一）成都 A 工程公司基本情况

成都 A 工程公司成立于 1988 年，是一家主要经营业务为公路、桥梁、隧

道工程等的建筑施工业务的股份制企业。成都A工程公司于2011年11月3日在深圳证券交易所的A股中小板块挂牌上市。2011年11月3日，成都A工程公司发行4 200万股，发行价格为20元，募集资金总计84 000万元。2013年7月25日，成都A工程公司采取向原股东优先配售和网上、网下定价发行相结合的增发方式，增发7 567.57万股，增发价格为9.25元，增发募集资金总计70 000.00万元。成都A工程公司自上市以来，至2017年末已累计向股东募集资金15.40亿元，派现2.22亿元。

成都A工程公司经营期间不断强化各项内部管理，优化管理流程。在经营管理方面，不断开拓经营思路，以抓优质项目中标为第一要务，围绕传统施工总承包项目和新型投资带动施工项目，在巩固传统施工市场份额的同时，积极开拓投资类项目，特别是各地方政府推出的优质PPP项目。在做好经营投标的同时，强化对投资类项目的风险甄别，加强标前成本测算与标后成本一致性分析，从整体上提高对投资项目的风险防控能力。在生产管理方面，公司继续按照精确化管理制度的要求，以流程再造为抓手，强化各项内部管理，尤其是对成本控制、质量控制、安全生产等方面的管理进行了有针对性的加强。

截至2017年上半年，成都A工程公司坚持适度规模下的利润最大化，采取"差异化"的竞争策略，找准细分市场，发挥公司的比较优势，抓住政府大力推进PPP的机会，重点参与体量适中、收益保障程度较高、投资回报较好的PPP项目的投资，不断夯实公司的经营能力和市场竞争力。成都A工程公司经过多年发展，已经成为成都市及四川省路桥建设建设行业的龙头企业之一。

2015年8月开始至2018年9月，成都A工程公司深陷股权之战，"达州帮"代表人物先后举牌成都A工程公司，对其股权控制权展开激烈的争夺。

(二)"达州帮"代表人物

1. B集团法定代表人李×

B集团有限公司（以下简称B集团），于2006年创立，注册资金为5.0003亿元，其执行董事兼总裁李×，早年靠开发达州的煤矿起家，后涉猎房地产、工程等项目，与达州当地商人有密切的业务来往，被称为"达州帮"的代表人物之一。2015年8月起，李×通过四次举牌，成为成都A工程公司第一大股东，占据成都A工程公司20.06%的股份。李×的举牌掀起了我国A股市场上一起资本力量与公司创始方的股权争夺大战。

2017年8月，成都A工程公司出现了另一个举牌人——C公司。C公司的实际控制人刘××为"达州帮"的代表人物，也是李×的达州同乡。因此，C公司被怀疑为李×的"蒙面合伙人"，使得成都A工程公司的股权争夺战陷入白热化。

2. C集团

四川C集团有限公司（以下简称C集团）始创于1994年，注册资本人民币6 000万元，法定代表人为刘××。历经十余年的不懈努力和高速发展，C集团已成为以房地产投资为主导产业，并涉足金融、旅游、贸易、物业管理等多个产业，投资控、参股了多家房地产开发企业、土地一级整理企业、物资贸易企业等的集团化企业。

C集团法定代表人刘××有丰富的资本运作经验，曾在西藏药业上市时担任西藏药业的副董事长，后于2003年离职。此后，刘××掌控的C集团曾参与到多个上市公司的重组当中。2007年11月，C集团曾拟对某股份进行资产重组，然而，历时半年，重组方案因资产的权属不清，最终终止。2016年，C集团持有乐视影业1.34%的股权，参与进了乐视网收购乐视影业的方案之中，但由于乐视网收购乐视影业的方案因多方面原因未能执行，C集团的参与同样以失败告终。

截至2017年8月14日，四川C实业有限公司（其控股股东为C集团）采用集中竞价的方式，累计买入成都A工程公司合计3 723万股，占成都A工程公司总股本5.05%。其所持股份加上李×当前的股份份额正好超过原控股股东的股份份额。

三、一则公告揭示的成都A工程公司股权争夺战

2016年2月22日晚，成都A工程公司发布了"关于股东持股超过20%的提示性公告"，使股权争夺战公开化，让众多中小投资者彻夜难眠。李×通过多次举牌，截至2016年2月17日，持有的成都A工程公司的股份比例已超过20%。2017年1月16日，成都A工程公司发布公告称收到了公司股东李×提出的包括罢免公司多位董事、监事等议案在内的15项临时提案，这意味着举牌方李×向公司"发难"。2017年8月，被怀疑为李×的"蒙面合伙人"刘××以C集团的名义举牌成都A工程公司。成都A工程公司股权之争再起波澜。

（一）事件背景

2015年2月，成都A工程公司原董事长兼实际控制人郑××因涉嫌行贿

而被采取强制措施,对公司的控制力减弱,也使得公司管理层出现动荡。同日,成都 A 工程公司紧急召开董事会,采用通讯表决的方式推选成都 A 工程公司的董事、总经理周××担任公司董事长,并提名郑××的女婿郭×为第四届董事会董事候选人。受此消息的影响,成都 A 工程公司的股价在 2015 年 6 月、7 月出现了较大的跌幅。2015 年 6 月 15 日成都 A 工程公司的股价最高为 10.15 元,2015 年 7 月 31 日收盘价为 6.4 元,与最高时候比跌幅达到 36.95%。其间最低价为 4.5 元,最低价与最高价相比跌幅高达 55.67%。2015 年 8 月,李×首度举牌,买入成都 A 工程公司的股份。

此外,成都 A 工程公司在公司治理和经营业绩方面也存在高风险。成都 A 工程公司此次陷入股权纠纷,并且内斗持续升级,其事发背景不仅仅是因为管理层动荡,还因为成都 A 工程公司在公司治理和经营上存在高风险。实际上,成都 A 工程公司近几年的经营业绩并不乐观,2011 年至 2015 年,由于成都 A 工程公司收入来源单一,依赖传统 A 工程公司工程,且近几年获取订单不利,成都 A 工程公司的营业收入增长速度呈下降趋势,甚至在 2014 年营业收入发生断崖式下跌,同比下降 64.93%,净利润在 2015 年发生断崖式下跌,同比下降 81.20%。在李×首次举牌成都 A 工程公司前,成都 A 工程公司曾预计 2015 年归属于上市公司股东的净利润为 689.5 万 ~ 4 137.02 万元,同比下降 70% ~ 95%,为近几年业绩最差的年份。成都 A 工程公司的董事会人数从 18 人减至 13 人,成都 A 工程公司董事会人数骤减,也暴露出企业在公司治理方面的问题。

除了以上提到的问题,成都 A 工程公司本身的股权较为分散,李×举牌成都 A 工程公司前,成都 A 工程公司排名前十的股东仅持有公司 35.5% 的股份。这些背景使得李×及其"蒙面合伙人"最终将目标定位到成都 A 工程公司,开始了对成都 A 工程公司控制权的争夺。

(二)事件发生的始末

1. 李×两个月内四次举牌

2015 年 8 月 26 日,李×第一次购买成都 A 工程公司的股份,随后在成都 A 工程公司的第三季度报告中,李×以 3.99% 的持股份额成为成都 A 工程公司的第三大股东。

2015 年 12 月 30 日,成都市 A 工程公司收到股东李×委托代理人送达的《简式权益变动报告书》,李×履行信息披露义务,告知成都 A 工程公司,截至 2015 年 12 月 29 日,李×通过深圳证券交易所集中竞价交易系统累计买入成都A工程公司股份合计37 000 614股,占股份总额的5.0176%,进行了首次举牌。

2016年1月15日,李×继续增持成都A工程公司的股份,通过集中竞价交易系统累计继续买入成都A工程公司的股份74 000 029股,占成都A工程公司总股本的10.035%,进行了第二次举牌。

2016年1月27日,李×对成都A工程公司的持股又增加了5%,持有公司股份合计111 009 045股,占本公司股份总额的15.054%,完成了第三次举牌。

2016年2月22日,成都A工程公司收到李×通知,截至2016年2月17日,李×累计买入公司股份合计147 892 013股。李×先后动用资金超过10亿元,买入的成都A工程公司股份占比达到公司总股份的20.0554%,一举夺下成都A工程公司第一大股东之位。随后,李×与成都A工程公司的管理层开始了正面的交锋,前后提前罢免董事、监事等高管,并推荐自己的团队人员担任高管等,但当时成都A工程公司实控人郑××及其一致行动人合计持有上市公司22.05%的股权,依然占据控股股东的地位,导致李×与其团队没能撬开成都A工程公司的核心管理层的大门。原实际控制人郑××一致行动人D公司甚至就李×的股东资格问题进行起诉,场面陷入僵局。

2. 又现达州帮举牌人

经历一段时间僵局后,2017年8月15日,成都A工程公司发布公告称,一家于2017年4月27日成立的四川C公司在2017年8月14日通过深交所集中竞价交易系统累计买入成都A工程公司的股份37 233 498股,占公司股份总额的5.05%。这是继李×对成都A工程公司进行了四次举牌之后,又出现的达州帮举牌人。

2017年8月23日,C公司发出声明表示,用于举牌成都A工程公司的资金来源为公司自有合法资金;并明确表示C公司的实际控制人刘××与包括李×在内持股成都A工程公司股份超过5%以上的股东均无关联,举牌成都A工程公司的行为是基于自身的商业判断,下一步会根据市场情况,择机增持成都A工程公司股份。随后,C公司继续增持了成都A工程公司的股份。

但是,C公司的控股股东刘××和李×同为"达州帮"的主要代表人物。实际上,刘××与李×在举牌成都A工程公司之前在多处均有交集,两人分别担任成都达州商会会长和常务副会长,生意场上,刘××被认为是李×的"带头大哥"。虽然刘××否认了与李×为一致行动人关系,但是刘××此次举牌的行为是否是为了帮助李×获得控股权而进行的"蒙面举牌"还不得而知。如果日后二者在多项事项上保持了高度一致性,那么此次 C 公司的行为就构成了"蒙面人举牌",将会导致成都 A 工程公司的股权之战更加激烈。

3. 成都 A 工程公司的应对之策

(1) 首次狙击

2015 年 11 月 17 日下午 2 点 30 分,成都 A 工程公司为应对外来资本的举牌,保住原有实际控制人的控制权,召开了 2015 年第三次临时股东大会,尝试修改公司章程,在章程中增加规定,要求股东要提名假造人进入公司董事会,需要持有 3% 以上的股权,并且连续持有 12 个月以上。不过,这份意图明显的提案并未能获得通过。占出席会议表决权的 34.50% 的股份投出了反对票,其中中小投资者反对票的数量占据了 69.72%。

(2) 二次狙击

在成为第一大股东之后,李×开始谋求改组成都 A 工程公司董事会,提议召开 2016 年的第一次临时股东大会,换届选举成都 A 工程公司的董事会,提名李×等六名相关人员进入成都 A 工程公司的第五届董事,担任非独立董事。此番行动没开始便已经宣告失败。

成都 A 工程公司董事会在审核了李×的提案发现多处问题:首先,根据《公司章程》的规定,股东提名董事、监事候选人的临时提案以 2016 年 2 月 29 日为提交临时提案的最后期限。而李×的提案提交时间是 3 月 1 日。李×的提案中缺少提名人及被提名人关于董事假造人任职资格的确认,并且由于增加的非独立董事过多,将导致董事会中独立董事人数不足,违反了监管部门关于董事会成员中,独立董事不得少于 1/3 的规定。

不过,对于李×来说,夺取成都 A 工程公司还有更为便捷的办法。按照《上市公司收购管理办法》,一旦"可以实际支配上市公司股份表决权超过 30%"同样可以拥有上市公司实际控制权。不过,这意味着李×还需要付更多的真金白银继续增持。

(3) 再次狙击

2016 年 3 月 12 日,成都 A 工程公司发布董事会公告称,李×因近期的密集举牌行为存在瑕疵而被上市公司现有董事会禁止行使表决权。其依据是证监会四川监管局向李×出具的行政监管措施决定书:一是,李×第一次增持成都 A 工程公司股份达到 5% 时,并未遵照相关规定在一定时间内停止买入,之后每增长 5% 时,也未依照规定在一定时间内停止买入;二是,在成为第一大股东后，李×编制并通知的《详式权益变动报告书》与监管层要求的信息披露信息不符合，缺少财务顾问机构及其相关人员的盖章、签字，也未载明财务顾问的有关意见和声明。但成都 A 工程公司的董事会仅依据行政处罚决定书做出限制，似有不妥。李×的表决权属于民事权利，只有法律和法规才能限制李勤的表决权，成都 A 工程公司无权限制李勤的表决权。

2017 年 1 月，成都 A 工程公司工程股份有限公司实际控制人郑××旗下公司通过大宗交易买入成都 A 工程公司股票 1 600 万股，占公司总股本 2.2%。此番增持之后，郑××及一致行动人合计持有成都 A 工程公司 24.22%的股份，与李×的持股差距提升至 4.16%。由此可见，郑××现在虽然处境不妙，却并不影响他行使股东权利。蒙面人举牌为成都 A 工程公司带来了诸多影响，公司的许多生产、经营、运转过程中的重大决策，管理层无法轻易进行决策，需与成都 A 工程公司的实际控制人郑××沟通，并最终由郑××来决定，但由于郑××身陷腐败丑闻，公司管理层与其沟通的渠道较为复杂。但郑××仍能通过网络参与成都 A 工程公司的股东大会，行使表决权。

（三）监管部门涉入

2017 年 1 月 16 日，李×向股东大会提出临时议案，要求罢免现任成都 A 工程公司董事会全体董事（一共 9 名），两名监事，以及公布实际控制人郑××的刑事案件判决书，并要求原董事长郑××赔偿公司受损利益。李×的提案一出，加上成都 A 工程公司董事会的回复，震惊资本市场。成都 A 工程公司董事会以李×增持过程中违反新修订的公司章程为由，剥夺了李×作为第一大股东的表决权。至此，成都 A 工程公司的股权之争，最终惊动了监管部门。

深交所就此事件向成都 A 工程公司发来询问函，成都 A 工程公司以同样的理由回复深交所，解释了剥夺股东李×投票表决权的原因。

2017 年 1 月 20 日李×通过成都市武侯区人民法院起诉成都 A 工程公司，要求确认成都 A 工程公司修改的公司章程第 37 条第五项无效。李×在起诉的同时，向法院申请对成都 A 工程公司的行为保全：成都 A 工程公司不得执行 2016 年第一次股东大会决议和 2016 年第二次股东大会决议；在案件审结前，未经法院允许，被申请人不得召开 2017 年第一次临时股东会议及案件审结前的所有股东会。这可能是中国上市公司第一例——大股东提交罢免董事议案却被拒绝并剥夺投票权，而大股东又通过法院反诉上市公司冻结股东大会决议。

在法院的许可下，成都 A 工程公司于 2017 年 5 月召开了 2016 年度股东大会。

2017 年 9 月 7 日，成都市武侯区人民法院判决支持李×的诉讼请求，成都 A 工程公司的多项临时股东大会方案被判无效。

直到 2017 年 8 月，李×达州老乡，另一个举牌人刘××率领注册资本达 10 亿元的 C 公司半路杀出，令成都 A 工程公司的实际控制人归属变数大增。

对于 C 公司的突然举牌事件以及其是否与李×为一致行动人关系，深交所也对其发起询问。深交所就 C 公司举牌的行为提出疑问：一是举牌成都 A 工程公司的资金来源？二是实际控制人刘××跟李×的关系？三是跟其他成都 A 工程公司持股 5%的股东是否存在关联关系？虽然 C 公司否认了与李×是一致行动人，但考虑到 C 公司控股人刘××与李×的关系，还不能完全排除二者为"蒙面合伙人"的可能性。

（四）事件结局

2018 年 1 月 15 日，C 公司通过沟通，与成都 A 工程公司原实际控股人郑××、原实际控制人的一致行动人 D 公司签订收购协议，收购二者成都 A 工程公司约 1.23 亿股，占总股本的 16.64%，并且拟受让李×持有的 3 687.08 万股成都 A 工程公司的股份，占总股本的 5%，合计收购约 1.6 亿股。

2018 年 6 月 13～26 日，李×通过大宗交易转让 3 659 万股，占总股本的 4.96%。

2018 年 8 月 7 日，C 公司收购的郑××、D 公司的股份完成过户登记手续，至此，C 公司成为成都 A 工程公司的控股股东，占比 24.7%，刘××成为成都 A 工程公司的实际控制人。

2018 年 8 月 31 日，刘××在成都 A 工程公司第五届董事会第二十九次会议上被选举为董事长。

2018 年 9 月 10 至 9 月 17 日，李×减持了成都 A 工程公司 0.4%的股份，到此，李×累计减持 5%，持股下降到了 15.06%。如果算上拟转让给 C 公司的股份，李×持股比例将下降到 10.06%。

根据成都 A 工程公司的公开公告，截至 2018 年 9 月 30 日，C 公司股份占比 24.7%，为第一大股东，李×持股占比下降到 11.67%，为第二大股东，原实际控制人郑××则基本上退出。至此，成都 A 工程公司的股权之争落下帷幕。属于达州邦的李×和 C 公司，一开始否认一致行动人关系，进行"蒙面举牌"。李×企图进入成都A工程公司核心管理层失败后，C公司开始购买成都A工程公司的股票，再通过收购原实际控制人及其一致行动人的股份控股成都A工程公司，而李×则将股份转让给C公司，逐步退出。李×与C公司的关系不得不让人相信，二者实际为一致行动人。

成都A工程公司的股权之争持续时间近三年，争夺方的矛盾难以协调，很少考虑争夺过程中给上市公司股价影响，甚至踏及法律底线，进行内幕交易、操纵市场等违规行为，及由此为公司的生产经营和众多中小投资者可能带来的损失。成都A工程公司的股权争夺战期间，股份多次异常波动。2018年10月22日，成都A工程公司的业绩预告，2018年归属上市公司的上市公司股东的净利润下降-40%至0，而公司所在行业的平均净利润增长率为13.45%。为保护中小投资者利益，引导公司健康经营发展，防范"蒙面人举牌"等恶意举牌行为，监管层要引导公司设计合理的股权架构，形成健康的治理机制，并从加大信息披露及惩处力度等方面加强监管。

四、蒙面人举牌对完善我国证券市场监管制度的启示

在成都A工程公司的股权争夺战中，"蒙面合伙人"或暗中助攻，或潜伏入局，或暗中勾结，成为左右战局的关键。至今，C公司持股5.05%，李×持股20.0554%，两者所持股份已大于管理层所持股份24.22%，若C公司实为李×"蒙面合伙人"，一旦李×胜诉，则意味着其所持股票拥有投票权，至此李×及其"蒙面合伙人"将对成都A工程公司形成控股。从另一角度出发，若C公司隐瞒一致行动人的事实继续增持，则两者所持股份将超过30%，但由于两者非一致行动人因此无须对全体股东进行要约收购，完美避开政策的制约。正是从多角度考虑出发，股东之间隐匿一致行动人关系"蒙面举牌"一直是我国证券市场监管的重点。

（一）强化举牌过程中的信息披露制度

上市公司股东隐瞒一致行动人问题，其本质原因就是我国证券市场中关于信息披露制度的不完善。要想完善证券市场的信息披露制度，摆在第一位的事情就是要探究并揭示举牌的目的。上市公司的股东举牌就意味着他已经拥有该公司已经发行股份的5%，正因为此，这种类型的股东在该公司中的地位和分量不可估量。但是，有一部分股东更加积极，不满足其当前的控股占比，有意争夺上市公司的控股权，李×两个月之内四次举牌成都A工程公司，与成都A工程公司的实控人为公司的控制权打得不可开交，其目的就是为了

成为成都 A 工程公司的控股股东。如果自然人股东举牌次数频繁，应向证监会及公司股东等利益相关者披露股东对外投资关系以及对外任职。相应地，若法人股东举牌次数频繁，则应对外公开其自身相关股东及利益关联方。

其次，举牌的股东有必要披露其资金来源，坚持做到资金来源透明化，为其他股东以及投资者提供充分信息，使得决策更加科学化，避免一些不必要的损失。

最后，举牌的股东应该主动进行关联方、一致行动人的披露，如果当事人认为不构成一致行动人，则应由其举证，以防其故意隐匿一致行动人进而产生"蒙面人举牌"行为，躲避证券市场监管。C 公司控股股东为 C 集团，实控人为刘××，其与李×均被看作是"达州帮"的代表人物，C 公司在完成举牌后，加上李×的持股比例，恰好超过成都 A 工程公司实控人持股比例，即使其声称二者之间无关联关系，可是并无相关举证，难以排除二者为一致行动人的可能性。

（二）通过大数据等手段加大对隐瞒一致行动关系的监察力度

隐瞒一致行动人关系进行蒙面举牌的违规行为侵犯了其他投资者的知情权，有违"三公"原则，导致信息披露及减持等违规行为，并容易引发股权争夺战等纠纷。上市公司被举牌后，股价往往会大幅上涨。部分上市公司股东在增持过程中不希望因信息披露而导致增持成本上升，于是分散成多个账户暗中增持。按照《上市公司收购管理办法》的要求，当投资者及其一致行动人拥有权益的股份达到某一家上市公司已发行股份的百分之五时，应及时进行信息披露。虽然成都 A 工程公司的案例中，C 公司称其与李×并没有关联关系，不存在一致行动人协议或其他类似协议安排，但是 C 公司的实控人刘××与李×均为"达州帮"的代表人物，并且 C 公司此次举牌之后，加上李×的持股比例，恰好超过了成都 A 工程公司的实控人比例，因此不得不怀疑双方存在关联关系甚至可能是一致行动人。

相关监管部门应该着重加大对上市公司股东隐瞒一致行动关系的违规行为，除隐瞒一致行动人关系外，一致行动人关系认定不清、随意更改一致行动人关系、一致行动人行动不一致等乱象也应当受到市场和监管部门的重点关注。监管部门可在相关地点设置专门的监管员，一旦发现异常现象随时向上市公司进行问询，必要时可采用"刨根问底"式监管问询手段。

此外，可通过市场监督登记、开户信息、交易 IP、股东举报等渠道进行查证，监管层还可以通过建立大数据信息库，将股东的每次购买记录以及当前时点股东的资金流动信息等录入信息库，利用大数据创新手段从股东的资金来源等方面不同方向的多重数据进行分析认定。

（三）证监会完善对"蒙面举牌"等股东违规行为的惩治机制

证监会可以针对股东的违规行为加大惩罚力度，完善相应的惩戒机制，必要时可采取强制性行政处罚措施。成都 A 工程公司股权之争的一方，持股成都 A 工程公司总股份大于 20% 的李×，在增持成都 A 工程公司股份达到 5% 时及之后每增加 5% 时，均未依法在规定的期限内停止买入成都 A 工程公司的股份。其增持后股份占成都 A 工程公司的 20.0554%，若 C 公司确为其"蒙面合伙人"，那么李×和 C 公司的股份之和构成了对成都 A 工程公司的绝对控制权。2016 年 3 月 2 日，李×编制并通知成都 A 工程公司公告了《详式权益变动报告书》，但披露的《详式权益变动报告书》上未按照有关规定由财务顾问机构及其相关人员盖章、签字，并载明财务顾问有关意见和声明，不符合信息披露的相关要求。

现阶段，根据国内《证券法》等相关的法律法规，对于股东在上市公司举牌过程中的信息披露义务人不履行信息披露义务采取的措施主要是警告、罚款等行政处罚，且处罚措施和力度都有较大局限性。因此针对这种违规行为，相关监管部门必须完善对"蒙面举牌"等股东违规行为的惩治机制，对违规者及其一致行动人采取较高金额罚款、强行要求减持或者市场进入、甚至是采取强制性行政措施剥夺当事人的股东权利。只有加大证券市场违规行为的成本，才能有效地遏制市场违规行为的产生。

（四）监管部门加强对恶意举牌行为的防范

李×在增持成都 A 工程公司股份达到 5% 时及之后每增长 5% 时，均未依法在规定的期限内停止买入成都 A 工程公司的股份，在 C 公司涉入此次股权争夺战时，双方也不披露一致行动人关系，从这个方面来看，李×显然不只是信息披露违规这么简单，其存在恶意举牌的嫌疑与动机甚至有借壳上市的企图。对于这种违规的恶意举牌行为，监管部门应该采取可行的措施进行防范。

监管部门对于涉嫌违规的恶意举牌行为一经调查属实，除了必要的严惩之外，监管部门应责令违规者减持股份至 5% 的举牌线以下甚至进行清仓处理。如果一经存在获利则全部上缴上市公司；若违规者进入上市公司董事会，应其为不适合人选，并逐出董事会；此外，还应约束其投票权。在其持股期间，上市公司召开股东大会时，违规者所持股份只享有 20% 比例投票权甚至是冻结其投票权。另外规定违规者持股只能减少不能增加，今后也禁止其买入同一家上市公司的股份。

监管层要引导公司构建合理的股权结构。在当前的公司法背景下，一个公司的治理模式和控制权结构取决于该公司的股权结构。大多数情况下，公司的管理层手中握有经营权，而企业股东手中握有重大事项决定权。企业的稳定运营来源于企业的管理层得到第一大股东或是大部分股东的支持，否则就没有办法实际掌控公司。因此，我国证监会应当引导上市公司构建合理的股权结构。华联股份案例中，公司的管理层便面临着这一大难题，公司在扩大的同时原有股份被打散，从而滋生出公司控制权沦陷的危险。中信旗下的三家公司前后举牌买入华联股份，一部分还要归因于其股权的松散。企业的股权结构应当合理务实，必须要适应公司的发展规模和相应的动态调整。对此，证券监管部门给予上市公司的策略如下：坚持保障企业的股权结构的动态性，利用动态性的手段去调节股权，确保各个股东权益的平衡性，既要制衡他们的利益，也要保证股东手中有一定的控制权。只有各个股东的权利达到均衡，才可以推进企业的长久稳定发展，从而避免公司后期会出现股权争夺的现象。上市公司自身也应当从两个方面出发，一方面是要不定期地进行股权机制的更新与升级，建立健全公平的股权制衡制度；另一方面实施股权优化制度，也就是要适时地增加中小股东的持股比例，以此来提高股权的稳定性。

（五）针对防范恶意收购而修改的公司章程进行监督

违规举牌的背后，图谋上市公司控制权的不在少数。而面对强势的外来资本，防止"恶意举牌"，上市公司一般会采取修改公司章程以防范"蒙面举牌"，常用的手段有提高相关信息披露标准、限制对股东股权收购、转让等。就本次成都A工程公司股权争夺战来看，在李×第一次举牌两个月后，成都A工程公司董事会提出《关于修改〈公司章程〉的议案》，上述议案对成都A工程公司的公司章程做出了10处修改，其中一处对持有公司股份总数3%以上的股东提名进入董事会的时间条件作出限制，要求连续12个月以上持有3%以上股权才能提名进入董事会。对于这项议案，李×投了反对票，修改公司章程的议案最终未能得到股东大会通过。

然而，随着越来越多的上市公司修改公司章程防范恶意收购，问题也随之产生。许多公司修改公司章程力度越来越大，条款也越来越"任性"，多维度保护自己却损害投资者的合法权利。因此，证券市场应该做出严格规定，上市公司在制定章程时应注意相关制裁措施的合理性以及该条款是否限制公司股东表决权及损害公司股东的基本权利，不能妨碍正常收购秩序，妨碍市场运行，因此防范"蒙面举牌"也要有度，按照现行法律，合理、合法地进行。

结束语

事实上"蒙面举牌"一直是监管部门打击的重点，在A股市场，不乏采用此方式来试图规避举牌线的限制而暗度陈仓的行为，由此也滋生出了像股价操纵和控制权纠纷等一系列问题，损害中小股东的权益。另外，隐瞒一致行动人等违规举牌行为还很可能诱发后续的表决权、控股权之争等一系列问题。过去监管机构仅靠信息披露，很难发现股东隐瞒一致行动关系的问题。但现在上交所发挥其一线监管的信息和数据优势，运用多位一体的监管手段，大大提高了发现此类违规问题的效率，这不仅有利于规范股东的举牌行为，也有利于促进证券市场正本清源，维护市场的透明和公正。

思考题

1. 成都A工程公司遭遇举牌的原因有哪些？
2. 成都A工程公司的股权之争对于企业价值和股东利益的影响有哪些？
3. 上市公司如何建立相应的措施，对"蒙面举牌"进行防范？
4. 证券市场如何完善制度，建立相应的惩罚机制，防范恶意的"蒙面举牌"？

案例教学使用说明

一、教学目标与用途

1. 本案例主要适用于研究生课程中"证券市场监管"等内容的学习，适用于金融学术硕士及金融专业硕士等经济管理类研究生等案例教学使用，主要课程包括《证券投资分析》《金融机构与金融市场》《金融政策与金融监管》等课程。如将本案例应用于其他相关课程，本案例说明可做相关调整。

2. 本案例首要教学目标在于使学生通过案例所给出的基本背景了解到"蒙面人举牌上市公司"的背景和动机，其次进一步结合案例相关背景资料，从成都A工程公司公司股权争夺战的过程以及面临的问题来看我国证券市场监管制度的完善。同时，在分析案例的过程中，使学生能学习到公司治理、委托代理、价值投资、协同效应等相关知识，培养学生利用相关理论知识分析我国资本市场实际问题的能力。

二、涉及知识点

本案例涉及的知识点主要有我国 A 股市场中关于举牌的定义、动机及后果，一致行动人的概念、公司治理理论、委托—代理理论、协同效应理论、价值投资理论、信号传递理论、过度反应理论、有效市场假说、证券市场监管等知识点。

三、理论依据及分析

（一）公司治理理论

美国学者贝利和米恩斯在 1932 年提出公司治理概念。公司治理此后引发了人们广泛的关注和讨论。公司治理指的是公司一系列的运作、经营、监管系统的有机组合，以确保公司管理层履行应有职责以实现公司目标，包括公司的董事会制度、监事会制度等一系列组织体制。良好的公司治理有利于公司高效、合法合规运营，保持公司的长远可持续发展，并保护投资者的利益。

（二）委托代理理论

20 世纪 30 年代，美国经济学家贝利和米恩斯提出了以非对称信息博弈为基础的委托代理理论。公司的控制人在生产力的发展和业务规模扩张的同时，将全力对本企业实施管理。企业的控制人为了让公司创造更多的超额利润，就会雇用那些越来越专业化的管理者们来管理公司。所谓委托代理关系的建立，即委托人是所有者，它支付报酬给管理者，受托人是管理者，他代替所有者管理企业。委托代理的矛盾越来越明显的原因就在于管理者只能拿到规定的报酬，即使经营效益提高了也不能获得超额收益，因此，管理者与控制人的目标不一致就会产生矛盾。研究代理理论的学者们认为，控制权和管理权分离后会导致资源次优分配，且导致管理层的管理决策都是以自我利益为中心，因此，制定一系列激励管理者制度和优化配置有限资源至关重要，但管理者如果只追求短期的经营效益而忽略甚至牺牲长期的经营效益的话，企业的有限资源配置效率下降是必然趋势。

（三）协同效应理论

企业并购对整个社会来说是有好处的，其主要作用是改善协同效应效率。协同效应，即两个企业并购后的产出将比并购前产出之和更大，意思就是 2 + 2 > 4。对于并购企业来说，在经营协同效应、财务协同效应、管理协同效应几个方面可以反映出协同效应。协同效应假说主要为公司间的横向并购奠定了理论基础。

（四）价值投资理论

Graham（1929）开创了价值投资理论的先河。价值投资理论的基础是价值分析，即对企业本身内在价值的分析。他认为传统证券投资方法所关注的宏观经济、政治因素以及资金流向等技术指标都不是人为所能判断的，人们只能分析所能获取的事实来估计企业的内在价值。他的投资理念可归纳为安全边际、风险分散和市场先生三大原则。Williams（1938）发表的《投资价值理论》提出了内在价值理论，认为投资者在选择股票是应先对公司未来的股利支付作长期的预测，并对预测的正确性进行检定，据此判断出股票的内在价值，然后与股票的市场价格进行比较，再作出投资的决策。该著作在理论界被认为是评价金融资产的权威，至今仍有巨大影响。

（五）信号传递理论

信号传递理论最早由 Spence（1974）提出："由于产品市场上的买卖双方存在着信息不对称，产品的卖方掌握了更多的信息，因此进行交易时，卖方为了取得理想的交易结果，会将自己的信息传递给买方，这就是发出信号。"在股票市场上，相比于普通投资者，上市公司股东、管理层拥有更多关于上市公司的信息，从而股东会通过增持、股利发放等手段向普通投资者传递上市公司发展情况的信息，普通投资者会根据股东传递出的信号对上市公司的股价进行判断，从而进行投资。

由于公司内、外部的信息不对称，公司主要通过发布利润、股利、融资信息三种方式向外界传递公司信息。其中，公司对利润可进行一些操纵性的会计处理。相比较而言，股利信息是公司传递出的较为可信的信息。公司可能发现较好的投资机会。而拥有这些投资机会信息的管理层，为获取投资者的投资，通常可以通过调整公司资本结构或选择恰当的股利政策，向潜在的外部传递投资信息。

（六）过度反应理论

过度反应理论最早由 DeBondt 和 Thaler 在 1985 年提出，是指由于内、外部情况的不确定，投资者面对一些突发或未预料到的事情发生时，心理认知上会存在偏差，会偏于过度重视当前的信息，忽视历史信息或未来可能的信息，从而引起上市公司股价的超涨或者超跌。投资者在了解事件或信息的实际情况后，股价会从超跌或超涨状态回归到合理的价值区间。

（七）有效市场假说

有效市场假说将股票价格可以完全反映全部可以得到的信息的市场称为

有效市场。成为有效市场，要满足以下条件：为获取比目前更高的投资回报，所有投资者可以利用能得到的信息；公司的最新消息在证券市场能及时传递，市场能通过股票价格反映全部信息，并且股票价格反映信息的速度迅速且不存在偏差，也不存在滞后反应；市场竞争使得证券价格能迅速从旧的信息实现的均衡价格变动到新的信息实现的相应的均衡价格。

根据证券价格对信息的反映程度，有效市场一般分为弱式有效市场、半强式有效市场和强式有效市场。弱式有效市场中，市场的价格已经反映了包含股票历史的全部信息，投资者要获得超额收益，无法通过市场信息的途径，此时技术分析失效，只有通过对股票的基本面分析才可获得超额收益。在半强式有效市场中，证券价格已经反映了所有公开可获得的信息，投资者不能通过技术分析和基本面分析等公开信息来获取超额收益，只有得到内幕消息才可能获取超额收益。在强式有效市场中，证券价格已经体现了所有关于公司经营的公开和未公开的信息，不管有无内幕信息，投资者的收益均趋向相同，无法获得超额收益。

四、要点解析

相关课程的教师可以参考本案例按照教学要求，来制定教学目标（目的）。以下提供一种针对本案例的解析思路，仅供参考。

（一）举牌的含义和要求

1. 举牌的含义

我国《证券法》规定，对于一家上市公司，当投资人拥有的公司已经发行股份的百分之五时，事实一旦发生，从当天起3日内，应向国务院证券监督管理机构、证券交易所作书面报告，同时通知该上市公司并予以公告，并且履行相关法律规定的义务。

对于股份的购买，有两种途径，第一种是投资者通过二级市场购买；第二种是协议购买，但是大多数情况下，我们所讲的举牌大多指第一种的购买方法即投资者通过二级市场买的是上市公司的股份比例达到或超过百分之五。根据《上市公司收购管理办法》，当一个投资人拥有某家上市公司百分之五的股份时，对于该股份持有的增加份额也应当披露，例如：当投资人在原有的基础上每增加百分之五的股份，这种情况也应该披露。所以，根据以上要求，一家上市公司能够被多次举牌，可以是同一位投资人，也可以是不同的投资人。

2. 举牌的要求（规定）

对于上市公司，要履行《上市公司收购管理办法》上的有关规定，相关内容如下：

（1）收购人包括投资人及与其行为同等或一致的他人。

（2）当上述的投资人和行为一致的他人，所持有的股份份额达到某家上市公司的所发行股份的百分之五时，通过证券交易所的证券交易或协议转让，从当天起三日内制定权益变动报告书，与此同时，将书面报告提交至中国证监会、证券交易所，通知该上市公司，并且公告；在这期间，不能够自行买卖该上市公司的股票。

（3）当上述的投资人以及与其行动一致的他人所持权益股份达到某上市公司的百分之五以后，在原有的基础上每增加或者减少百分之五的股份，也应当对此种行为进行揭露和公告。并且，在作出报告、公告期间以及报告后两日内，不得买卖该公司的股票。

（4）对于收购人也有一定的要求，当某家公司收购人对该公司的股票份额达到该公司的百分之三十时，应当采取邀约的方式继续增加持有股份，发出全面要约或者部分要约。

（5）在举牌过程中，需要揭露相关的交易信息和权益变动信息，同样针对持有股份的比例份额也应当对此进行披露。

（二）举牌的原因（目的）

投资人举牌的目的无非就是三种：并购重组、战略性长期投资和短线投机。详细描述如下：

1. 并购重组

刚发行上市运行的股票批准过程门槛较高，正是因为此，能够在二级市场流通的股票更为稀缺（"壳资源"），为了保住这样的稀有资源，政府和大股东都会采取一种并购重组的方式，这种方式给面临破产的公司带来了希望。而在这个时候，ST 股票和"三无"股票吸引了大量投资人的目光，纷纷渴求"一夜暴富""天上掉馅饼"的梦想变为现实，这种情况使得"壳资源"潜力巨大。

从二级市场通过举牌争夺控股权的最早案例是宝安收购延中实业。以并购重组为主要目的举牌的特征如下：（1）若要与被举牌的公司的大股东"对抗"，其持股比例不得低于百分之三十。（2）被举牌公司的价值被过分低估，否则举牌资金没有安全边际。举牌资金有以下两个特征：一是限制性、长期性。这种特点的存在主要是因为受到相关法律法规的制约；二是更加严格。流动性风险和信息公开的风险的存在使举牌资金的控制更加严格。（3）拿到控股权后能实现举牌方的特殊目的。

2. 战略性长期投资

战略性投资是一种追求收益的长期投资，不以控股为主要目的。主要有两种类型：第一种是主动型战略投资。该情况的战略投资主要是举牌公司完善自身资产配置的一种方式；第二种是通过引进其他战略投资者来实现长期战略投资的目的，从而实现双赢。战略性投资特征如下：（1）更加注重长期发展，立足长远，并不会因为短期的价格波动改变投资方式；（2）该公司主营业务明确收益良好，在一定时期内，不会出现较大幅度的波动；（3）被举牌的公司的价值没有被过度估计。

3. 短线投机

在股票市场上，最常见的两大主体是投资人和投机人，尤其是后者，短线的投机者一直活跃在国内的股票市场上，符合法律规定的合法获利行为不仅仅使得投资人获得收益而且也会使收益稳健长久，但是仍然存在一部分投机人忽视法律规定，采取地下交易通过内幕交易获得非法收益，这种方法既不长久也不可取。

短线投机者举牌主要是通过一种低买高卖的方式获得利润差，同时，通过大量的持股和公司举牌能够影响市场的股票价格对于这种短线投机者一般有以下主要特征：（1）一般短线投机者不能够争夺到被举牌公司的控股权；（2）被举牌公司不具备持续性获得回报收益的能力；（3）被举牌公司的股票价格估计符合事实，没有出现被过高估计或者低估。

以上三种举牌目的之间是相互联系、相互影响的，三种举牌方法是一个不断变化的动态过程。

（三）举牌收购标的特征

从分析上述举牌的目的可以看出，被举牌公司一般有以下几个特点：第一大股东持股比例不高、股权分配不集中、二级市场价格低、公司发展潜力大。

从举牌者的立场考虑，举牌成本是被举牌公司第一考虑的因素，股权分配不集中、第一大股东持股比例不高等这些情况的存在都会使得举牌成本降低。不过在这些过程中仍有一些细节需要考虑，例如即使一些公司的第一大股东持股比例不高，但是可能有一些关联方或者一致行动人也持有一定的股份，这种情况下，实际持股的比例要远远大于披露出的数据。

此外，需要注意的第二个细节就是绝对股价。绝对股价的存在也可以降低举牌成本,并且分散了风险,有效地防止了因股市暴跌而损失惨重的事情发生。

另外,一些不利于举牌的情况也会出现,例如:股权分散,没有实际控制权和二级市场中股价偏低等问题,这种问题的出现在于被举牌公司。倘若被举牌公司运营效率低下,资产质量不高、运营不稳健等失去了一部分融资价值。

(四)证券市场的举牌方式

1. 集合竞价的买入方式会很大程度上影响股票的价格从而影响交易。例如:举牌公司在增持上市公司股份的过程中,在一定时间段内增加了市场对股票的需求,改变了上市公司的股票的供需关系,则上市公司在资本市场上的股价可能在此时间段内出现明显的上涨,有较好的市场表现;反之,如果举牌公司在增持上市公司股票的过程中,而上市公司市场上可交易的股票,长期供过于求,在举牌方介入后,仍难改变供需关系,则被举牌公司股票价格仍会持续低迷,难以有好的表现。

2. 举牌公司通过寻找卖方的方式也会影响被举牌公司的股票价格,这样一来就能够达到迅速购买被举牌公司股票的目的。在这种情况下,因为双方都可以同时获利并且这种行为可以改变公司的股权结构,所以这种方式买卖双方都能够达成一致。

3. 左右互搏。这种方式是再不变动最终持股人的前提下,在举牌发生的过程中通过改变持股关系来进行,但是这种方法不会影响股票的价格。

(五)举牌资本的分类

举牌资本大体可以划分为七大类:险资、私募股权基金、产业资本、自然人个人的金融资产、私募资本、公募基金和集合资产管理计划。

险资,一般情况下指保险公司的资本金、准备金。资本金是一家保险公司开展业务时的资本,通常这种开业资本会有一定的限制范围,在本质上也是一种准备金。当面对一些突发实况准备金不足以应对时,保险公司就可以用资本进来进行支付。

产业资本,主要在资本流通过程中,轮流采用货币、生产资本和产品资本的形式,然后又不使用这三类形式,并在各种形式中履行职能的资本。

私募股权基金,即主要从事非上市公司的股权投资的基金,通过协助这些公司运作上市等,获取利润。如今,私募股权基金在国内广泛存在。

自然人个人的金融资产,自然人个人的本外币私人存款、国债、基金、证券集合理财、银行理财产品、第三方存管保证金、保险、黄金及黄金保证金、集合资金信托计划等财富管理产品保有量余额之和。

私募资金，是一种集合组合投资，只私下向特定投资者发行。私募资金募集方式主要分为契约型集合投资基金和公司型集合投资基金两种类型。

公募基金，是指受当局主管部门监管的，向不特定投资者公开发行受益凭据的证券投资基金。根据相关法律法规，公募基金要定期做好信息披露等，信息透明度较高。公募基金的代表性产品为目前国内A股交易的封闭式基金。

集合资产管理计划，是指将多个客户委托投资的资产集合在一起，由专业的投资者（券商）进行理财计划的制订、投资管理。集合资产管理计划为券商的一种创新性产品，主要针对高端客户，投资收益以稳定为主，投资范围主要为约定权益类或固定收益类投资品种。

(六)"蒙面举牌"等为规避监管的恶意举牌行为的影响和监管措施

1. 恶意举牌对公司治理的影响

一般情况下，股价偏低的阶段会出现举牌概率比较大，尤其是像成都A工程公司多次被举牌后，因为举牌人之间对于公司控制权类的争夺，可能会使得各方在二级市场大量买入公司股票，以增加自身在公司的投票权或话语权，从而使得被举牌公司的股价预期上涨。这种情形是外部众多中小投资者乐于发生的情形。但举牌尤其是"蒙面违规举牌"行为，会给上市公司的正常生产经营、运转及内部治理带来什么样的影响，也在很大程度上引起了人们的关注。一般来说，举牌可能带来正面的影响，也可能带来负面的效果。如果举牌方出于善意的长期财务投资行为，举牌行为可能有助于管理层提升管理效率，促进内部监控体制的完善，从而使公司长期稳定经营，投资者也能从中获得较好的投资收益，甚至举牌方能利用自身资源，为公司带来产品的经营、销售等渠道，提升公司效益，此时，举牌方可能以长期战略投资者的身份出现。尤其是针对部分股权较为分散的公司，举牌还可以有效避免管理层掏空公司并且利用信息不对称损害外部投资者的利益；负面上，频繁地多次举牌可能会造成经营控制权不稳定，尤其是一些恶意举牌，可能只是为了赚取短期收益，甚至为了有利于举牌方的利益，举牌方在对原公司管理层进行洗牌后，提出只有利于举牌方利益的方案，导致其他投资人或公司的利益相关者的利益受损，甚至公司的正常生产经营活动因为举牌方的介入，而无法正常进行，如成都A工程公司在李×进行多次举牌后，公司陷入与李×的争夺战当中，众多重大的经营决策均受到了影响。我国资本市场的监管尚没有完全发展完善，资本市场投机较为严重，恶意举牌行为大量存在，往往并不是为了给公司进行长期的投资，而只是短期为了获取股价的溢价，或争夺公司控制权，举牌方给上市公司造成的正面影响往往较少，带来的不利于上市公司的后果较为明显。

恶意收购主要是指收购者在未与目标公司进行良好沟通的基础上，不考虑收购方能否同意，采取在资本市场大量买进公司股票或通过其他措施，进行强行收购的行为。收购方和被收购方在整个过程中采取各种行动维护自身利益，收购方的目标为被收购方的控制权或其他资产标的，而被收购方则会采取各种措施防止被收购，并维护自己的控制权。在恶意收购的全过程中，收购方与被收购方不断博弈，双方的对抗性在整个过程中表现突出。

正常情况下，举牌之间的筹码争夺使得预期股价上涨，是大多数普通投资者希望看到的。兴业证券认为，举牌对股价和不同企业都会产生不同的影响，需要具体问题具体分析。从事件效应来看，对综合类企业以及一些有举牌主体的企业的影响比较大，而对于一些小盘绩差或小盘中高成长等特征的公司来讲，举牌对该类型的企业的影响更加直接，带来的正面冲击更为显著。

如今举牌事件越来越多，在不考虑股价因素的前提下，举牌事件到底会对公司治理产生什么样的影响？这个问题引起众多思考。正常情况下，从理论上讲举牌会在一定程度上完善并促进公司内部控制的发展，资本举牌的"鲇鱼效应"会刺激部分企业积极竞争，投入市场竞争的大环境中来。但是，举牌是一把"双刃剑"，基于现实的情况来看，举牌所带来的有利影响会远远小于其对上市公司带来的不利影响。的确举牌可以不断改进公司内控，不过，举牌次数过多又会使得经营权不稳定。

2. 对恶意举牌的监管措施

（1）上市公司举牌必须遵循相关规定。监管机构对部分恶意举牌的行为需要建立较为完善的惩处机制，例如：仅为获得短期收益而盲目举牌一些盈利稳定、现金分红率高、年化投资回报率较好、公司内部监控机制较为规范完善的上市公司的行为。对于这类上市公司而言，"野蛮"的外来资本的举牌，可能影响到公司的正常经营活动，甚至陷入控制权或者相关资产的争夺纠纷中而导致效益下降，而举牌方往往在举牌后并不会很好地对公司进行经营管理，而只是为了拉高股价赚取短期收益，甚至获得公司控制权后掏空公司。加强对恶意举牌的监管需要增强针对性和有效性，防止利用举牌及因举牌为外部众多中小投资者带来的心理效应而进行过度的二级资本市场的短线炒作交易。

（2）公开举牌资金的来源、性质、运用杠杆状况。证券市场以及相关监管机构应当加大监管，按照相关规定披露信息，坚持做到举牌行为透明化、公开化，相关部门加大惩罚力度，尽量避免一些非法交易的发生，尤其对一些来路不当的资金，需要投资者承担风险的举牌必须加大约束和规范。建立大监管格局，规范举牌行为，净化市场环境，为证券市场的发展营造一个绿色、有序的氛围。另外，大监管格局的形成是各个部门协调合作联合监管的结果，金融、证券、保险、基金、信托等行业共同协作，各司其职，立足服务于实体经济，尊重证券市场的运行规律把握市场运行逻辑，促进证券市场绿色、稳定、可持续发展。

（3）举牌的前提和基础。首先，上市公司应当把保护中小投资者的权益放在首位，要求每一位投资人提供真实信息，确保每一位中小投资者都能得到所需信息。其次，相关监管部门应当建立申诉投诉机制，当中小投资者的合法权益受到侵犯时，可以"有章可循""有处可诉"。最后，应当从中小投资者的角度出发，坚持举牌过程中的长期投资和价值投资理念，以保持股价稳定性为前提，这样一来，一个制度成熟、监管有力的证券市场才能够切实达到保护中小投资者的合法权益的目的，也可以防止股价出现暴涨暴跌的情况，同时让一些不法的投机分子避而远之，规范证券市场。

（4）明确投资者、财务投资者的角色。对于财务投资者，证券市场应当制定相关的法律法规，规范财务投资者的行为，同时制定具体的办法和措施吸引财务投资者。对于战略投资者，要充分考虑战略投资者的利弊，多方面对战略投资者进行评估，慎重引进。最后，尤其在当上市公司控制股权变动时，必须按照相关规定披露信息，从举牌资金来源、用途进行严格评估，以防出现利用资金上的优势控制公司管理层，影响证券市场上市公司正常的治理结构。

五、课堂安排

该案例可以作为课堂讨论课的一个典型案例，如下是一个课堂计划的建议，该建议以时间为主要进度，仅供参考。整个案例课的课堂时间控制在80~90分钟。

课前准备：出一个思考题，要求学员在课前提前阅读并思考。

课中计划：背景介绍　　　　　　　　　　　　　　　　　（10分钟）

拟定主题如下：

从"蒙面举牌"看我国证券市场监管制度的完善

"蒙面举牌"成都A工程公司的动机;

"蒙面举牌"成都A工程公司带来的影响;

公司防范"蒙面举牌"等恶意举牌行为可采取的措施;

"蒙面举牌"案件对我国证券市场监管制度完善的启示。

分组讨论　提出发言要求　　　　　　　　　　　　　　（30分钟）

小组发言　　　　　　　　　　　　　　（时间控制在15~20分钟）

引导所有学员深层次讨论,并根据讨论结果进行归纳总结（15~20分钟）

课后计划:

建议让学生写一份案例分析报告。报告可以参考如下结构:

1. "蒙面举牌"的动机和获利渠道?

2. 如何控制"蒙面举牌"的风险?

3. 如何对上市公司股东隐瞒一致行动人的问题进行监管?

课堂导入方式:

1. 先与学生一起列出举牌会对上市公司以及证券市场产生哪些影响,请学生举手,看学生的回答情况再讨论启发性问题。

2. 从启发性问题入手,再讨论"蒙面举牌"与证券市场监管的关系。

风险投资与"苹果"成长

刘 骅①

自20世纪50年代以来,以技术创新为基础的新兴科技产业在世界经济发展中起到越来越重要的推动作用。科学技术的发展和创新伴随着新兴产业的孕育和成长,为经济发展提供新的动力。21世纪以来,世界各国普遍意识到促进技术创新、发展新兴产业对推动经济增长的重要作用。自2008年国际金融危机爆发以来,各国试图通过寻找新经济增长点以走出经济困境。在这样的严峻形势下,各国纷纷加强了对生物技术、新能源、新材料、航空、海洋等高新技术产业的重视,但由于这些产业正处于起步阶段,缺乏资金投入,同时技术水平和管理经验也存在不足。作为一种创新性融资方式,风险投资能为新兴产业提供资金和增值服务,促进新兴产业发展,推动技术进步并以此增速经济增长。在风险投资的帮助下,新兴科技企业成功渡过了初创期的高风险阶段,将科学技术转化成了推动经济发展的力量,为经济发展注入了新动力。相较于风险投资欠发达国家而言,风险投资发达的国家发展速度更快。可以说,风险投资对一国经济发展具有重要的推动作用。

尽管风险投资具有悠久的发展历史,但其真正活跃起来却是在20世纪以后,经过半个多世纪,如今风险投资已经发展成了一个特色鲜明的金融投资产业。现代风险投资行业起源于美国,1946年,世界上第一家风险投资公司——美国研究与开发公司(AR&D)在美国成立。根据美国风险投资协会的研究,风险投资对美国经济的发展作出了巨大贡献,20世纪70年代以来,风险投资额占社会投资总量不到1%,然而这不足1%的投资创造出的产出占据国民生产总值的比重却高达11%,风险投资在美国经济中发挥的作用可见一斑。同时,根据哈佛大学勒纳教授的研究,"风险投资对技术创新的贡献是常规经济政策的3倍",风险投资对美国新兴产业的发展功不可没。风险投资

---

① 刘骅(1978—),男,湖北武汉人,管理学博士,南京审计大学投资学副教授,研究方向为金融审计与监管。

在20世纪中叶对于医药、信息等行业的投入推动了信息产业的繁荣和生物医药产业的起步;80年代,美国风险投资企业如雨后春笋般从几十家增至700多家;到了90年代,互联网的兴起为风险投资业的发展提供了更加有利的条件。风险投资将资本、人力和技术紧密结合,推动了美国经济高速发展,为美国新兴产业发展创造了条件。

一、硅谷——高新技术公司聚集地

圣塔克拉拉谷坐落于美国加州北部、旧金山湾区南部。这片区域最早是研究、生产以硅为基础的半导体芯片的地方,因此又被称为"硅谷",主要区位特点是以包括斯坦福大学在内的一些具有雄厚科研力量的美国顶尖大学为依托。硅谷以高新技术的中小公司群为基础,同时还拥有惠普、英特尔、苹果公司、Facebook、谷歌等大型科技型公司。

19世纪末,硅谷所在的地区只是一片普通淘金地,但自从斯坦福大学在这里成立后,吸引了大量前来求学的优秀学生,1939年,斯坦福大学的学生休利特和帕卡德在教授弗雷德里克·特曼(Frederick Terman)的支持下,在加州的一间狭窄的车库里创建了惠普公司,在这之后,硅谷才开始走上了历史舞台。经历了半个多世纪的发展,这片区域已成为计算机业和电子工业的王国,风险投资额占全美风险投资总额的比例高达三分之一。

为什么硅谷能够取得举世瞩目的成就?通过对众多专家学者从不同角度对于硅谷成功经验的总结,我们得出了这样的观点:第一,硅谷高新产业的发展离不开周围以斯坦福大学为首的高校培养的大量技术精英;第二,制度环境良好,鼓励创业和自由创新;第三,通过上市手段(NASDAQ等)为风险投资提供了较完善的退出机制;第四,硅谷有完善的市场机制,以及高效而高度专业化的技术市场服务体系。其中,众多学者认为风险投资是硅谷科技创新和产业化的前提。我们可以从硅谷发展的历史和影响硅谷发展的重要事件来说明这一点。

硅谷的正式形成可以追溯到1955年,肖克利(William Shockly)在帕罗奥多地区成立肖克利半导体公司,随之也引来了大批半导体和电子公司,如IBM、施乐公司也先后进入该地区,使该地区成了半导体和电子产品的聚集地。1973年,《电子信息报》(*Electronic News*)将该地区命名为"硅谷"。1959年,进入硅谷的科研人员在6 000人左右,在之后的30年里,硅谷从事研究和开发的人员数量迅速增长,总数在1989年达到了33万人。截至1997

年末，硅谷已拥有 861 个研究中心，平均每 100 万人口拥有 132 个研究中心，居全美首位。随着跨国公司的集中和研究与开发中心建立，硅谷在 1998 年取得专利 8 280 项，居全美首位。1999 年有 72 家公司在硅谷首次公开上市，涌向这一地区的风险投资额占美国风险投资总额的比重高达 1/3，总量达到惊人的 130 亿美元。如今已有超过 7 000 家高新科技公司聚集在硅谷，并且还在以每周十多家新公司的惊人速度增长。可以说硅谷提供了良好的发展环境，造就了大批科技型企业并最终形成了一种文化——创业者创新和冒险的文化，即鼓励创新的文化，这使得硅谷成为世界上绝无仅有、人类历史上单位土地和人均财富创造量最多的地段，全世界 IT 人瞩目的焦点。而促成硅谷发生这一巨变的一个重要事件就是风险投资型企业苹果电脑公司的上市。1980 年，摩根士丹利推荐上市的苹果电脑公司取得了风险投资的巨大成功，掀起了风险投资进入硅谷的浪潮。摩根士丹利 1983 年在靠近硅谷的地方设立了一个永久性的分支机构，高盛等其他的投资银行也接踵而至，纷纷开展了硅谷的风险投资业务。到了 20 世纪 90 年代，在硅谷进行风险投资的银行数量急剧增加，形成了几个投资群体：第一是以高盛、美林为代表的美国本地大型投资银行；第二是以从事兼并收购或融资业务的小型银行；第三是一些国外大型跨国投资银行，如德意志摩根建富、瑞士联合银行等。这些投资银行在硅谷进行风险投资或融资几乎达到了疯狂的程度。例如，德意志摩根建富在硅谷不到 10 年的风险投资中，股权交易金额高达 180 亿美元，并购交易高过 140 亿美元。

在硅谷，一方面，风险投资为高新技术公司融资，为高新技术公司的发展提供可能并在其发展过程中获取投资回报；另一方面，高新技术企业成功渡过初创期后，能够为投资银行提供更加多样化的业务，帮助投资银行发展的同时分散其投资风险。这构成了硅谷高新技术产业与风险投资企业之间相互需要、相互促进的良性循环。

二、苹果电脑公司的横空出世

人们在谈论硅谷和风险投资的时候，不能不想起苹果公司——一个硅谷和风险投资界难以忘却的事件。因为苹果公司的成功为风险投资界树立了辉煌的榜样——一个在 3 年内通过风险投资获得 200 多倍巨大收益的风险投资案例。而这个苹果电脑公司就诞生于硅谷。

对于苹果电脑公司来说，硅谷不仅是公司诞生的摇篮，也是风险企业家成长的温床。苹果公司（Apple）的创始人史蒂夫·乔布斯和斯蒂芬·沃兹奈克就在这里长大，这里是以电子工业为核心的尖端科技的研制开发基地，无数科技的发明是在这里受到启发，这里的财富巨大到足以培育和扶持风险企业发展，正是这种环境造就了硅谷人敢于创新、勇于冒险、富于竞争的性格特点。

斯蒂芬·沃兹奈克从小就喜欢计算机并表现出在计算机及技术上的才能。斯蒂芬·沃兹奈克和乔布斯首次合作是一台电话线装置，这一装置的主要功能是将它安装在电线上就可以免费打长途电话。在合作过程中，他们特别想拥有一台自己的计算机，而当时的计算机主要是商用的，没有个人电脑，正是这一愿望促使他们发明了苹果微机，并创立了苹果电脑公司。

> You can't just ask customers what they want
> and then try to give that to them.
> By the time you get it built, they'll want something new.
> "你不能只根据顾客的要求提供商品。等你做出来，他们的需求已经发生了改变。"
>
> ——史蒂夫·乔布斯 Steve Jobs

1975年，乔布斯和斯蒂芬·沃兹奈克在硅谷参加了计算机俱乐部，但他们当时无力购买一台价格高达几千美元的微机，因此决定自己动手组装一台。他们分别从博览会上用20多美元买来处理器和其他电子元件，按照斯蒂芬·沃兹奈克自己的设计组装了一台微型电脑，并放到计算机俱乐部里。这台后来称之为"苹果Ⅰ"的微型电脑受到了俱乐部朋友的极大欢迎。这使他们立刻意识到这种更便宜、更小型的微型电脑的潜在市场需求，也增加了他们开发的信心，他们决定研究出这种受人欢迎的微型电脑。他们各自卖掉了汽车和计算机，并成功地说动一位电子器件销售商，以30天的期限赊到价值25 000美元的电子器件，准备在30天内组装出100台电脑。斯蒂芬·沃兹奈克和乔布斯在汽车库夜以继日地进行研究。终于他们在第29天组装好了50台电脑，并卖给了商店，还清了欠款。

斯蒂芬·沃兹奈克和乔布斯在销售电脑的过程中，也认真地对市场进行了调研，他们发现了一条重要信息——大部分人需要的是一台完整耐用的电脑而非单板和散装机。1975年前，美国还没有比较实用的家用电脑，IBM等大型计算机公司都致力于为政府和机构研制生产大中型计算机,相较之下微型计算机市场一片空白。作为一个企业家,乔布斯以敏锐的洞察力和创造性思维,详细地分析和研究了生产、技术、产品、市场等因素,决定创办一家专供家用的微型电脑公司,并最终说服斯蒂芬·沃兹奈克加入,次年,苹果公司正式在硅谷挂牌成立。

三、风险投资助推苹果公司起跑

风险企业发展所需要的不仅是企业家的能力和创业精神,还需要有力的资本来维持运作和研发活动。苹果公司在创业初期也受到了资金的困扰,斯蒂芬·沃兹奈克和乔布斯带着苹果Ⅰ去见供职公司的老板,希望得到他们的支持。原沃兹的老板惠普公司经理以斯蒂芬·沃兹奈克没有大学学位,没资格从事计算机行业为借口;阿塔里公司老板也以计算机不是他们公司的主要产品为由拒绝。两个人失望而归,引进风险投资第一次以失败而告终,但他们并没有放弃,继续寻找合适的风险投资家。1975年秋,一个名叫唐·瓦伦丁的风险投资家来到斯蒂芬·沃兹奈克和乔布斯工作的汽车库,前来考察苹果公司。尽管乔布斯能把他的计划描述得很好,但他邋遢的装扮给这个风险投资家留下了"不像会成功的企业家"的印象,最终放弃了投资。幸运的是,瓦伦丁将乔布斯介绍给了英特尔公司前生产部经理马克·库拉。库拉不仅聪明能干,而且对电脑十分精通,他实地考察了苹果样机,并提出了很多问题,库拉看出了他们的发展前途,建议他们制订一个详细的商务计划书对引入风险投资的重要性。马克·库拉给他们进行了半个月的管理培训,三人日夜加班,设计了一份详尽的苹果电脑公司商务计划书,然后拿到熟悉的风险投资家处游说,筹集到60万美元的资金。最终,谨慎而挑剔的"点金术士"阿瑟·洛克以每股9美分的价格购入了苹果公司5.76万美元的股份。1980年苹果电脑第一次公开上市后,洛克的投资增值243倍,而库拉的投资增值达到1 637倍。反观阿塔里和惠普公司不但失去了投资机会,而且在微电脑行业竞争中被苹果公司远远甩开,追悔莫及。

在风险投资进入后,他们对公司进行了整合,调整了组织结构,库拉担任董事长,聘请了一位名叫迈克尔·斯克特的集成电路的生产专家担任总经理,乔布斯担任副董事长,斯蒂芬·沃兹奈克担任公司研究开发部总经理。至此,苹果公司进入正常的生产和经营活动。

四、苹果电脑公司的腾飞

经过整合的苹果公司，还招聘了许多技术人员，全力研制新型微型家用电脑。苹果电脑公司从硬件、软件、设计等方面进行了大胆创新，在个人电脑许多关键问题上进行了创新。

第一，在设计方面，攻克的就是个人电脑复杂、笨重、操作不便等缺点，通过研发，将"苹果Ⅱ"设计为只有12磅左右的重量，整机方便组装，只需要10个螺丝钉就能完成组装。采用了开关电源，开创了软盘用于电脑外存储器的先河。

第二，在推广应用方面，"苹果Ⅱ"成功开发了大批的应用软件。乔布斯从一开始就以一个企业家的敏锐洞察力感觉到"苹果Ⅱ"未来发展的关键所在，在其他竞争对手还没有清醒地认识到应用软件重要性之前，他就明确地提出"个人电脑的竞赛是一场软件技术的竞赛"，开始定制苹果公司的软件开发计划。他们从全国各地软件开发人员开发的程序中寻找合适的程序并将其移植投入到"苹果Ⅱ"的使用中，大大增加了"苹果Ⅱ"的实用价值。到了1983年，"苹果Ⅱ"可使用的配套软件程序达到了15 000多种，其中，"苹果Ⅱ"由于拥有广泛推广和使用的BASIC语言更加为消费者所青睐，文字处理程序的用户突破了30万。

第三，科学有效的管理创新。"苹果Ⅱ"的成功也得益于它的有效管理。公司领导层打破了传统的等级和规章制度对人才的约束，鼓励创新、敢于用人、知人善任的风险创业精神吸引了世界各地的优秀人才加入公司，给公司提供了无限的活力和动力。

1977年4月，5台"苹果Ⅱ"研制成功。当"苹果Ⅱ"在旧金山举行的计算机交易会展出时，吸引了成百上千的观众和计算机爱好者。它改变了以往个人计算机整机笨重、设计复杂、难以操作的特点，以小巧轻便、操作简单、方便使用的优点，激发了消费者的需求，"苹果Ⅱ"进入无数的家庭，让用户走出了空调机房，带来了微型计算机发展史上的一场革命。在"苹果Ⅱ"面世的当年就取得了250万美元的销售收入，到1978年销售额达到了1 500万美元，1979年增加到了7 000万美元，到1983年更是高达9.8亿美元。1982年，苹果公司在美国《幸福》杂志社全美企业500强评比中排名411位，而到了1983年，苹果公司已经排到了291位。这在硅谷产生的奇迹，被誉为高新技术公司发展的典范，为人们津津乐道。

1980年苹果公司的股票在华尔街首次公开发行上市。当天交易价每股22美元，发行总额为460万股，全部售完，公司融资1.01亿美元，这一打破华尔街融资纪录的数字轰动了整个华尔街。到1983年，第一个投资苹果公司的风险投资家罗克，以5.76万美元购到的股票，市值达到1 400万美元，获得200多倍的投资回报。乔布斯的个人资产达到了2.84亿美元，成为全美最富有的亿万富翁中最年轻的一位。公司的其他职员也分别成了亿万富翁和千万富翁。在普通员工中产生的百万富翁超过了300名。

多数创业者都期望在短期内收获巨额回报，然而，由于创业和经营的困难客观存在，20%~30%的新公司会面临亏损倒闭的残酷现实，存活下来的企业绝大多数表现平平，除了微电子与其他的高技术以外，很难有高回报的机会，像苹果公司一样最终成了气候的企业只有5%。苹果公司的成功体现了风险投资的循环：首先寻觅、筛选找到合适投资对象，接着投入风险资本帮助风险企业发展，最终在盈利后收回投资。

结束语

根据苹果公司的成功经历，我们可以总结以下几点经验：

1. 风险企业的成功离不开良好的外部环境。苹果公司的成功得益于硅谷这个适合苹果这样的电脑公司创业和发展环境。硅谷为苹果公司在开创期获得必要的资源提供了方便。能直接获得配件、材料，能直接销售个人电脑，能直接和风险投资商进行沟通；能直接面向市场，能直接获得技术信息，这是硅谷给苹果公司发展创造的环境，也是苹果公司成功的有利条件。

2. 一个代表产品发展方向的技术创新是风险企业成功的关键。苹果公司成功的一个关键因素是乔布斯洞察了个人电脑的发展方向，并先一步进行了技术创新，取得了商业先机，这是苹果以二人力量取胜IBM等行业巨人的制胜武器。

3. 风险家的综合素质主要表现在勇于创新的企业家精神、敏锐的商业洞察力、行业发展方向的把握以及企业管理能力上。苹果公司开始融资失败，很大程度上是由于乔布斯和沃兹管理知识的缺乏，一个连商业计划知识都不具备的创业者很难吸引到风险投资家。苹果的成功很大程度上要归功于库拉对乔布斯综合素质的培养。

4. 风险企业的成功，必须要有一个缜密可行的商务计划，一方面，商务计划规划公司的未来发展方向；另一方面，也能打动风险投资家进行投资，吸引社会资源和企业一起发展。一个好的商务计划是风险投资成功的一半。

5. 持续不断地创新是企业发展的保证。企业要保持持续的创新就必须吸引优秀的人才，而吸引优秀的人才就需要创造一个适合人才发展的企业文化。苹果公司的成长与苹果公司的企业文化之间息息相关，一个没有等级制度和思想不保守的企业文化，一个激励创新、鼓励冒险的企业文化，吸引各地优秀人才来苹果公司发现和创造个人价值，为公司安装了快速奔跑的发动机。

思考题

1. 风险企业有哪几个主要阶段？各阶段的具体特征是什么？
2. 你认为创办风险企业关键的要素有哪些？
3. 在网络经济时代，网络是创业家的乐园，它不受年龄、收入、教育背景的限制，只要你有想法、有创意，你都可以尝试，同时网络也是风险投资最关注的一个行业，你也极可能获得风险投资家的青睐。如果你要在网络中创业，你觉得应该解决哪些问题？如何解决？可举一实例加以说明。
4. 给你10万元人民币，让你在网络中创业，你会选择怎样的主题？详细说明你的规划。

附录

附录1：Apple I

Apple I 是苹果电脑的第一台原型机，1975年由斯蒂夫·沃兹尼亚克在惠普公司办公室手工打造而成，外观更像打字机，需要连接电视作为显示器，同时功能也有限。史蒂夫·乔布斯提出销售这台电脑，在1976年于加州帕罗奥图的计算机俱乐部上展示。

Apple I 约生产了200台。异于其他"爱好者电脑"的是，Apple I 的购买者在只需自行提供电源、输入设备和输出设备即可使用。目前全球现存约50台外观完整的 Apple I，其中具有工作能力的数量只有6台，因此，Apple I 具有较高的收藏价值，也曾拍出数10万美元的天价，这也是 Apple I 如此受到收藏家重视的原因之一。

附录2：Apple II

Apple II 是基于第一代设计的基础上进行了一些补充和改进。增加了塑料的机箱和彩色显示器，以及一个较大的光盘，更可扩展内存和 8 个扩展插槽，编程更加便捷，硬件水平也更高。

案例教学使用说明

第二次世界大战结束后，美国的风险投资模式逐渐形成。1946 年，惠特尼（John H. Whitney）意识到了风险资本对于战后美国经济发展的重要作用，投资 500 万美元创建了第一家私人风险投资公司 Whitney，该公司如今已发展成为全球最大的风险投资公司之一。惠特尼指出，优秀的创意还需要优秀的团队支撑，由于风险投资的复杂性和高风险性，从业人员必须经过系统化和专业化培训，惠特尼聘请了投资专家来管理风险资金。同年，哈佛大学的乔治斯·杜利奥特和波士顿联邦储备银行的拉福·富兰德斯成立了美国研发公司为科研提供研究资金以支持研究成果的商业化，这是第一家在美国上市的风险投资公司。杜利奥特认为，自产增值只是投资的回报而非风险投资的唯一目的，风险投资公司最重要的作用是创造新的企业和企业家——不仅是为企业家提供资金，还需要在管理方面提供技术性的帮助。作为风险投资家先驱者的亚瑟·洛克明确了有限合伙人和普通合伙人的责任和投资回报范围。他认为投资者若缺乏技术方面的知识则需要与拥有优秀创意的工程师加强合作。

一、教学目的与用途

本案例教学使用说明适用于将此案例应用于《风险投资学》课程中的风险投资项目组织部分的教学，若用于其他教程教学安排则需要将本案例进行相应调整。

1. 适用课程

适用于《投资学》《风险投资学》。

2. 适用对象

金融专业硕士研究生、金融学术硕士研究生以及工商管理硕士研究生。

3. 本案例教学目标规划

风险投资的特殊性，使得风险投资的筹资、投资和收益与一般传统的投资存在明显的差别，形成了自己特有的运作方式。该模式的运转围绕着一个核心：风险资本（风险投资运作的客体）。经历了三个过程：融资过程、投资过程和撤资过程。涉及三个直接参与者：风险资本投资者、风险投资机构和风险企业。风险资本投资者、风险投资机构和风险企业作为风险投资的主体，在风险投资运作中起着主要作用。本案例回顾苹果公司风险投资的最佳实践，围绕着风险资本进入苹果公司的时间点，分析风险资本对高新技术企业成长的巨大作用。同时为热衷于进行风险投资而又大多铩羽而归的中国企业选择什么样的企业进行投资，如何管理风险投资提供有益启示与借鉴。

具体目标分为以下3个：

（1）基于美国风险投资的发展历程，说明风险投资的内涵与作用，使同学们理解风险投资与一般投资的不同。风险投资可以促进资源的优化配置：

引导社会资金流向成长性好、资金需求强烈的高技术企业；加快了科技成果的转化速度，促进技术进步；推动了高技术企业的迅速成长：硅谷奇迹，成功企业如康柏、戴尔、太阳、苹果、微软、雅虎等；同时还创造了更多的就业岗位。基于大拇指定律（风险投资 1 年投资于 10 家风险企业，经过 5 年左右，只有一家能成功上市并在上市后市值大幅度增长，给投资方带来巨额回报）使同学们认识到风险投资的高风险、高回报、规模大、专业化的特征。

（2）基于苹果公司的发展，识别风险企业与一般企业的区别。风险企业是指风险投资的投资对象，也就是接受风险资本的企业，主要是指正在用最新的技术和方法研究开发和生产新产品的中小型企业，甚至是微型企业。根据苹果公司的不同发展阶段，解读风险企业不同发展阶段的特点和风险。同时该案例也解读了风险企业的设立、经营和规划。

（3）基于苹果公司的成功上市，探讨风险企业应该如何吸引风险投资家的投资，并且对商务计划书的制作展开学习。

二、涉及知识点

在现代经济及社会中，投资是社会经济活动的一个重要组成部分，也是推动国民经济增长的主要动力之一。所谓的投资就是将一定的经济资源投入到某一项生产和服务过程中，获取一定收益的经济行为。任何一项投资都是有风险的，获得的收益都是不确定的。投资一般传统的项目，其风险相对较小，风险报酬也相对较低，具有低风险、低收益的特点。而投资于一些新型的高科技项目，其风险就很大，原因在于：如果因为产品的市场需求、产品的生产技术等方面导致对高科技产品的投资失败，就会给投资者带来巨大的损失，从而产生较高的风险。这种高风险的投资，相应要求较高的风险报酬，因此把这类投资称为风险投资。苹果公司的案例涉及《风险投资运作》课程的风险投资运作原理和风险投资运作要素，具体有以下几个知识点：

1. 风险投资概述。重点内容包括：风险投资和投资风险的概念、风险投资的功能和作用、风险投资在国内外的发展。

2. 风险投资运作的基本原理，主要内容包括：风险投资运作的主客体关系、风险投资的运作流程和内在机理、政策体系及中介服务机构体系对风险投资的支持作用。

3. 风险投资的风险管理，主要内容包括：风险和投资风险的类型、风险投资中风险的识别和计量风险投资过程中的风险防范。

4. 风险企业，主要内容包括：风险企业的四个发展阶段及其特征、风险企业的设立、风险企业的规划。

5. 风险投资机构，主要内容包括：风险投资机构的类型、特点与作用，风险投资机构的融资策略、组织结构，风险投资机构的发展机制。

三、要点分析

从苹果公司的发展中我们能总结出风险投资的循环：首先寻觅、筛选找到合适投资对象，接着投入风险资本帮助风险企业发展，最后通过转让、上市等手段获取利益后收回投资。

美国风险投资家达维德·格兰斯通提出：风险资本家在投资时主要考虑因素有公司长期计划和财务状况，市场对于该企业产品的需求，企业家的管理能力，以及投资是否能够盈利这几个方面。

有潜力的技术是吸引风险投资家投资的重要前提。被投资公司最好是新行业，若被投资公司为已有行业，则其技术须具有革命性的进步。马克·库拉着眼于 Apple 的知识产权 —— 开拓微机市场的技术发明，建议沃兹和乔布斯规划长期业务计划，为公司的组建提供资金，同时在技术方的帮助下选派管理人员，使自己对于公司的运营管理有着更加及时、准确的了解。

明晰的产权结构是风险企业发展的基础，可以提高企业的资源配置效率，降低财产转移和保护成本。根据新制度经济学理论，"如果市场交易成本不为零，则合法产权的初始分配决定了经济体系的效率"。库拉的投资占苹果公司股份的30%，而技术方面的知识股份额通常高达60%～70%，这种产权结构可以充分发挥技术人员的潜力，这在美国的风险投资中较为常见。

风险投资家强调对于优秀创业人才的投资。惠特尼说过："好的点子一美分一打，好的人才太少了"，由此可见优秀创业人才对于风险投资者的重要性。投资前，风险投资者会考虑企业家的经历、意志、想象力和敬业精神，他们相信优秀的企业家应具备学习能力，能将失败经历转化为通向成功的积累。同样地，在这个过程中风险投资家也在学习，对风险投资的理解加深，从而形成良性循环。由于风险企业在初创期面临着各种各样的风险，这些风险中有很大一部分是可以度量并通过某些途径加以控制的，而风险投资家更偏向于规避风险，因此会选择有胆量且头脑清醒的企业家进行投资。而乔布斯的冷静头脑和大胆的决策能够在控制风险的前提下带来极大增值，这也为初创的苹果公司寻求投资带来了一定的便捷。

根据熊彼特的"创造性破坏"理论，经济创新是改变经济结构的创造性破坏过程。苹果公司在发展的过程中不断调整结构、优化管理和制度以降低管理、交易成本，不断拓宽业务范围，革新技术以研发新产品，从制造微机到开发 iMac 电脑，再到如今的智能手机行业，苹果公司并没有仅仅局限于 PC 市场，而是通过巨额投入创新新产品，淘汰旧的技术和生产体系，这种不断的投入和创新是苹果公司能够在如今瞬息万变的市场上持续发光发热的重要原因。

此外，乔布斯和沃兹奈克知人善用，不被传统的规章制度所束缚，这种反传统的风险创业吸引了许多有才能的年轻人，这也使得苹果拥有较其他企业更强的冒险精神。

四、课程安排

本案例可作为专门的案例讨论课进行，课堂时间控制在 80~90 分钟，课堂计划建议如下：

课前计划：提出启发思考题，请学生在课前完成阅读和初步思考。

课中计划：

课堂前言（2~5 分钟）简单扼要、明确主题；

分组讨论（30 分钟）发言要求：准备发言大纲；

小组发言（每组 5 分钟）幻灯片辅助，控制在 30 分钟；

引导全班进一步讨论，并进行归纳总结（15~20 分钟）。

课后计划：学生查找苹果公司的相关信息资料，尤其是近期信息，写出案例分析报告（1 000~1 500 个字）；明确具体的职责分工，为后续章节内容做好铺垫。

在课堂上讨论本案例前，要求学生阅读案例并对案例启发思考进行回答。具备条件的还要以小组为单位对如下案例启示题目进行讨论。本案例的教学课堂讨论提问逻辑为：

1. 风险投资区别于一般传统投资的本质特征是什么？

2. 苹果公司的风险投资的运作中涉及了哪些主体？他们在运作过程中各自起到了什么作用？相互之间有什么关系？

3. 风险投资运作的过程包括哪些阶段？各阶段的基本功能是什么？

4. 风险企业有哪几个主要阶段？各阶段的具体特征是什么？

5. 在网络经济时代，网络是创业家的乐园，它不受年龄、收入、教育背景的限制，只要你有想法、有创意，你都可以尝试，同时网络也是风险投资最关注的一个行业，你也极可能获得风险投资家的青睐。如果你要在网络中创业，你觉得应该解决哪些问题？如何解决？可举一实例加以说明。

铜陵精达引入中关村青年科技创投

刘 骅[①]

一、我国风险投资的发展

20世纪80年代，风险投资才逐渐在我国出现，但是那时全球的技术革命已悄然兴起。美国硅谷和风险投资的发展直接推动技术革命的进程，这使得技术革命直接影响发展。正是在这个发展时期，1985年国务院颁布《中共中央关于科学技术体制改革的决定》，从此以后，风险投资才逐渐走进公众的视野，并且有了政策的依据。但是毕竟中国的风险投资发展处于起步阶段，并没有相对完善的发展机制，因而导致发展相对来说比较缓慢。

1995年国务院《关于加速科技进步的决定》和1996年国务院《关于"九五"期间我国科技体制改革的决定》中明确强调了风险投资，政策上的引导直接导致各界对风险投资的考察、调研、尝试等进入狂热时期。同年《中华人民共和国促进科技成果转化法》颁布实施，进一步推动我国风险投资的发展。在政策的推动下，风险投资公司如雨后春笋般涌现出来，统计资料显示，全国大多省市已开始创办各种信托公司，且具备一定的投资能力。风险投资得到迅速发展，各地政府也出台激励政策，风险投资慢慢在中国发展起来了。

1998年，知识经济出现于中国国内，许多有识之士认识到风险投资的作用。在同一年的"两会"上，民建中央提出的《关于尽快发展我国风险投资事业的提案》被列为"一号提案"。1999年8月全国技术创新大会的召开以及《中共中央 国务院关于加强技术创新，发展高科技，实现产业化的决定》的实施，使得国内重新审视科技革命，正确看待科技革命带来的机遇与挑战，这对于我国风险投资的发展有着重要作用。

---

① 刘骅（1978—），男，湖北武汉人，管理学博士，南京审计大学投资学副教授，研究方向为金融审计与监管。

知识、技术、高新科技创新已经成为各国发展的核心。美国一直重视科技的发展，认为科技带动经济的发展；日本则直接提出科技立国；欧盟也将科技产业化作为发展的重心。从已知的数据来看，发达国家科技进步对经济增长贡献较大，科技进步占经济增长的50%以上，而我国则只有不到30%。我国专利技术也在不断增加，每年大约2万项，省部级以上科研成果2.5万多项，但是转化成商品的则很低。我国要想成为经济强国，就一定要注意科技创新的发展，也必须加快科技的产业化速度。风险投资在市场上对于科技创新有着极大的推进作用，对国家战略的实施更有重大意义。

二、公司和行业背景

北京中关村青年科技创业投资有限公司（以下简称"中青投"）是由多家公司组建的，其中有北京中关村科技发展股份有限公司、政府部门的中华人民共和国科学技术部火炬高技术产业开发中心等。由此可见国家对于创新投资的重视程度。该公司主要是"孵化器＋风险投资"的投资模式，该模式也是首次用于中国，在国内起到一定的示范作用。该创投企业也与国外知名金融投资机构建立了合作关系，以推动国内风险投资的发展。

铜陵精达股份有限公司，是以铜陵精达铜材（集团）有限责任公司为主发起人，并且经众多投资人的投资，最终才得以建立的股份有限公司。公司是典型的高新技术产业及国家重点技术改造项目承担单位。

"中青投"在国内首批就对铜陵精达特种电磁线股份有限公司进行投资，该项目进过投资公司长期调查，最终得以投资，在投资后取得很好的成果。对于像"中青投"这种投资企业来说，对项目的评估会更加谨慎，在投资项目之前，一般经过如下过程：

第一步，首先接收项目，接收后对该公司先进行初步了解，其中包括进行实地调查和简单的初步审核。对公司管理及负责人进行评估。从管理角度来看，风投的第一步是选人。

第二步，行业背景研究。从行业的各个方面来了解行业的起源、发展与历史，并对行业有一个全面的了解，但是行业的研究不能脱离拟投资企业的实际情况，否则只是空谈。在对行业背景的研究中尽量发现潜在的投资机会。

第三步，项目初步讨论。项目的讨论形式众多，并不局限于某种形式，一般的形式主要有电话会议、邮件或者现场会议等。

第四步，公司层面讨论并立项。对于可能投资的项目，风险投资企业要更加谨慎，对企业做更加全面的信息调查并做行业分析，在一定的时间内交由公司继续讨论。公司层面讨论且立项的项目，再一次进行尽职调查。项目讨论时，对项目做全面的分析，不能只顾短期利益，要注重长远利益，要进一步了解市场的变化、政策的变化及市场占有情况，分析市场可能的风险，对需求做出预测，合理评估该项目的市场投资价值。

第五步，尽职调查。尽职调查主要是进一步了解项目，了解项目可能存在的风险点。其内容主要有：业务、财务、法律等方面的尽职调查。对财务的尽职调查，顾名思义是对企业的经营进行调查，需提供财务报表，以供财务人员进行必要的评估。

第六步，投资决策。上面的步骤结束后，公司层面认为可以投资的项目，则由项目组完成《投资建议书》，并将建议书提交给董事会，由董事会讨论做出决策。项目投资额的大小则由具体项目本身决定，其项目承担单位要有详细的财务细则，并制订财务计划。财务计划的总投资额要处于可以承受的范围之内，并保障资金的来源渠道畅通，目的是分散风险。

第七步，动态跟踪管理。项目管理员要接收《企业周报》，参加重要会议、定期访谈等，并完成《季度报告》及《年度报告》。

第八步，动态跟踪企业。在企业的发展中，项目组要不停地关注其发展情况。并在最终投资退出后形成《项目总结报告》。

三、"中青投"对"铜陵精达"的评鉴

经过"中青投"对"铜陵精达"的初步调查，"中青投"发现其优势在于：

1. 管理团队比较优秀，具有专业知识以及管理经验。管理团队对于一个企业的发展具有重要作用，其直接影响企业未来发展态势。"铜陵精达"虽为国有企业，但是国家对其投入的资金并不多，看其发展历程发现，该企业主要依靠贷款发展起来的。经历多年的摸爬滚打，该企业已具有一定的市场份额，并用产品成功占领市场。该企业由小企业发展成为如此规模的成熟企业，锻炼了企业管理层的管理能力，这也说明管理层具备一定的领导能力。该公司的管理层直接参与企业的核心科技研发，这在国有企业中很少见。

2. 产品具有较高的技术含量。该公司具有自己的核心技术，公司的技术是总经理与科研人员不懈努力的结果。该企业具有自己的知识产权，并且该技术始终处于国内领先，有些技术甚至达到了国际水准。其产品更是获得多

项国家授予的荣誉称号。

3. 产品性能良好。该公司始终以产品性能占据市场主导地位，产品质量稳定，拥有优异的热稳定性、耐化学性能、耐冷冻剂性能及较高的机械强度和电气性能等。

4. "铜陵精达"是国有企业，近几年发展势头良好，并处于不断盈利阶段，这使得上市成为可能。

5. 公司内部管理较强，并将成本控制在较低水平。近年来，公司通过ISO 9002—2000质量体系的认证，公司并没有因为眼前的荣耀而放松管理，反而管理层正在开始5S管理活动，以加强预算的监督与管理。这使得企业管理更加完善，且趋同于国际管理水准。此外，公司也在加大与国外企业的合作力度，吸取国外先进的管理经验，并进一步注重成本的控制，使企业更好地迎接挑战。

6. 市场占有率高，且市场前景良好。随着家电下乡等各种政策的推动，家电的销售额逐年攀升。"铜陵精达"产品质量较好，品牌过硬，迅速占领大量的市场份额，使公司成为专业的提供商，市场并未饱和，因而也具有良好的市场发展前景。

7. 经营稳健，客户稳定，业绩持续稳定增长。企业产品质量良好，为企业赢得一定的知名度，在公司进行规模化生产之前，企业就已经具有一定的客户忠诚度和知名度。因而企业销售回款很快，现金流充裕，企业经营状况较好，盈利较多，企业发展呈上升趋势。

当然，"铜陵精达"也存在某些方面的不甚完美，概括起来主要是：

1. "铜陵精达"尽管发展较好，但毕竟是传统行业，并不会像现在的高新技术企业那样得到迅速发展。

2. "铜陵精达"是典型的家电行业，进入该行业门槛并不高，因而行业中有众多竞争者，使得竞争较为激烈，这也使得企业无法像垄断企业一样获得垄断利润，最终导致产品的毛利率并不高。

3. 潜在的国外厂商竞争威胁。现在看来该企业虽然还具有一定的成本优势，随着我国人口老龄化的加重，劳动力红利也将逐渐消失，且国外的企业完全可以直接在国内设厂，以降低成本，这将导致竞争更大，如果企业无法取得技术上的突破，将难以在市场上立足。

在对"铜陵精达"进行初步调查时"中青投"得到上述信息，因而又开始做下一步的调查。

首先，创投公司为确定其产品的优劣程度，实地考察了北京、上海、广州、成都、武汉、西安、沈阳等全国主要电缆线市场，最后通过市场调查确定其产品质量过硬，有一定的竞争力，同时"铜陵精达"公司市场占有率很高，具有专业的生产技术，有明显的规模效应。

其次，创投企业实地调研了该企业的销售情况，对销售情况有了更加详细的了解，证实该企业确实具有较为完善的销售渠道以及销售计划，通过对比不同年份的销售情况，可以看出该企业近几年的发展速度相对较快。

此外，他们深入公司基层，与基层员工进行访谈，通过访谈发现该企业员工对公司前景充满期待，更看好公司的发展。

为了进一步确定调查的真实性，创投公司还咨询了相关技术的管理部门，得知该行业的标准正在制定中，标准的制定一定会提高该行业的准入门槛，这对于有一定规模的企业是一个好的信号，行业将更具有系统化，企业利润有可能进一步得到提高。

四、投融资双方的沟通与共识

经过上述调查和核实，"中青投"的投资项目组再次和"铜陵精达"的管理团队进一步地协商与沟通，最后就项目的相关信息达成共识：

1. 项目的发展很具有市场实力，市场还可容纳大量的相关项目存在，这表明该产品具有一定的市场潜力。

2. 正在制定的行业标准将会有利于大型企业的发展，且该标准即将通过，该项目进入门槛低。

3. 国外厂商也具有一定的潜在威胁，但是国外厂商的市场定位不同于国内，国外的厂商主要面向高档需求人群，制作的产品价格较高，在国内销量较少。此种情况下，国内市场发展并不成熟，国外厂商即使想投资也没有合适的投资场所。相反地，事实表明国外厂商大多选择与大型企业进行合作，为将来进一步进军国内市场做好铺垫。退一步来讲，即使国外厂商在中国投资，也不会是现在的事情，也会是以后的事情。到国内市场完全成熟的时候，"铜陵精达"也已经发展起来了，拥有一定的产品优势，拥有忠实的客户群，在完善的市场中将有更大的发展空间。

4. "铜陵精达"在市场中具有一定的竞争优势，该企业比较重视产品的技术研发、产品的管理等方面，因而具有一定的研发实力，并在成本控制、销售等方面具有一定优势。

5. 在双方合作中，其中合作成功的一个重要原因就是诚信。诚信与创新是企业发展的必备条件。经过具体的调查发现，该管理团队具有这个优势，因而就具有合作的基础。该企业的创始人拥有丰富的管理经验与优秀的管理团队，在公司发展中作出过重大贡献，且拥有较高的威望，国家还授予其多个荣誉称号。

结束语

市场经济下，每一个投资者都是理性人，都关注自己的利益，关注投资的风险与回报。具体的风险类型包括技术风险、市场风险、财务风险和管理风险。对于风险的分析主要从两个方面进行，即"市场与管理"，通过对上述案例的分析可以看出，"中青投"在做风险投资的决策之前对风险企业进行多轮实地调查与分析，在调查中发现"铜陵精达"已在市场上发展多年，拥有完备的管理体系和执行力极强的领导者，成本控制有力，管理团队经验丰富，近几年经营状态良好。此外，创投企业还对其子项目进行逐个分析，这一点对中国创投企业有一定的借鉴意义。创投企业也了解到"铜陵精达"是典型的传统企业，没有高新技术企业的发展前景，但是该企业在产品技术等方面发展较好，在市场上具有一定的竞争力。该企业市场前景较好，具有投资价值。

从案例还可以看出："铜陵精达"是由北京中关村青年科技创业投资有限公司、安徽省科技产业投资有限公司、合肥市高科技风险投资有限公司等共同发起成立的，说明有多家企业可以为其提供一定的服务，任何一个风险投资者都希望风险投资企业尽可能地降低风险，使风险处于可控的范围内，战略伙伴的加入是分散风险的一个好办法，一方面，战略伙伴在进入前，一定会仔细考察公司项目，检查项目存在的纰漏，以减少项目失败的可能性；另一方面，战略伙伴需要投资资金，减轻投资者的负担，降低投资者的风险。

思考题

1. 简述风险投资机构运作的一般程序。
2. 风险投资机构筛选风险企业作为投资对象主要有哪些标准？
3. 风险投资的投资决策与一般项目投资的决策有哪些不同？
4. 简述风险项目管理的原则。
5. 风险投资机构在对风险投资企业实施管理的过程中，能够限制企业家行为的条款有哪些?

6. 请举例说明风险投资机构能为企业提供哪些增值服务?

7. 影响风险投资机构参与风险企业的因素有哪些?

8. 试对IPO/股份出售、股份回购这几种风险投资的退出方式进行比较,说明各种方式的优缺点。

9. 结合案例,分析影响风险投资机构进入和退出时机选择的微观影响因素有哪些?

10. 结合案例和我国现实状况,分析我国风险投资进入与退出方式如何选择。

附录

国内活跃的风险投资机构

1. 软银中国

软银中国创业投资有限公司(SBCVC)成立于2000年,是国内外发展比较好的风险投资基金,其知名度也很高。软银中国主要是在中国寻找优秀的创业者,该创投与创业者一起缔造世界知名企业。软银中国在不断的发展过程中,已经拥有丰富的投资经验,且有很多投资成功的案例。该创投团队不仅给予创业者资金支持还给予企业运营方面的经验,以帮助企业获得成功。

软银中国在中国投资最成功的要属阿里巴巴,因而在中国名声大振,由于阿里旗下的支付宝问题,使得软银迅速登上头条,引起国内外关注。软银中国主要投资于高新技术企业,其具有雄厚的资金,主要涉足互联网领域。在国内的投资主要有阿里巴巴、千橡集团等。

2. 邦盟汇骏集团(BMI)

邦盟汇骏是著名的金融服务供应商,成立于1995年,管理超过300亿元的资金,为全国大量的上市公司及非上市公司提供专业的服务。邦盟汇骏不仅为企业提供风险投资,还提供了一定的增值服务,投资后的支持服务使其不同于其他的创投企业,并屹立于市场之中。

近年来,其发展重点也在不断变化,由国外逐渐转到国内,其为361度、中国信贷等中国企业提供了一定的投资支持。

3. 红杉资本中国基金

红杉资本是比较出名的风险投资企业,1972年在美国硅谷成立。红杉中国是中国大多创业者身后的支持者，为众多创业者提供梦想成功的舞台。在红杉资本的发展中，其投资了如 Apple、Google、Cisco、Oracle、Yahoo、Linkedin 等具有领导潮流的企业。在中国，红杉资本主要投资于高成长企业。红杉资本的投资团队拥有丰富的投资经验，多年在中国的投资经历中为其提供了本土投资经验且又具有国外先进的管理方式，拥有国际视野，从成立至今，已成功投资各个领域高成长的企业。

4. IDG 技术创业投资基金

IDG 资本（IDG Capital Partners）成立于 1993 年，在香港、北京、上海、广州、深圳等地均设有办事处。IDG 资本在中国投资了大量的优秀企业，有着丰富的投资经验。IDG 资本在中国还没有正式的风投机构时，就已进入中国市场，因而成为风投的领导者。该风投不只为企业投资资金也为创业者提供增值服务。IDG 资本在科技、医学、财经等方面具有一定的风险投资经验，也具有大量的成功投资案例。IDG 资本更厉害的在于其与创业者有着广阔的联络，在合作上也更加紧密，对投资企业始终保持强有力的支持。IDG 资本的目标就是与创业者一起打造世界一流技术企业。

案例教学使用说明

2002 年 8 月 28 日，北京中关村青年科技创业投资有限公司（以下简称"中青投"）投资的铜陵精达特种电磁线股份有限公司（以下简称"铜陵精达"）在上海证券交易所正式发行股票，发行价 9.9 元，当该企业股票一经上市就受到社会各界的广泛关注和热烈追捧。2019 年 9 月 11 日公司股票在上交所成功上市交易，开盘价 21.47 元，收盘价 23.18 元，当日收盘涨幅高达 134.16%。该公司是"中青投"投资的首批登陆国内主板市场的风险投资项目之一，是"中青投"经过长期调查、专家论证、投资决策、协议谈判等风险投资项目规范化运作后，正式进行投资，最终取得的圆满结果。分析该案例，可以看出我国风险投资发展中存在的弊端及可以进一步完善的方向，提高我国风险投资的成功概率，促进我国高新科技的发展。

一、教学目的与用途

本案例教学使用说明是以将此案例应用于《风险投资学》课程的教学为基础撰写的，如将本案例应用于其他课程教学安排需要做相应调整，本案例使用说明可做参考。

1. 适用的课程

本案例适用于《风险投资学》《投资学》。

2. 适用的对象

本案例适用对象包括金融专业硕士研究生、金融学术硕士研究生和工商管理硕士研究生。

3. 本案例教学目标规划

我国的一些早期的风险投资公司以模仿美国为基础，并不断在中国的市场上积累经验，以应对中国市场。在发展过程中也逐渐发现美国的模式并不适用于中国市场，因而不能只是简单复制。在中国发展的一些风投企业逐渐弃用美国模式，在投资上结合中国国情，形成了更具有主观性的中国式创投模式。风险投资企业在做决策时首先参考相关的行业研究，因而导致其投资具有一定的偏好，这对于投资企业来说是不利的，对于创业者也是不公平的。在定价方面更多依赖于投资经理的经验与直觉，这种主观性也加大投资失败的可能性。其次，管理水平不高，亟待提高，为创业者提供增值服务的能力有待加强。最后，创业投资的退出机制不畅通，当IPO无法进行时，退出方式的选择则成为创投企业面临的问题。

具体教学目标分为以下3个：

（1）基于北京中关村青年科技创业投资有限公司对铜陵精达公司的评价，说明风险投资公司对风险投资项目的评估过程，主要包括：管理团队研究、行业背景研究、项目初步讨论、公司层面讨论并立项、尽职调查、投资决策、动态跟踪管理、动态跟踪企业八个部分。

（2）基于铜陵精达公司的发展，解读风险企业在种子期、成长期与成熟期的特点和风险。同时分析中青投的退出机制，了解我国现有的风险投资退出机制。

（3）从中青投对铜陵精达的投资案例，引发同学们对我国风险投资环境、风险投资机构的思考与调查，分析目前国内最吸引风险投资家的风险项目。同时对比美国的风险资本来源、风险投资领域的不同，探求我国风险投资的发展趋势。

二、涉及知识点

风险投资为高新技术企业的成功提供可能性。在各个国家的发展中，高新技术企业的成功都离不开风险投资的支持。特别在英美等国风险投资对高技术企业的发展起到巨大的推动作用。我国的风险投资虽然发展缓慢，但是也取得了一定的成就,与发达国家相比仍有一定的差距,我国的风险投资业必须从管理、资金的投资等各个方面来完善自己,并不断总结国外风投机构成功的案例,吸取经验并用于中国企业的风险投资,这对我国创新企业的发展将具有巨大的推动作用。"中青投"投资铜陵精达的案例涉及《风险投资运作》课程的风险投资运作要素和风险投资运作机制,具体有以下几个知识点:

1. 风险企业,主要内容:风险企业的发展阶段及各个阶段的特征与存在的问题、风险企业的设立、风险企业的规划。

2. 风险投资机构,主要内容包括风险投资机构的类型、特点与作用、风险投资机构的融资策略、风险投资机构的组织结构、风险投资机构的发展机制。

3. 风险资本,主要内容包括:风险投资结构、资本来源等模式和合理化标准、我国风险资本的构成。

4. 风险企业的投资运作,主要内容有:风险企业风险投资运作的一般程序、风险企业融资的主要过程、商务计划书设计等。

5. 风险投资机构的风险投资运作,主要内容有风险投资机构的一般运作程序、决策的特点、管理、退出机制、评估的特殊性、评估的指标体系、评价的决策分析方法。

6. 风险投资运作的政策与法律,主要内容有风险投资机构设立、对外投资、退出的政策与法律规定、最后是对风险投资的支持与监管的政策与法律规定。

三、要点分析

通过对"中青投"投资"铜陵精达"的案例进行分析,我们首先可以获得以下两方面的经验。

对于资本的考察可以通过如下方式:(1)阅读投资建议书,首先考察项目是否符合投资的最低标准,并调查项目整体的情况,对项目的管理、产品等情况进行细致的调查。(2)进一步与相关行业的企业家进行沟通,考察影响项目成功与否的管理因素。(3)了解参与风险企业经营情况的相关人士,从侧面了解企业更加详细的情况,以对比企业提供信息的准确性。(4)技术、市场、竞争分析。这主要看投资经理自己的投资经验来判断市场的竞争情况,并对企业做进一步的了解。(5)商业模式和融资分析。根据得到的信息综合考虑风险企业各方面的情况,对企业的各方面进行分析,特别是涉及现金流的方面。(6)检查风险企业,对企业的财务情况及法律事务进行调查。

风险投资者都希望将风险控制在一定范围内，并尽可能地降低风险，而寻找合作伙伴可以有效地降低项目的风险。因为，一方面合作伙伴在进入项目之前一定会从各个方面考察项目的可行性，以减少项目中存在的纰漏；另一方面，合作伙伴在进入项目时带来一定的资本，缓解投资者的资金压力，同时降低投资者的风险。

　　市场经济下，每一个投资者都是理性人，都关注自己的利益，特别注重自己的投资回报与风险可控。具体的风险类型包括技术风险、市场风险、财务风险和管理风险。对于风险的分析主要从两个方面进行即"市场与管理"，通过上述案例的分析可以看出，"中青投"在做风险投资的决策之前对风险企业进行多轮实地调查与分析，在调查中发现"铜陵精达"已在市场上发展多年，拥有完备的管理体系和执行力极强的领导者，成本控制有力，管理团队经验丰富，近几年经营状态良好。此外，创投企业还对其子项目进行逐个分析，这一点对中国创投企业有一定的借鉴意义。创投企业也了解到"铜陵精达"是典型的传统企业，没有高新技术企业的发展前景，但是该企业在产品技术等方面发展较好，在市场上具有一定的竞争力。该企业市场前景较好，具有投资价值。

　　从案例还可以看出："铜陵精达"是由北京中关村青年科技创业投资有限公司、安徽省科技产业投资有限公司、合肥市高科技风险投资有限公司等共同发起成立的，说明有多家企业可以为其提供一定的服务，任何一个风险投资者都希望风险投资企业尽可能地降低风险，使风险处于可控的范围内，战略伙伴的加入是分散风险的一个好办法，一方面，战略伙伴在进入前，一定会仔细考察公司项目，检查项目存在的纰漏，以减少项目失败的可能性；另一方面，战略伙伴需要投资资金，减轻投资者的负担，降低投资者的风险。

四、课程安排

　　可以对本案例做专门的讨论，如下是按照时间进度提供的课堂计划建议，仅供参考：

　　整个案例讨论的时间可以控制在 80~90 分钟。

　　课前计划：请学生在上课之前完成案例的阅读与初步的思考，并对相关案例多做思考。

　　课中计划：

　　课堂前言（3~5 分钟）简单扼要、明确主题；

　　分组讨论（30 分钟）发言要求：准备发言大纲；

小组发言（每组5~8分钟）幻灯片辅助，控制在30分钟；

引导全班进一步讨论，并进行归纳总结（15~20分钟）。

课后计划：请学生收集相关的风险投资信息与案例，并对案例进行分析，且有自己的思考，并对收集的信息进行深入思考，或写出案例分析报告（1 000~1 500个字）；如果对案例有兴趣，可以组成小组，进行更加深入的讨论，建议联系企业相关负责人，进行深入研究。明确具体的职责分工，为后续章节内容做好铺垫。

在课堂上讨论本案例前，应该要求学生至少读一遍案例全文，对案例启发思考进行回答。具备条件的还要以小组为单位围绕着所给的案例启示题目进行讨论。本案例的教学课堂讨论提问逻辑为：

1. 简述风险投资机构运作的一般程序。
2. 风险投资机构筛选风险企业作为投资对象主要有哪些标准？
3. 风险投资的投资决策与一般项目投资的决策有哪些不同？
4. 简述风险项目管理的原则。
5. 风险投资机构在对风险投资企业实施管理的过程中，能够限制企业家行为的条款有哪些？
6. 请举例说明风险投资机构对风险企业提供的增值服务有哪些？
7. 影响风险投资机构参与风险企业的因素有哪些？
8. 试对IPO/股份出售、股份回购这几种风险投资的退出方式进行比较，说明各种方式的优缺点。
9. 结合案例，分析影响风险投资机构进入和退出时选择的微观影响因素有哪些？
10. 结合案例和我国现实状况，分析我国风险投资进入与退出方式如何选择。

其他相关说明及附件：

表1　　　　2003—2011年我国风险资本来源细分结构　　单位：亿元，%

年份	政府	金融机构	非金融类企业	个人机构	其他
2003	26	6	52	11	5
2005	32	15	46	3	4
2006	33.60	13.00	44.90	5.70	2.70
2007	24.13	7.88	53.53	10.46	4.00
2008	25.24	10.65	39.70	19.28	5.13

续表

年份	政府	金融机构	非金融类企业	个人机构	其他
2009	29.64	14.44	32.75	17.73	5.44
2010	379.44	195.39	431.15	220.68	96.5
	28.68	14.77	32.59	16.68	7.29
2011	282.44	309.51	332.11	220.68	42.96
	23.78	26.06	27.96	18.58	3.62

数据来源：《2012年中国风险投资年鉴》《2011年中国风险投资年鉴》。

表2　　2003—2011年美国风险资本来源细分结构

单位：百万美元，%

年份	金融机构	非金融类企业	个人机构	其他	合计
2003	9.20	5.07	84.82	0.91	100
2004	8.39	4.68	85.88	0.87	100
2005	8.17	4.51	86.58	0.74	100
2006	4.25	7.06	87.99	0.69	100
2007	5.99	3.46	89.86	0.68	100
2008	3.86	2.05	93.47	0.62	100
2009	3.68	1.75	94.22	0.36	100
2010	7 038	3 816	174 498	635	185 987
	3.78	2.05	93.82	0.34	100
2011	10 079	5 086	184 609	588	200 363
	5.03	2.54	92.13	0.29	100

数据来源：《Pricewaterhouse Coopers/NVCA. MoneyTree TM Report》。

表3　　中美2001—2010年风险投资总额比较　单位：百万美元，%

	2001	2002	2003	2004	2005	2006	2007	2008	2009	2010
美国	37 626	20 737	18 789	21 699	22 535	26 010	29 901	28 105	18 276	21 823
中国	518	418	992	1 269	1 173	1 777	3 247	4 210	2 701	5 387
美/中	72.64	49.61	18.94	17.09	19.21	14.63	9.20	6.68	6.76	4.05

数据来源：1. NVCA, 2010 Yearbook, 2011.03. 2. 清华研究中心, 2011.02。

"东台模式"：农民资金互助合作社的发展和风险

卢亚娟　舒逸云[①]

一、引言

改革开放以来，我国经济发展迅猛，近十年的 GDP 增速始终保持在较高水平，而农村经济的发展却受到资金不足的严重制约。受信息不对称、农业弱质性等因素的影响，农商行等农村正规金融机构通常不愿意向农民提供贷款。在市场化的大环境下，农村金融机构更是将利益最大化作为主要目标，离农、弃农倾向明显。但正是农村金融供需矛盾的存在，促进了农村金融创新实践活动的发展，以农民资金互助合作社为代表的农村资金互助组织也应运而生。

2006 年，"中央一号文件"明确要求各级政府积极引导农民资金互助组织的发展；2006 年 12 月，银监会印发《关于调整放宽农村地区银行业金融机构准入政策若干意见》，批准设立包括农村资金互助社在内的三类新型农村金融机构；2007 年，银监会宣布放宽农村金融机构准入政策，将 6 个省（直辖市、自治区）的试点范围扩大到 31 个，同时出台《农村资金互助社示范章程》等文件，规范和引导农村资金互助社的发展。截至 2012 年 6 月末，全国拥有金融许可证的正规资金互助社仅 49 家，而乡级、村级农民资金互助合作社的试点工作却在农委等部门的推动下如火如荼地开展。到 2013 年末，全国范围内成立了超过 5 000 家农民资金互助合作社。2014—2016 年，中央一号文件均提出要发展新型农村合作金融组织，加快农村金融体系改革，发展普惠金融。在政府的鼓励和支持下，我国农民资金互助合作社快速发展，为缓解农村金融供需矛盾、促进农民增收发挥了积极作用。

在江苏省，农民资金互助合作社同样经历了高速发展的 12 年。2005 年，

[①] 卢亚娟（1966—），女，江苏宜兴人，南京审计大学金融学教授，管理学博士，研究方向为区域金融；舒逸云（1993—），女，江苏常州人，中信银行南京分行，研究方向为区域金融。

"东台模式"：农民资金互助合作社的发展和风险

盐城市硕集镇的5位农民为解决短期资金融通问题，自发成立了"富民资金互助合作社"，在合作社内部开展资金融通活动，成为江苏省第一家农民资金互助合作社。随后，盐城市农委总结富民资金合作社的发展经验后，在盐城亭湖区便仓镇开设农民资金互助组织的试点，并进一步在全市推广。2006年，中央一号文件明确要求引导农民发展资金互助组织，江苏省以泰州、南京为代表的其他设区市也先后启动试点工作。在随后的几年中，国家和江苏省地方政府相继出台若干指导意见，规范农民资金互助组织的发展。截至2016年9月末，江苏省共审批设立350家左右农民资金互助合作社，股金总规模达104.76亿元，吸收农户社员约47.59万户。其中，盐城市的资金合作社数量最多，有139家；其次是泰州市49家，接下来是徐州市46家，南京市33家。

近几年，尽管江苏省农民资金互助合作社的组织运行逐步趋于平稳，日常经营管理更加规范，但是其中也伴随着许多风险事件的发生。2012年10月，连云港市灌南县4家农民资金互助合作社涉嫌挪用1.1亿元存款，导致无法正常兑现2 500多名储户的存款。2013年，南京高淳区砖墙镇农民资金互助合作社被公安机关立案调查，该资金合作社利用高利息吸引了大量存款，涉及300多名储户，共计3 200万元资金无法兑付。同年2月，盐城市新洋合作社因无法兑付到期存款引发老百姓集中挤兑，当地其他几家资金合作社先后被波及，在储户的疯狂挤兑中接连倒闭。这些事件的发生均在当地引发了小范围的金融恐慌，一定程度上阻碍了农民资金互助合作社的发展脚步，也引起了人们对资金合作社风险的重视。

相较于连云港、盐城、南京等地区农民资金互助合作社跑路、倒闭事件频发的现象，东台市的资金合作社的运营状况常年保持良好，至今未发生过任何严重违规或资金安全事故。经过十年的试点实践，"东台模式"为促进当地农民增收和农业生产发展起到了重要作用，也赢得了入社农户的充分信任和当地政府的大力赞扬。

二、发展概况

（一）东台市简介

东台市位于江苏沿海中部，总面积3 221平方公里，海岸线长85公里，滩涂面积156万亩，总人口112.65万人，其中农业人口44.4万人，是国家现代农业示范区、全国粮食生产先进县和省农业现代化建设试点县，现代农业建设水平排名全国第6位、江苏省第4位。2016年，东台市实现农业总产值

203.1亿元；农村居民人均可支配收入19 700元，位列苏北地区第一；全市适度规模经营面积118万亩，占耕地面积的59%；拥有家庭农场1 633个，农业专业合作社2 505个，居江苏省前列；全市303家农业产业化龙头企业实现销售收入439亿元，较2015年同比增长12%。

（二）东台市农民资金互助合作社的发展历程

2007年3月，东台市首家农民资金互助合作社在海丰镇试点，同年创办了弶港、新街通泰两家。2008年，东台市陆续创办了富安、许河、四灶等15家农民资金互助合作社。在随后的两年中，又先后创办了后港、台南、范公等5家。目前，东台市共成立23家农民资金互助合作社，其中包括22家镇级资金合作社和1家村级资金合作社，在各自的服务区域内开展资金融通业务。这23家资金合作社近五年的发展情况如表1所示。

表1　　　2012—2016年东台市农民资金互助合作社基本情况　　单位：万元

年份	互助金余额	投放余额	基础股金	其中		呆账准备金	系统风险金
				发起人股金	社员股金		
2012	58 855.82	60 269.99	5 396.05	4 759.60	636.45	2 237.83	1 104.47
2013	62 840.91	64 748.85	6 331.73	5 697.15	634.58	2 976.21	1 703.54
2014	63 903.13	65 844.58	6 723.72	6 086.15	637.57	3 566.02	2 334.45
2015	61 095.81	66 067.86	7 212.10	6 565.32	646.78	4 169.23	2 901.01
2016	57 885.56	63 291.25	7 676.99	7 068.54	608.45	4 913.80	3 391.45

数据来源：东台市农民资金互助合作社联合会。

2012—2016年，东台市农民资金互助合作社吸纳互助金和投放资金的余额基本稳定在一定水平，基础股金、呆账准备金和系统风险金呈现逐年增加的趋势。截至2016年12月末，23家资金合作社的基础股金超过7 600万元，互助金余额为5.79亿元，投放资金余额为6.33亿元。从以上统计数据来看，东台市农民资金互助合作社的整体运营情况良好。

三、"东台模式"的运行机制

为深入了解"东台模式"，笔者走访了东台市农民资金互助合作社联合会和两家资金合作社，向各组织的领导及工作人员深入了解了当地农民资金互助合作社的发展现状和运行机制。

（一）资金合作社的设立条件

根据《农村资金互助社组建审批工作指引》的相关规定，东台市农民资金互助合作社的设立条件为：有符合《农民专业合作社法》和《农村资金互助社暂行规定》相关要求的章程；有10名以上符合社员条件的发起人；有符合规定要求的注册资本（在乡镇设立的，注册资本不低于30万元人民币，在行政村设立的，注册资本不低于10万元人民币，注册资本应为实缴资本）；有符合任职资格的理事、经理和具备从业条件的工作人员；有符合要求的营业场所、安全防范设施和与业务有关的其他设施；有符合规定的组织机构和管理制度；其他有关条件。

东台市农民资金互助合作社的设立原则上以镇为单位进行，避免因资金规模过小而导致流动性陷阱的产生；每镇批准一个资金合作社，以此防范行业无序竞争、维护农村金融秩序。每家资金合作社的发起人不得少于15人，发起人的持股比例不得超过10%；每位发起人投入基础股金10万元左右，每家资金合作社发起人的股金规模为200万元左右；发起人的身份多为农村经营管理站站长、村组干部、农民经济人等，普通社员的入股金额不低于每股100元；每家资金合作社的股金总规模控制在2 000万~3 000万元。

(二) 资金合作社业务的相关规定

农民资金互助合作社的业务范围包括吸纳股金、吸纳互助金、投放互助资金等，但服务范围都严格限制在资金合作社内部，向社员提供资金融通服务时要求低进低出，严禁高息吸收存款或投放贷款。

资金合作社吸纳的资金包括发起人投入的基础股金、社员投入的普通股金和社员存入的互助金三部分。发起人基础股金在农工部门登记为发起人股金；社员普通股金不计算利息，每年享受10%的分红；社员存入的互助金参照银行同期同档存款基准利率计算利息，存满一年以上可以分得每万元15元左右红利，若互助金因特殊情况需要提前支取的，只要达到一定期限即可按银行同期同档存款利率支付利息。

关于互助金的投放，必须遵循小额分散原则发放贷款，且单笔不得超过15万元，贷款利率按照当地农商行贷款利率的95%计算。贷出资金多用于现代农业建设，禁止投放非农企业和非农行业。投放互助金采取村论证员和镇论证员双重论证的模式：东台市每村设1个村论证员，该论证员为资金合作社发起人，一般由村组干部担任；资金合作社另派1个镇论证员参与互助金投放。互助金的贷款期限以6个月以下为主；贷款方式均为信用担保，贷款5万元以下的由1户或1人自愿担保，5万元以上的由2户或2人自愿担保。互助金贷出后，村论证员需对资金去向进行跟踪管理，了解互助金的实际使用情况，以保证贷款人能够按时还款。若出现贷款人逾期不还的情况，则由贷款批准人承担贷款总金额的15%，其余由论证人承担。

关于收益分配，需按要求进行严格管理并上报审批。先按规定计提一定比例的公积金和一般准备金，然后再按股分红、按互助金进行盈余返还。其中，股东分红不超过总盈余的10%，现金分红不超过5%，其余金额留存账面不得动用，资金合作社若逾期率过高则不予分红。各社理事长、监事长等管理人员一般由农经站工作人员担任，事业单位发放的月工资为2 000元左右，若兼任管理人员职务，社内发放的月工资不得超过400元，以此控制资金合作社的管理费用。

（三）资金合作社的治理机制

组织架构方面，资金合作社内部设立了社员代表大会、理事会和监事会三大机构。社员代表大会是资金合作社的权力机构，一般是由全体社员选举出来的20名社员代表组成；社员代表大会由理事会召集，通常一年召开一次；社员代表参加社员代表大会，享有一票基本表决权。理事会是资金合作社的执行机构，主要负责资金合作社的日常经营管理，每年至少召开两次理事会会议。监事会是资金合作社的监督机构，每个月需进行内部稽核工作，按月度将会计报表上报联合会，每半年至少召开一次监事会会议。

决策机制方面，资金合作社内的一部分理事、监事和社员代表由事业单位的专职人员担任。理事长通常由当地农经站站长兼任，监事长通常也由村镇总账会计等农经人员兼任。这部分专职人员由于与政府部门联系紧密，对乡镇情况较为熟悉，又具备一定的管理能力，因此能够更好地对资金合作社进行管理，并保证相关政策的实施。另一部分理事、监事和社员代表由出资大户担任，让这部分投入较多股金或互助金的社员在关键决策形成时掌握一定的话语权。还有一部分理事、监事和社员代表则由普通社员担任，拥有基本的投票表决权。在现实情况中，社内的出资大户通常会担任更为重要的职务，对资金合作社日常经营和决策的参与也更多一些；而普通社员对社内事务的参与积极性偏低，对管理层抱有非常大的信任。

外部监管方面，农民资金互助合作社联合会每季度对各资金合作社审计一次；盐城大市每年到各县抽查5~6家资金合作社，平均每年审计一次；会计师事务所每年对各资金合作社审计一次；民政部门也按要求对各社进行年检。目前，东台市还建立了农民资金互助合作社专用的网络实时监管平台，将窗口操作、财务核算和实时监控集于一体，通过这种网络业务系统，初步实现了资金合作社的信息化、程序化和可控化运营。

四、实地调研情况

笔者通过对东台市两个乡镇的农户社员进行问卷抽样调查，从参社社员的视角进一步了解东台市农民资金互助合作社的发展特征。此次调研所使用的问卷按四大特征进行设计，分别包括受访社员的个人及家庭基本信息、参社情况、风险偏好、外部环境等方面的内容。调研共发放300份问卷，回收286份，其中有效问卷276份，有效率为96.50%。

（一）社员样本特征

表2　　　　　　　　社员性别、年龄、婚姻情况统计

指标	选项	人数（人）	百分比（%）
性别	男性	227	82.25
	女性	49	17.75
年龄（岁）	≤25	4	1.45
	26~35	20	7.25
	36~45	51	18.48
	46~55	110	39.86
	56~65	69	25.00
	66~75	16	5.80
	≥76	6	2.17
婚姻情况	已婚	270	97.83
	未婚	6	2.17

此次调研中，受访社员共276人，其中大部分为男性，占有效问卷的82.25%。受访社员年龄最大79岁、最小22岁，平均年龄51岁，年龄层分布基本呈正态分布。其中仅有8.7%的社员年龄低于35岁，可能原因是该年龄段的年轻人更偏向于到城镇发展。受访社员中已婚人数有270人，占样本总数的97.83%。

表3反映了受访社员的受教育程度。根据统计，社员受教育的平均年限为10年；高中或中专及以上的占到52.17%；没上过学的只有1人，占比为0.36%。说明东台市农村地区的教育水平普遍不错。

表3　　　　　　　　　社员受教育程度统计

受教育程度	人数（人）	百分比（%）
没上过学（＝0）	1	0.36
小学（≤6）	29	10.51
初中（≤9）	102	36.96
高中或中专（≤12）	122	44.20
大专及以上（≥13）	22	7.97

表4反映了受访社员工作类型和工作地点的统计情况。关于工作类型，务农人员占比最大，为28.62%；其次是工厂工人，占比为22.83%；村组干部和专业技术人员的占比均为13.04%；企业管理人员和其他职业的占比最小，分别是4.35%和4.71%。关于工作地点，在东台市本地工作的社员共占79.35%，其余社员均在其他县市或江苏省外的其他地区工作。

表4　　　　　　　社员工作类型、工作地点统计

指标	选项	人数（人）	百分比（%）
工作类型	务农人员	79	28.62
	工厂工人	63	22.83
	个体经营者	18	6.52
	企业管理人员	12	4.35
	村组干部	36	13.04
	服务行业	19	6.88
	专业技术人员	36	13.04
	其他	13	4.71
工作地点	本乡	198	71.74
	本县外乡	21	7.61
	本省外县	42	15.22
	外省	15	5.43

注：服务行业包括美容理发、餐厅服务员、司机、厨师、保安等；专业技术人员包括工匠、教师、医生等。

（二）家庭经济特征

表5反映了受访社员的家庭人口结构。其中，总人数分布为2~8人，平均每户4人，家庭总人数以3~6人为主，占88.04%；劳动力人数平均每户3人，3~4人的占比最多，为60.14%。这说明受访社员所在家庭的人口以中等规模为主。

表5 社员家庭总人数与劳动力人数统计

指标	人数分段	人数（人）	百分比（%）
家庭总人数	≤2	27	9.78
	3~4	119	43.12
	5~6	124	44.93
	≥7	6	2.17
劳动力人数	≤2	103	37.32
	3~4	166	60.14
	≥5	7	2.54

表6反映了受访社员的家庭经营土地面积。土地亩数区间较大，最多的6 000亩，最少零亩。其中，土地面积分布主要集中在2~5亩，占比为60.87%；大于10亩的仅有5家，占比为1.81%。这说明受访社员家庭主要开展中等规模的土地经营。

表6 社员家庭经营土地面积统计

经营土地面积（亩）	样本数（户）	百分比（%）
X≤2	67	24.28
2<X≤5	168	60.87
5<X≤10	36	13.04
X>10	5	1.81

表7反映了受访社员的家庭人均收入情况。根据数据统计，受访家庭的平均年收入为14.59万元。其中，人均年收入3万~5万元和2万~3万元的占比最高，分别为50.72%和30.43%。此外，在调研总样本中，有84.97%的家庭住房类型为楼房；参与金融资产投资的家庭占79.37%。这说明东台市农村地区的总体生活水平较高。

表7 社员家庭2016年人均收入统计

人均年收入（万元）	样本数（户）	百分比（%）
X≤2	27	9.78
2<X≤3	84	30.43
3<X≤5	140	50.72
X>5	25	9.06

（三）社员贷款情况

表8反映了受访社员家庭的贷款需求和实际贷款情况。近三年内有贷款

需求的社员家庭占 36.96%，而没有贷款需求的家庭占比达到了 63.04%。其中，在 102 户有贷款需求的家庭中，有 94.12% 从资金合作社取得了贷款。

表 8　　　　　　　　　　社员家庭贷款情况统计

选项	样本数（户）	百分比（%）
有贷款需求	102	36.96
无贷款需求	174	63.04
从资金合作社贷款	96	94.12
未从资金合作社贷款	6	5.88

表 9 反映了受访社员对正规金融机构的认知情况。关于正规金融机构的贷款发放，有 44.94% 的社员认为其过分强调抵押和担保，还有 40.07% 认为贷款审批时间长、手续烦琐。相比较而言，资金合作社的贷款申请流程简单快捷，且无须抵押或担保品，社员自然更愿意向资金合作社贷款。

表 9　　　　　　　　　　正规金融机构存在缺陷认知

缺陷	样本数（户）	百分比（%）
贷款过分强调抵押、担保	120	44.94
贷款审批时间长，手续烦琐	107	40.07
贷款产品品种过少	10	3.75
服务态度差	14	5.24
其他	16	5.99

从贷款用途来看，商业投资用途占比最高，达 39.32%，农业生产用途占 33.98%，房屋修建用途占 12.14%，其余 14.56% 用于子女上学、金融投资等其他用途。可以看出，社员贷款多用于生产投资，仅小部分用于生活开销（见表 10）。

表 10　　　　　　　　　　社员贷款用途统计

指标	选项	百分比（%）
贷款用途	农业生产	33.98
	商业投资	39.32
	一般生活消费	0.97
	房屋修建	12.14
	看病	0.97
	子女上学	4.37
	金融投资	1.94
	其他	6.31

从贷款规模来看,社员贷款集中在 3 万~5 万元和 5 万~10 万元两个分段,总占比为 63.86%,而高于 10 万元的贷款占 19.33%。从贷款期限来看,以 6~12 个月的贷款为主,占比是 79.58%,且并未收录到大于 12 个月的贷款。这说明资金合作社发放贷款均坚持小额、短期的原则(见表 11)。

表 11　　　　　　　　　社员贷款规模与贷款期限统计

指标	分段	样本数(笔)	百分比(%)
贷款金额(万元)	X≤1	9	3.78
	1<X≤3	31	13.03
	3<X≤5	81	34.03
	5<X≤10	71	29.83
	X>10	46	19.33
贷款期限(月)	Y≤6	49	20.42
	6<Y≤12	191	79.58
	Y>12	0	0.00

(四)社员对资金合作社的认知

表 12 反映了受访社员的入社动机。其中,取得分红是社员加入资金合作社的主要原因,占比为 59.47%;其次是获得贷款,占 35.61%;为体会民主管理权利而入社的社员仅占 3.03%,余下的 5 名社员则是因其他动机加入资金合作社(见表 12)。

表 12　　　　　　　　　社员入社动机统计

入社动机	样本数(户)	百分比(%)
获得贷款	94	35.61
取得分红	157	59.47
体会民主管理的权利	8	3.03
其他	5	1.89

表 13 反映了受访社员对资金合作社经营管理情况的认知。对经营状况非常满意的社员占 97.79%,对管理层非常信任的社员占 99.26%,仅有个别社员表示对资金合作社的经营管理不太信任。这说明东台市资金合作社的治理情况较好,得到了社员的高度满意和信任。

表 13　　　　　　　社员对资金合作社经营管理认知

指标	分类	样本数（户）	百分比（%）
经营状况满意程度	非常满意	265	97.79
	基本满意	4	1.48
	不太满意	0	0.00
	完全不满意	2	0.74
对管理层信任程度	非常信任	269	99.26
	基本信任	1	0.37
	不太信任	0	0.00
	完全不信任	1	0.37

表 14 反映了受访社员对资金合作社的风险认知。其中，认为无风险的有 216 人，占比高达 79.70%；认为低风险的占 16.61%；而认为有较高风险或高风险仅占 3.69%。这说明大部分社员都觉得资金合作社能够持续运营和健康发展。

表 14　　　　　　　社员对资金合作社风险认知

风险认知	样本数（户）	百分比（%）
无风险	216	79.70
低风险	45	16.61
较高风险	2	0.74
高风险	8	2.95

表 15 反映受访社员对资金合作社帮助程度的认知。其中，240 人认为资金合作社对农民增收的影响很大，占比达 90.91%；16 人认为有一些影响，占比为 6.06%；而认为没多大作用的社员占比为 2.27%。这说明资金合作社对农民增收的帮助总体上还是得到了社员的认可。

表 15　　　　　　　社员认为资金合作社帮助程度

对农民增收的影响	样本数（户）	百分比（%）
很大	240	90.91
有一些	16	6.06
有但不大	2	0.76
几乎没有	6	2.27

五、风险与防控

(一) 面临的四大风险

农民资金互助组织是在我国政府促进农村金融改革的背景下应运而生的,是为解决农村金融供需矛盾、由民间自发进行金融创新的产物,也是在我国现行正规金融体制之外所产生的合作金融组织。尽管东台市的农民资金互助合作社适应时代而生,但在现代农业背景下,这种农民自发的资金互助活动仍存在一些问题,随之而来的更是其发展中面临的巨大风险。

1. 信用风险。信用风险是指贷款人在规定期限内不能或不愿向农民资金互助合作社偿还贷款及利息从而引发损失的可能性。由于资金合作社无法与人民银行联网,难以获取贷款社员的信用记录,加上一部分农民的信用意识欠缺,贷款投放确实存在安全隐患。同时,根据实地调研了解到的情况,社员向资金合作社所贷款项大多用于生产投资,会受到一些不可控制或无法预想的因素的影响。例如,贷款资金发放到社员手中后,尽管有论证员进行跟踪管理,但资金实际上已经脱离了合作社的掌控,贷款的具体用途将不受控制;社员的还款能力与农业生产周期相关联,一旦遭遇自然灾害或发生疫情等突发情况,种植、养殖产量将大幅下降,农户收入低于预期,极有可能导致贷款社员无法按时或足额还款;由于农业对市场风险的抵御能力较弱,而农产品市场的竞争也越发激烈,若社员将贷款资金用于生产经营,一旦农产品价格下跌造成资金亏损,即便贷款社员想要还款也是有心无力。此外,东台市的农民资金互助合作社原则上以镇为单位设立,社员之间均为熟人关系,具有一定的信息对称优势,因此社员贷款的主要担保形式是信用担保,而缺乏实物担保,若出现突发自然灾害导致贷款社员无法及时还款,而担保人同样无担保能力的情况,信用风险也就无法避免。

2. 流动性风险。农民资金互助合作社属于经济互助组织而非正规的农村金融机构,依据"对内不对外、吸股不吸储、分红不分息"的原则,资金合作社只能通过吸收社员股金和互助金两种方式获得融资,资金规模比较有限。一般来说,农民收入水平相对较低,资金大多用于日常生活开支和农业生产投资,积攒空闲资金比较困难;而目前资金合作社的社会公信力较弱,农民即便有闲置资金用于储蓄,也更愿意将款项存入农村商业银行等正规金融机构;同时,资金合作社的管理和监管制度还不够完善,社员的入社、退社也相对自由简单,社员可能因资金合作社经营状况不佳或对管理人员缺乏信任,随时从中抽回资金。由于融资渠道狭窄、资金规模有限，农民资金互助合作社在筹资方面往往存在一定困难，难以确保长期健康发展。现实情况中，为吸引农户存入闲余资金，东台市的资金合作社在计算互助金利息时按照当地农商行的同期同档存款利率执行，投放贷款的利率又低于农商行的贷款利率标准，并且给予社员一定额度的分红，这些制度虽然在一定程度上增加了资金合作社的资金规模，但是额外的利息和红利支出会压缩本就微薄的贷款收益，给资金合作社的日常经营带来额外成本；同时，资金合作社中相当一部分社员具有贷款需求，希望从社中获得贷款以缓解短期资金不足，而资金合作社总体上呈现出贷款需求量大于互助金存量的情况，无款可贷的尴尬境况将进一步减弱社员对资金合作社的满意度和信任感，导致融资难度再度上升。

3. 操作风险。操作风险是指由于内部制度的不完善和工作人员的失误，或是外部关联性事件的发生对农民资金互助合作社造成损失的风险，主要表现在以下三个方面：一是治理机制。资金合作社虽然建立了包括社员代表大会、理事会、监事会在内的三大治理机构，但是并不能发挥出预想的作用，控制权依然掌握在少数管理者和出资大户手中，监事、理事难以行使内部监管职能，普通社员对社内事务的参与积极性和关心程度也不高，致使资金合作社存在较大的管理风险。二是人员素质。东台市农民资金互助合作社的管理人员多为当地农经人员，虽然学历不低，对农村事务和农业生产活动也较为熟悉，但专业素质普遍较弱，缺乏对经济互助组织的经营管理经验，资金风险的识别和应对能力也相对薄弱；而社内普通工作人员大多为当地村民，财会人员虽然具备一定的财务专业知识，但是风险意识淡薄，许多工作人员习惯于按经验办事，或听从村干部或管理人员的指挥办事，这就对资金合作社的内部管理和风险防控提出更高要求。三是外部监管。目前，东台市农民资金互助合作社的监管工作，主要由当地农办和农民资金互助合作社联合会负责，但由于农民资金互助组织的业务对金融知识和农业知识均有涉及，监管部门可能因存在知识盲点而无法起到应有的作用，并且资金合作社发生的问题也可能存在交叉性，导致不同部门相互推诿职责，影响外部监管的实际效用。

4. 法律风险。我国尚未针对农民资金互助合作社行业设立专门的法律，江苏省范围的农民资金互助合作社主要依据农民专业合作社的相关条例进行设立，以前申办的资金合作社大多在当地民政部门注册登记为"民办非企业单位"。这也是农民资金互助合作社与农村资金互助社的主要区别所在，前者

"东台模式"：农民资金互助合作社的发展和风险

只是一个公益性质的社团组织，属于非正规金融的范畴，而后者获得了银保监会批准的金融许可证并在原工商部门登记注册，具有明确的法律地位，属于正规金融机构。目前，江苏省没有任何一家属于银保监会金融试点范围的农村资金互助社，各家农民资金互助合作社在很多方面就不能享受国家优惠和补贴政策，如中央银行的支农再贷款流动性融资支持、财政部获得针对新型农村金融机构发放的补贴等。同时，资金合作社在没有金融许可证的条件下，许多业务活动无法正常开展，而法律法规对于其存贷利率、所得税率等方面也没有作出统一规定，一旦在经营管理中出现问题，资金合作社由于没有政策依据和法律保障，就将面临无法可依的尴尬局面。近年来，江苏省个别注册登记的资金合作社出现不按时年检的现象，甚至还出现一批假冒的类似机构，在未办理任何注册登记手续的情况下开展资金互助业务，钻了法律的空子，导致农民资金互助合作社行业存在巨大风险隐患。2016 年 12 月，江苏省金融办对农民资金互助合作社的登记注册提出明确要求，从原来的民政部门重新转到工商部门，并采用全省联网的业务和监管系统，实施统一监管，一定程度上解决了资金合作社的身份问题。

（二）风险防控四大措施

为了切实保障农户社员的财产安全，促进农民资金互助合作社的健康可持续发展，维护当地农村金融市场的稳定，东台市农民资金互助合作社采取了一系列的风险防控措施，以应对资金合作社日常经营管理中可能面临的风险。实践证明，这些风险防控措施确实具备一定的效果。

1. 建立行业自律制度。由于农民资金互助合作社具有边缘交叉性，从审批到监管均由不同的政府部门负责，又缺少相关法律或行业制度的约束，在管理方面难免会因职权不清、制度不明等问题出现漏洞。2012 年，东台市 23 家农民资金互助合作社和相关政府管理部门共同组建农民资金互助合作社联合会，自主开展相关政策法规的宣传活动，制定统一的行业制度，对相关从业人员进行业务培训，对农民资金互助合作社行业的规范发展起到了积极作用。

2. 实施银行账户归口管理制度。为了加强农民资金互助合作社的资金管理，避免挪用互助金、携款潜逃等风险事件的发生，东台市要求各资金合作社统一在当地农商行开设基本账户，并委托农商行对其货币资金实施监督，要求农商行为资金合作社设立专门的服务窗口，节假日照常办理小额付款及转账业务。同时，还禁止资金合作社以个人名义开设银行卡。自 2013 年开始，东台市行业联合会对各社银行账户逐一进行清理，这也是进行风险防控的一项基础工作。

3. 统一财务票据和管理软件。东台市农民资金互助合作社的重要票据实行领用制，不允许资金合作社自印票据，并建立严格的防伪、登记、作废、销号、销致制度。从2016年开始，东台市行业联合会对前几年各资金合作社的票据使用、领存情况进行清理。另外，各资金合作社必须使用市统一开发的业务管理软件，按照规定的会计核算制度进行业务操作，以防范业务流程中操作风险的发生，保障资金合作社的资金和数据安全。

4. 建立备付金和系统风险准备金制度。为应对资金紧缺等问题引发的系统性风险，东台市要求农民资金互助合作社按股金和互助金总额的15%预留备付金，其中10%的备付金由各资金合作社与主管部门进行"双印鉴"监管，其余资金由各资金合作社和行业联合会共同监管。在所有23家资金合作社中，备付金最高的可达到23%。同时，资金合作社每年还需按上一年末互助金余额的1%计提系统风险准备金，缴存准备金由行业联合会和六个常务理事社共同监管，一旦发生资金挤兑的情况，资金合作社最多可按照自缴额5倍的金额申请借用风险准备金。近五年来，东台市农民资金互助合作社统筹系统风险准备金共2 300万元，风险抵御能力得到了很大加强。

六、三大难题尚待解决

东台市农民资金互助合作社采取一系列的风险防范措施，有效抵御了部分风险的爆发，但在资金合作社的发展过程中尚存在三大问题。

（一）逾期款项待解决

根据东台市的相关规定，资金合作社的逾期款总额不得超过互助金投放余额的2%。目前，23家资金合作社的逾期款平均占比低于2%，但有4家高于5%，其中最高的达20%以上，逾期款总额有600多万元。根据实地调研了解到的情况，部分资金合作社存在大量逾期款项的主要原因，是没有严格遵循贷款小额投放的原则，部分互助金被一次性超额投放给当地小企业，一旦企业出现资金周转困难，贷款就很难在短期内回收。针对以上情况，行业联合会采取了相关措施进行整改，逾期款高达10%以上的资金合作社不得通过年检，对其责令整改并进行重点监管，但关于逾期款项的回收问题仍有待进一步商榷。

（二）税收政策不明朗

当前有关资金合作社的税收执行尚未统一，东台市个别资金合作社更是因缴税问题而影响到了正常经营。2016年,东台市某资金合作社被要求缴纳170万元税款,并罚款60万元,但是该社负责人认为资金合作社的征税并无法律依据而拒绝缴纳税款及罚款,最终该资金合作社被要求暂停经营。目前,农商行适用的所得税率为12.5%,而农民资金互助合作社的税率高达20%,相比之下没有任何税收优惠,这对于以服务"三农"为主要目的的资金合作社来说,必然将影响其市场竞争力。

(三)转籍登记遇困难

农民资金互助合作社既不属于正规金融机构,也非专业合作社,只需按要求到民政部门登记即可注册成立。2016年12月,江苏省金融办明确了资金合作社的法律身份,要求资金合作社的登记注册从民政部门转到工商部门,并统一按专业合作社进行转籍登记。但由于东台市资金合作社的设立要求与省里的要求并不一致,转籍登记仍有困难。第一,东台市要求农民资金互助合作社的发起人数为15~30人,尽管并不违背省里5人以上的要求,但是发起人过多将导致职权不清和吃大锅饭问题,将增加资金合作社内部治理的难度,降低其发展的内在动力。因此,转籍登记时的股权调整问题十分值得考虑。第二,东台市要求资金合作社的主发起人持股比例不超过10%,与省里不低于25%的规定相悖,因此在转籍登记时如何进行过渡,将成为东台市各资金合作社面临的一大难题。第三,江苏省全省范围内农民资金互助合作社的监管工作由省金融办负责,地市级范围由当地金融办负责,县级范围由当地农办负责。但县级的监管人员人数过少、话语权不高,监管业务与农经业务又关联甚小,因此县级的监管工作若像省级和地市级一样,交由当地金融办或人民银行的专职人员负责也许更为合适。

七、进一步完善

总体来讲,东台市农民资金互助合作社运营状况良好,迄今为止未发生过任何严重违规或资金安全事故,这得益于"东台模式"的行业规范和各项风控措施。但运营良好不代表没有问题,不发生风险事故也不代表不存在风险。根据实地调研了解到的情况,目前东台市农民资金互助合作社的发展仍存在三大亟待解决的问题,而对于信用风险、法律风险等风险的防范和应对,仅靠资金合作社自身的努力是远远不够的,还需要政府部门、职能部门和资金合作社的协同解决才能得到进一步加强。

案例教学使用说明

一、教学目的与用途

本案例教学使用说明是以将此案例应用于《金融风险管理》课程中的风险种类及其成因部分的教学为基础撰写,如应用于其他课程,教学安排需做相应调整。

1. 适用的课程

本案例适用于《金融风险管理》和《金融市场与金融机构》课程,也可以将本案例作为《金融政策与金融监管》课程的辅助案例。

2. 适用的对象

本案例适用对象包括金融专业本科生、金融学硕士、工商管理硕士(MBA)和其他管理类研究生。

3. 本案例教学目标规划

(1) 覆盖知识点

本案例在《金融风险管理》课程中应用主要覆盖的知识点有:

- 金融风险的种类
- 金融风险的成因分析
- 金融风险防控的主要举措

(2) 能力训练点

本案例在《金融风险管理》课程中规划的能力训练点有:

- 基本能力。具有适应发展的能力以及终身学习的能力;掌握文献检索、资料查询及其他手段获取相关信息的基本方法;具有较强的语言、文字表达能力、人际交往能力及团队协作能力。
- 专业能力。掌握扎实的基础知识和本专业的基本理论知识,了解本方向的前沿发展现状和趋势。
- 创新能力。创造性思维能力、科学研究能力。

二、启发思考题

以下几个思考题可以预先布置给学生,让学生在阅读案例中进行思考:

1. 结合农村金融理论和合作金融理论,分析东台市农民资金互助合作社的发展背景和组织贡献。

2. 案例中提及的连云港、南京和盐城地区三起农民资金互助合作社风险事件具体暴露了什么风险?其产生原因是什么?

3. 总结"东台模式"值得推广的发展和风险控制经验。
4. 目前应如何进一步完善东台市农民资金互助合作社的发展和风险控制?

三、分析思路

教师可以根据自己的教学目标(目的)来灵活使用本案例。这里提出供参考的案例分析思路,主要是依照思考题的顺序进行。

1. 农民资金互助合作社的功能定位和组织贡献。
2. 现有农民资金互助合作社风险事件的特征及成因。
3. 农民资金互助合作社普遍存在的风险有哪几种?其成因是什么?
4. 如何在支持农民资金互助合作社发展的同时有效控制其风险?

四、理论依据

1. 农村金融理论

农村金融理论演变至今,主要包括农业信贷补贴论、农村金融市场论和不完全竞争市场论三个阶段。

农业信贷补贴论认为,农村金融的资金供给应优先于需求,并提出两个基本假设:一是农村贫困人口众多,储蓄能力较差;二是农业具有弱质性,无法与商业银行利润最大化目标相匹配。该理论提出需要从外部向农村注入资金,提供低息或无息贷款,并成立政策性银行以分配农业资金,才能改善农村融资环境,促进农业生产发展,并逐步改变农村贫困面貌。20世纪中期,部分发展中国家在以该理论指导农村金融政策改革,但却出现了贷款不良率高、农户储蓄积极性低等一系列问题,因此许多专家学者认为农业信贷补贴论自身存在缺陷,并不能够有效解决农村经济发展问题。

农村金融市场论是在金融抑制和金融深化理论的基础上发展而来的。该理论提出农户其实是具有储蓄能力的,只是政府干预行为将降低其储蓄意愿。同时,市场竞争机制具有自动调节农村金融供需矛盾的作用,政府向农村地区投入的低息资金反而容易破坏这种市场竞争,导致资源配置失效。部分学者还提出,农业天然弱质性、不完全竞争性等因素的存在,正是导致农村地区无法形成高效金融市场的主要原因。农村金融市场论过于强调市场的作用而忽视了政府干预,推动了农村金融理论的发展,但同样存在缺陷。

不完全竞争市场论是在发展中国家金融自由化的发展经验中和"金融约束论"的理论指导下总结出来的。20世纪末,东南亚金融危机的爆发向全世界表明了市场机制的局限性和政府干预的必要性。此后,市场机制和政府干预并行的理念被逐步推广,并应用于农村金融市场的改革发展。不完全竞争市场论认为，农村金融发展必须以市场为主导，政府在有限范围内适当调节，因为信息不对称等问题会影响市场资源配置的效率，必须由政府采取合理的金融政策和监管手段才能达到稳定市场的作用。

2. 合作金融理论

合作金融是按照合作制原则组建的金融组织形式。根据国际合作联盟组织的相关规定，合作制具有七条基本原则——自愿投放，社员入股、按交易量分配，民主管理、一人一票，教育、培训，自主经营、自担风险，关心社区发展，合作社间的合作。合作金融的具体适用范畴如下：（1）按照合作制的七条基本原则组建；（2）资本构成以入股者股金为主；（3）主体服务对象为入股参与者；（4）业务以存贷款和结算业务为主。因此，合作金融组织包括所有按国际通行合作制原则组建成立的资金互助组织，实践中主要有信用合作社、农民资金互助组织等。

目前，我国农村地区的合作金融发展相对缓慢，早期的农村合作金融组织主要包括以信用合作社、农村合作银行为代表的正规合作金融组织和以合会、合作性小额贷款公司为代表的非正规农村合作金融组织。2007年，银监会批准成立农村资金互助社并向其发放金融许可证，进一步丰富了我国农村正规合作金融的组织形式，但目前仍处在试行期。而未获得金融许可证的农民资金互助合作社等非正规合作金融组织，也在地方政府的支持和引导下逐渐发展起来，一般由农户自发设立并自愿入股，在合作社内部向社员提供资金融通服务。

3. 风险管理理论

风险是指由于未来的不确定性而对企业目标实现所带来的影响。风险管理是企业内部通过风险识别、测量、监控等手段来预防、转移或分散风险的一种决策过程。风险管理通常涉及企业内部的各项经营管理事务，其主要目的是识别对企业发展目标具有消极作用的潜在因素，并通过相应的风险管理措施把风险维持在可控范围内，将风险所带来的影响最小化，以确保企业资产的安全和目标的实现。

风险管理的发展经历了利用保险手段进行纯粹风险管理和全面风险管理两个阶段。目前，全面风险管理已经成为企业管理中独立的管理领域，对企业的日常经营和长久发展具有重要影响，其风险防控主要包括信贷风险、市场风险和操作风险管理，信贷和非信贷资产管理相结合，组织流程再造与技术手段创新共同进行。

五、具体分析思路

1. 结合相关理论，分析东台市农民资金互助合作社的发展背景和组织贡献。

（1）东台市农民资金互助合作社的发展背景

从全国来看，农民资金互助合作社之所以能够产生，主要还是为了解决农村经济发展过程中的金融供需矛盾问题。首先，由于信息不对称、农业弱质性等因素的制约，农民在向正规金融机构申请贷款时总是处于劣势地位，很难满足贷款要求、获得资金支持。其次，随着市场化的不断发展，农商行等农村金融机构为了追求利益最大化目标，往往更愿意向实力较强的大企业提供贷款，其发展也逐渐偏离了为农服务的设立初衷，离农、弃农倾向明显。最后，正规金融服务的匮乏使得农村的民间金融活动发展活跃，各地农民在政府的支持和鼓励下开始相关自主创新的实践探索，逐渐发展出以农民资金互助合作社为代表的农村资金互助组织，并对改善农村金融环境、满足农户金融需求产生了积极作用。

从江苏省范围来看，盐城市自2005年起就开始了有关农民资金互助合作社的试点实践，在取得一定的试点成果后，总结和借鉴富民资金合作社和农村资金互助社的经验扩大试点范围，并快速推广至全省其他地区。同时，江苏省地方政府也对农民资金互助组织的发展非常重视，相继出台若干指导意见，引导农民资金互助合作社的发展，并于2016年底正式提出了农民资金互助合作社的转籍登记要求，进一步规范了资金合作社的发展。

（2）东台市农民资金互助合作社的组织贡献

一是构建起农民生产创业资金融通平台。长期以来，金融机构办理借贷的门槛较高、手续较为烦琐，不但要有担保人，还需要提供一定的资产抵押或质押。农民进行贷款大多数源于生活和生产需要，单笔贷款额度不大，金融机构积极性不高。加之农民借贷寻求担保人较难，质押品变现更难，造成金融机构不愿对农民开展借贷业务。资金合作社则是将各个社员的闲散资金吸纳入合作社，各个社员通过资金合作社这一平台进行资金借贷业务，实现了社员之间的资金融通，不但借贷手续较为简单，利息较低，而且操作较为灵活，使成员之间的资金互助与协作十分便利。资金合作社从根本上解决了农民资金借贷这一难题。

二是解决了农民生活性贷款难的问题。长期以来，由于金融机构的制度性限制，农民向金融机构申请生活性贷款十分困难。资金合作社因是社员之间的资金融通与协作,在社员婚丧嫁娶、购房建房、生病住院、子女入学等方面遇到资金困难时,可及时进行资金投放,帮助群众渡过难关。

三是实现了入社农户与资金合作社的双赢。资金合作社对于吸纳的社员互助金,除按同期同档存款利率执行外,满(或超)一年的还可分得红利。互助金因特殊情况需要提前支取,只要达到3个月或6个月,则按同期同档存款利率支付利息。对于向借款社员收取的资金使用费,则比农商行同期同档贷款利率还要低。这些资金业务的相关规定,不仅扩大了资金合作社的业务规模,也对农民增收起到了一定积极作用。

四是抑制了民间非法高息贷款。资金合作社的出现,适应了农村经济社会发展的需要,及时有效地解决了部分农民的燃眉之急,促进了农村资金的合理流动,一定程度上抑制了民间的非法借贷行为,推动了农村金融环境的和谐和稳定。

2. 案例中提及的连云港、南京和盐城地区三起农民资金互助合作社风险事件具体暴露了什么风险?其产生原因是什么?

这三起风险事件分别是:(1)连云港市某县4家农民资金互助合作社的1.1亿元存款被挪用,导致4家资金合作社无法正常兑现农民存款;(2)南京高淳区某镇农民资金互助合作社利用高利息吸收了大量存款,共3 200万元资金无法兑付;(3)盐城某合作社将到期存款无法及时汇兑,引发社员储户集中挤兑,并波及当地其他几家资金合作社,在当地老百姓的疯狂挤兑中接连倒闭。

不难看出,这三起事件爆发的直接原因均是资金合作社无法兑付农户存款,表面上是流动性风险导致了事件的发生,但其背后的真实原因却并没有这么简单,往往暴露了流动性风险、操作风险、法律风险等在内的各种经营风险。

事件一中,江苏省某县的4家农民资金互助合作社负责人私自挪用社员储户存款,放高利贷给江苏某集团,而后者资金链断裂,最终导致资金合作社倒闭。当地公安局的事后调查显示,这4家资金合作社都是江苏某集团董事长王××利用当地4个农民的身份进行注册并出资设立的,这些发起人都与王××有密切关系。

事件二中,南京高淳区某镇农民资金互助合作社的负责人是因为生意出现问题,欠有大量债务无法偿还,于是利用资金合作社的平台进行违规操作,向外界非法吸收资金,然后将资金用于还贷。资金合作社没有照章办事,作为上级部门的农村经济部门也没有对其进行有效监管,因此资金合作社的监管也涉嫌存在问题。

事件三中,盐城某合作社将大部分的资金投向串场河大桥、安置房工程等非农领域,致使资金回笼困难,到期存款无法及时汇兑,引发社员储户集中挤兑。而当地其他几家资金合作社由于没有足够的存款准备金来应对储户的挤兑,抵御系统性风险的能力较弱,才因此受到牵连,最终倒闭关门。

3. 总结"东台模式"值得推广的发展和风险控制经验。

"东台模式"的主要经验总结如下:第一,资金合作社的发起人身份单纯,均是当地村民,且管理人员和论证员多为当地农经人员,对借款行情和本村农户的情况比较熟悉,有效避免逐利现象和信用违约事件的发生;第二,资金合作社发放贷款时坚持小额投放,对资金规模进行严格控制,避免了单笔资金数额过大可能造成的冲击性影响;第三,资金合作社坚持为农服务的设立初衷,对贷款用途进行严格把关,贷款资金大多投向"三农",并通过具体的资金投放论证收回管理规定对贷款进行跟踪;第四,成立行业协会,对全市资金合作社的发展进行规范和统一管理,并采取多种措施有效防范经营风险。

特别是在风险控制方面,东台市采取的一系列风险防范措施取得了较好的成效。行业自律制度规范了行业制度,弥补了农民资金互助合作社行业的立法缺失问题;银行账户归口管理制度、统一的财务票据和管理软件都对资金合作社的业务操作进行了详细规定,一定程度上避免了由操作风险引发的风险事件;备付金和系统风险准备金制度能够应对资金紧缺、农民挤兑等问题引发的系统性风险,提高了资金合作社的风险抵御能力。

4. 目前应如何进一步完善东台市农民资金互助合作社的发展和风险控制?

针对东台市农民资金互助合作社发展中仍存在的问题,以及对于信用风险、法律风险等风险的进一步防范和应对,我们从政府部门、职能部门和资金合作社三个方面提出具体的政策建议。

(1) 政府部门加强政策支持和监管指导。农民资金互助合作社作为新兴农村金融组织,发展历史短暂,缺乏完善的治理体系,依靠中央和地方政府的一系列政策支持才得以发展至今。而资金合作社的业务范围仅限于吸纳股金和互助金、对社员投放互助资金、办理代理业务等,不追求利益最大化,在没有任何政策优惠的情况下,能够依靠自身力量从激烈的市场化竞争中存活下来,已实属不易。因此,政府部门需进一步加大政策支持力度,以确保农民资金互助合作社的健康、有序、可持续发展；制定并完善相关法律法规，对资金合作社的经营管理、存贷利率等作出统一规定；加强监管指导，提高监管效率，帮助资金合作社有效识别和避免金融风险；同时，采取一定的税收优惠等财政支持手段，扩大资金合作社的市场竞争优势。

（2）职能部门加强专业人才队伍建设。目前，农民资金互助合作社的理事长、监事长多由当地农经站站长、村镇总账会计等事业单位的专职人员兼任，尽管聘请这些农经人员具有降低经营管理费用、公平处理社内业务、减少信息不对称等优势，但也面临着管理人员老龄化、工作积极性难以调动等现实问题。同时，资金合作社的县级监管工作由当地农办负责，监管人员明显存在人数过少、专业性不足、话语权不高等限制。因此，职能部门应不断优化农业人才队伍，增强对内部员工的专业教育和培训，提升其业务水平，并提高相关工作人员的薪资待遇，鼓励更多文化程度高、具有金融专业背景和从业经验的年轻人加入并参与到农民资金互助合作社的管理和监管中来。

（3）农民资金互助合作社进一步完善金融服务。农民资金互助合作社成立之初，就是为了满足农户金融需求、促进农民增收、繁荣农村经济，缓解正规金融服务的供需矛盾。而根据实证分析结果，入社动机、资金需求状况、投资偏好和正规金融满意程度恰恰是影响社员参与资金合作社行为的重要因素。因此，资金合作社应积极开展业务宣传工作，提高社会公信力，加强农户对资金合作社的认识和支持；坚持服务"三农"的成立初衷、小额投放的业务原则和向社员提供资金融通服务的经营宗旨，吸引有资金需求的农户参与进来；强化经营管理和风险控制，提高资金合作社的金融服务水平，增加社员的满意程度和参与积极性；加强与农商行等正规金融机构的沟通与合作，完善农村金融服务体系。

六、关键要点

本案例分析关键在于把握农民资金互助合作社的组织架构和内部治理结构，厘清其内部控制举措。教学中的关键要点包括：

1. 农民资金互助合作社的运行机制和内部治理方面的规章制度。
2. 农民资金互助合作社的风险种类有哪些？有哪些特征？
3. 农民资金互助合作社风险防控的必要措施有哪些？如何在完善其支农、支小、提供金融支持的同时有效控制风险？

七、建议课堂计划

本案例可以作为专门的案例讨论课来进行，如下是按照时间进度提供的课堂计划建议，仅供参考。

整个案例课的课堂时间控制在 80~90 分钟。

课前计划：提出启发思考题，请学生在课前完成阅读和初步思考。

课中计划：

案例回顾（10 分钟）；

分组讨论（20 分钟）；

小组发言（每组 5 分钟左右，控制在 30 分钟）；

集体讨论，归纳总结（15~20 分钟）。

课后计划：请学生以小组为单位搜索该案例的相关资料和文献，采用案例分析报告的形式给出更加具体的解决方案；明确具体的职责分工，为后续章节内容做好铺垫。

西安杨森的赊销信用风险管理体系

肖振宇[①]

一、医药流通业现状分析[②]

(一) 医药流通业的发展历史

与我国经济改革开放年代的很多产业一样,医药流通业经历着:供求关系从供不应求向供过于求,经济形态由计划经济向社会化市场经济的过渡。它们是有所差别的。开放最早、市场化程度最高的家电业在世界家电行业占有了一席之地。而医药行业的改革开放还在行走。

2003年1月1日起药品分销服务是我国政府对医药入世所作的承诺,这意味着我国医药流通企业在习惯了"内战"之后,要开始学会与国际医药流通企业相接。有关资料显示,我国的药品批发企业多达1.38万家,多数企业存在规模小、运营成本高、市场分散、经营行为不规范等问题。在过去的20多年中我国的医药流通业的发展经历了以下几个阶段:

1. 1984—1999年:计划经济后期

新中国成立初期到20世纪80年代后期,由于产品供不应求,全国医药商品产销计划需要衔接、平衡,由中国医药公司统一规划,一级、二级、三级批发层层下达指标,层层调拨。

流通行业的改革随国民经济改革。1984年,政府开始把医药商业推向市场,取消统购统销、按级调拨等项规定,实行"多渠道、少环节",一级、二级、三级站同时从药厂进货,一级、二级站开始向医院销售。很多下属公司开始进行药品销售;工业进入商业领域自销不再是个别现象;一些新办的批发企业开始出现。结果到20世纪90年代末,国内形成了16 000多家散、小、

---

① 肖振宇(1976—),男,湖南茶陵人,南京审计大学金融学院副教授,管理学博士,研究方向为信用管理和金融风险管理。

② 杨恺均. 中国医药流通业现状及发展对策分析[J]. 哈尔滨商业大学报, 2007 (1).

乱的商业企业。平均毛利率为 12.69%，费用率为 12.59%，纯利润率只有 0.1%。

2. 1999—2004 年：医药行业改革初期

让流通行业改革垄断局面发生有效变化的是 1999 年底国家经贸委发的《医药流通体制改革指导意见》国经贸医药〔1999〕1055 号文件，该文件的精髓是机制创新和管理革新。其实，除了行业自身发展的需要已到非改不可的地步，两件事在此同时发生。先是"入世"的影响，对医药商业冲击最大的可能就是放开药品分销服务体系。另外，2000 年 7 月 24 日至 26 日国务院召开的全国医疗保险制度改革和医药卫生体制改革大会上提出，必须配套进行医疗保险制度改革、医疗卫生体制改革、药品流通体制改革这 3 项改革，后在国务院办公厅转发国务院体改办等部门《关于城镇医药卫生体制改革的指导意见》（国办发〔2000〕16 号）中有成文规定。

国家政策松动后，自立门户的民营方式崛起，虽然造成了医药市场的混乱，但也带来了活力，对国有企业造成了冲击。今天以"快批模式"三分天下的九州通，2003 年出现的平价药房，都源于此次机会。2003 年 12 月，第一家医药外商进入了我国医药流通领域，国企感受到了压力。从 1999 年对民营资本略有放开到 2004 年，已经形成国资、民资平分秋色的格局。在这段时间中，药品流通体制改革的主要内容是降价政策逐步实施；药品集中招标采购全面展开；规范药品流通企业实施 GSP 认证；对药品价格管理模式进行调整，实行政府定价和市场调节价……

3. 2004 年以后：真正市场意义上的全面竞争[①]

2004 年 4 月 1 日实施新的《药品经营许可证管理办法》和 2004 年 4 月 29 日的补充通知，医药分销业正式对外资放开。虽然目前没有大规模的国际资本进入我国的医药分销市场，但已经有少部分外资进入，或与相关企业洽谈合作。

至此，我国的医药流通才进入了真正市场意义上的全面竞争时代。2004 年的 GSP 认证大限则标志着医药分销行业规范化时代的到来。合作也发生在商业领域的各个层面中。纵向上，"一步到终端"、工商联盟的商业理念愈演愈烈；横向上，有大城市的医药零售企业共同组建"中国医药商业经济联盟"。专家认为，近年来，我国医药商业的市场集中度正逐步增加。未来几

---

① 2011—2015 年中国医药流通业发展前景调查及投资咨询报告，2011.1。

年,我国医药商业企业之间的兼并重组会继续进行。

(二) 经营现状分析

近年来,我国药品产业发展飞速,据不完全统计,我国现有药品批发企业为1.38万家,零售企业为42万余家。平均每个企业的年销售额超为1 000万元,但销售额过5 000万元的仅400多家,最大的3家企业销售额仅占医药市场份额的20%左右。而发达国家如美国,全国仅有70家药品批发企业,德国也仅保留了10家大型药品批发企业。我国药品流通行业集中度较差,导致我国的药品流通费用率是国际先进水平的4倍多。我国前100强医药流通企业的销售份额只占医药市场的67.9%,而美国排名前3位的医药商业公司销售额占全美药品份额的90%。由于经营体制缺乏对宏观调控政策的引导和市场准入条件的限制,以及药政权与药事权的分离、地方保护政策等,这些医药商业企业多数还保留着原来的运营规则,最终表现为经营规模逐渐缩小、经营效益逐年降低、经营费用逐年升高、管理手段落后。另外,许多企业在进入医药流通业后,盲目扩张,给上游供应商带来巨大的风险。此外,我国医药商业已进入"微利时代"。相比之下,我国药品流通企业无论是经营规模、盈利能力还是服务水平,都无法与发达国家药品流通企业相提并论。数据显示,2012年全国药品流通行业销售总额达11 122亿元,首次突破万亿元大关,同比增长18%,增幅回落5个百分点。其中,药品零售市场销售总额达2 225亿元,同比增长16%,增幅回落4个百分点。全国848家药品流通直报企业主营业务收入7 942亿元,同比增长20%;实现利润总额164亿元,同比增长16.5%;主营业务毛利率为6.9%,平均利润率仅为1.9%,平均费用率为5.2%。

在一系列的治理、整顿、规范等政策的实施下,医药流通业的运营面临着巨大的压力与困难,但从另一方面看,2012年医药流通业的商品库存与应收账款比2011年有所上升,经营风险也随之增大。以沪、深股市10家医药流通销售收入占主导地位的医药上市公司2012年末的应收账款余额以及应收账款占流动资产的比例都比2011年有较大幅度的上升,如此巨额资产沉淀不仅给医药流通企业带来沉重的负担,还会给整个医药行业带来巨大的潜在风险。

(三) 医药流通企业的信用管理

国家商务部2012年9月19日发布第58号公告,公布了包括《药品流通企业诚信经营准则》在内的五个药品流通行业标准,并在2012年12月1日起实施。这是我国首批出台的药品流通行业标准。《药品流通企业诚信经营准则》（以下简称《准则》）规定了药品流通企业诚信经营、遵纪守法、守信践诺、规范服务等基本要求，企业内部信用管理制度建设和社会监督等方面的内容，要求企业建立诚信经营监督机制，建设信用文化，推进全行业信用评价体系建设。《准则》是药品流通企业实行诚信经营服务方面的规范。

早在2006年，位于国内前三甲的医药流通企业在邓白氏公司的咨询下，建立了自己的信用风险管理制度和流程，应用RAM系统建立了赊销客户的信用档案库，使得分销业务的应收账款管理取得较好的效果。同时，有许多医药流通企业也意识到应收账款管理的重要性，建立信用风险管理体系，如重庆医药（集团）股份有限公司进行了企业诚信建设和信用体系建设实践，青岛医药生产和流通企业开展了信用风险及应收账款管理培训。

二、西安杨森的信用管理模式和管理流程[①]

西安杨森的信用风险管理从客户的筛选和信用控制开始。目前西安杨森在全国有八十多家一级经销商。在这方案开始实施时，有人担心大幅度减少客户，会降低销售额。但事实证明，公司的销售额不减反增。因为它们在减少信用不良客户的同时，对信用好的客户扩大销售量，真正让客户成为最大的财富来源。西安杨森在当地都有商务代表负责客户的相关工作，并对客户的应收账款进行管理以及承担催促客户回款的责任，信用管理人员需要了解客户的财务状况、定期对客户进行信用调查，同时提供先进的应收账款管理的经验（见图1），这种间接管理的信用管理方式的成本较低，同时可以很好地使用商务代表同客户良好的关系；但这种管理方式会导致信息传递过程中被削弱或失真，造成信用决策的延迟，甚至会延误决策的时机。

在内部管理上，西安杨森依据全程信用管理的思想，对交易前、交易中和交易后这三个环节建立了严密的管理流程，对其财务状况和市场销售能力等方面进行评价；交易中主要依靠ERP系统的信用控制功能对订单流在信用额度和账龄方面进行控制；在交易后对客户的欠款根据其以往的付款习惯进行跟踪和控制。这一流程如图2所示。

三、西安杨森的信用管理政策

西安杨森在建立信用管理的初期，根据对公司销售模式和所处的医药行

---

① http://www.xian-janssen.com.cn/.

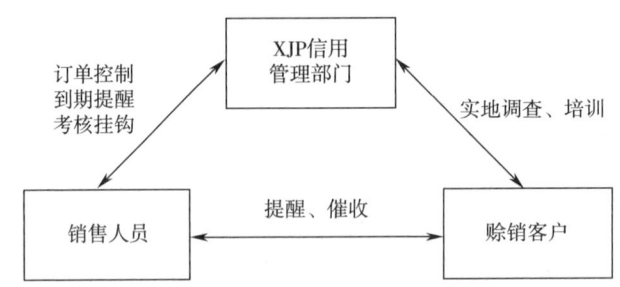

图 1　西安杨森信用管理模式

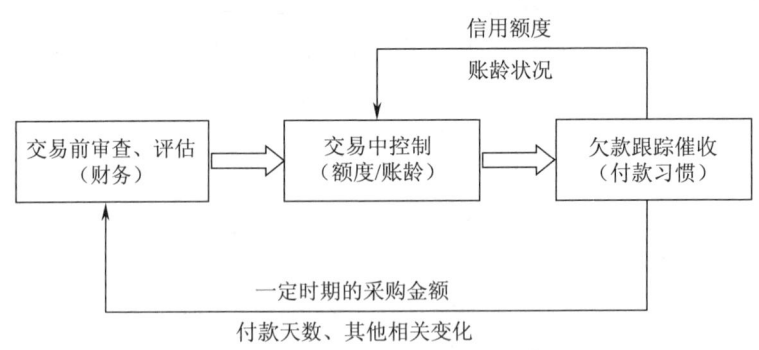

图 2　西安杨森全程信用管理流程

业的分析，制定了信用客户的发展标准、现金折扣政策、信用期限和信用限额、信用控制政策、账款监控及回收、坏账准备和核销等。公司在设立信用管理职能和制定赊销信用管理政策时，将赊销信用管理政策书面化，并培训公司高层，使其重视赊销管理，同时也获得高层对信用管理部门的支持。公司应明确相关部门的职责，特别要明确销售、财务和信用各部门的关系。与此同时，西安杨森不定期地培训销售人员，书面的政策使每一个销售人员都清楚公司的赊销原则，并对客户进行解释，也有利于政策的贯彻实施。最后，公司的政策也有利于指导信用人员的日常工作。

（一）西安杨森公司信用客户的发展标准

西安杨森的信用客户发展标准是指公司向客户提供赊销信用的条件，用指标值表示，对指标值不达标的客户，不提供赊销信用额度支持或需提供公司认可的资产抵押或法人保证等才提供支持；而对符合要求的客户提供赊销信用。要求新客户在初期交易的六个月到一年时间内进行现金交易，如需申请信用额度成为信用客户，则需提供公司认可的抵押或担保。在交易六个到一年后，会从财务、现金流、销售贡献、行业内信誉等状况评估，决定是否发展为信用客户。

（二）货款结算方式

西安杨森的客户分布在全国各地，因此货款的结算方式有现金、转账支票仅限西安本地客户、银行汇兑等，其中90%左右的货款是用银行汇兑的方式结算的。近几年，许多客户提出以银行承兑汇票的方式进行结算，对信誉状况较好的客户，可采用商业承兑汇票结算，但要客户指定银行进行买方付息贴现，西安杨森收到全额货款。信用管理人员、客户和第三方银行共同努力，开发了买方付息代理贴现结算方式，指买方及其所在地的银行和卖方签订银行承兑汇票代理贴现的协议，由买方代理卖方在银行承兑汇票进行背书，再交由买方所在地银行进行贴现，买方支付贴现息，并将贴现款全额付给卖方指定的账户，该方式为买方简化了付款的流程并节约了开票的提前期。具体操作流程如图3所示。

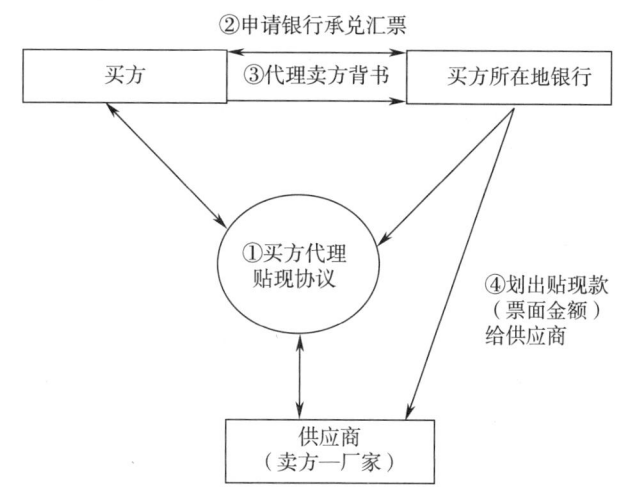

图3 买方代理银行承兑汇票贴现流程

（三）现金折扣政策

西安杨森的现金折扣政策是公司整体信用和商业政策的重要部分，当给予客户一定的信用期限后，会使应收账款多占用资金，为加速资金的回收和周转，减少坏账损失，公司制订现金折扣政策，向客户提供现金折扣，付款期越短，折扣率越大。客户在某一期限内付款，则可得到一定的优惠，这一优惠采用折扣的方式在客户付款后付给客户。

该政策包含两个要素：折扣期限和折扣率，折扣期限是指在多长期限内给予客户现金折扣优惠，折扣率是指在折扣期限内给予客户多少折扣。目前的现金折扣模糊控制法（见表1）：5/30，4.5/45，4/60，分信用期限享受不同的折扣，方便客户安排付款资金，但增加了付款期限管理的难度。

表1　　　　　　　　　　　　西安杨森现金折扣

付款天数（天）	现金折扣比率（%）
0	6
1~30	5.50
31~35	5.40
36~40	5.20
41~45	5
46~50	4.80
51~55	4.40
56~60	4
60+	0

一般地，客户在最短期限内付款所享受的最高现金折扣是很优惠的，因为在30天内5.5%的现金折扣率意味着高贴息，相当于增加30天期限需要多付5/95的利息，即64.03%的综合资金成本，因此客户会非常想来争取这一贴息，大部分选择在30天内付款。

（四）信用额度的设定

西安杨森授予客户的赊销限额，在ERP系统中设定，客户在一定限额内可以循环使用。公司采用以下两种方法给信用客户设定信用额度。

1. 从小金额开始供货，若该客户按时付款，则逐步增加金额。随着与客户往来的增多，客户证明他们能支付更大的金额，则信用部门可以逐步提高限额使客户能够支付更大的购买；反之，信用部门将维持或降低现有的额度以限制客户的购买。

2. 建立信用评估模型，使用公式方法计算出信用额度。依据财务和历史交易数据，开发一些管理系统和模型来做出信用决策和设定信用额度。

（五）信用期限

信用期限是企业允许客户从购货到支付货款的时间间隔。西安杨森主要销售非处方类产品。非处方类产品以二级分销商分销为主，处方类产品以医院终端销售为主，医院的付款周期较长，因此公司将赊销客户的付款期设置为30天到60天，客户可以根据自己的现金状况合理安排自己的付款，但不同的付款天数享受不同的现金折扣。

（六）信用控制政策

西安杨森的信用控制政策是客户在超出限额或期限的处理方法和措施。因客户购货频繁，现有欠款都在期限内，但可用的额度无法支持客户的本次订单金额，需要特别的支持或控制，信用管理部门可以根据客户在过去一段时期的付款和财务状况做出信用决策，再根据公司的审批流程实行审批（如表2所示）。若客户资金不充裕，在欠款到期时不能付款，信用部门应立即与销售人员和客户进行沟通，了解其财务状况和不能付款的原因，以保障货款安全回收。

表2　　　　　　　　　　超出信用额度审批权限

超出信用额度	审核批准				
	区域销售经理	信用经理	全国销售总监	财务总监	总裁
低于100万元	√	√			
超出100万元低于300万元	√	√	√		
超出300万元低于500万元	√	√		√	
超出500万元	√	√	√	√	√

（七）坏账准备和核销

坏账是企业信用管理部门收不回来的欠款。因客户的原因已确定无法收回的账款，不能产生现金流量或为企业带来收益，应将其从资产中剔除，转作损失或费用处理掉，及时确认为坏账按《企业会计制度》的规定以及会计的谨慎性要求，西安杨森制定了坏账准备政策，在期末分析各项应收账款的可回收性，并预计可能产生的坏账损失计提坏账准备。按应收账款的余额和账龄核算相应的坏账准备金，同时，还对部分资产负债率较高或信用风险较高的客户单独提取较高的坏账准备金。

四、西安杨森的客户信用信息库

西安杨森公司在建立赊销信用风险管理体系初期是通过专业信用管理咨询公司——邓白氏公司的咨询，同时利用邓白氏公司的专业信用管理软件RAM（Risk Assessment Management）建立了信用信息库。西安杨森的客户信用信息收集有两个信息渠道：内部信息和外部信息。

内部信息主要是指从公司内部收集客户的信用信息，信息的来源主要有以下几个方面：（1）客户的信用申请信息，主要包含客户基本信息以及市场和销售情况的描述；（2）客户的历史采购额；（3）一定时期的付款信息；（4）销售人员反馈的信息；（5）信用管理人员的实地调查，信用管理人员定期对客户进行走访，对账单有无异议等。外部信息主要是指从公司外部获取客户的信用信息，信息的来源主要有：（1）客户的资质证书（四证一照），主要包括客户的注册资金、客户的主要负责人以及业务经营范围等信息；（2）客户的年度财务报表，要求信用客户每年年初在签订协议时提供上一年度的财务报告，并对其财务数据进行核实和分析；（3）每年年末时通过专业信用征信机构获得一些高风险客户的信用报告，以第三方中立机构的专业评价获得高风险客户的信用信息；（4）关注与公司客户相关的财经报道，并及时传递给公司的管理层。

五、西安杨森的客户信用评估和分类

建立信用评估模型首先是选择信用评估因素，是指公司对客户的一些信用情况和财务比率进行分析，如客户的性质，规模，行业地位，管理人员素质，与政府、银行的关系，信用历史情况，未来发展预计等，并将这些定性指标进行定量化排列，同时赋予不等的评分；定量分析指标包括总资产、负债情况、营运资本、权益资本、销售额、营业利润等；再从这些定性指标和定量指标中选出 5~10 个与客户付款或拖欠相关性较大的因素进行评分。我们从客户性质、资产运营状况、盈利状况以及交易记录四个方面选择企业的性质和类型、资产负债率、净资产规模、应收账款周转率、年度销售收入、净利润率、年度购货金额、平均付款天数 8 个指标。信用管理人员根据各信用评估的因素对客户信用评估的重要程度分别予以确定，若因素越重要、影响程度越大。那么其权数比重就越大，客户的平均付款天数、资产负债率盈利能力是企业比较关注的指标，因此分别赋予了 20% 和 15% 的比重（见图 4）。

将客户的信用信息输入信用评估模型后，信用评估模型将这些信用评估因素的得分和权重进行加权平均计算，得出客户信用分数。

评估模型的基本公式为：$P = aX + bY + \cdots + cZ$

式中 P 表示客户的信用分数，X、Y、$\cdots$、Z 等表示企业所要求的客户信用情况或财务比率，a、b、$\cdots$、c 等表示客户信用情况或财务比率的相应加权系数，a、b、$\cdots$、c 满足：$a + b + \cdots + c = 100\%$。通过信用评估模型的计算，客户的得分在 0~10 分，根据得分将客户分为五类：小于 5 分的为高风险客

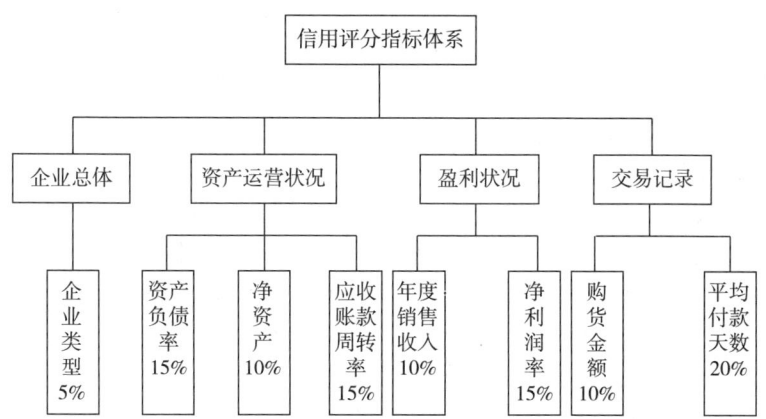

图4　西安杨森信用客户的信用评估因素和指标权重

户，5~6分的客户风险较大，6~7分的客户为中等风险，7~8分的客户风险较小，大于8分的客户风险很小（如表3所示）。

表3　　　　　　　　　　　信用客户的分类

客户信用评分值	客户对应信用等级	信用风险
大于8分	AAA	风险很小
7~8分	AA	风险较小
6~7分	A	中等风险
5~6分	B	风险较大
小于5分	C	高风险

例如，以公司的一个客户有关的信用资料为基础，通过分类加工和量化，并且运用信用评分模型进行打分后，得分结果如表4所示。因该客户的信用分数为7.5分，按照上述标准衡量，该客户具有良好的信用状况，可以考虑向其提供信用。这种评分模型带有主观性，但能对不同客户信用状况用统一的标准衡量，为评估提供重要的参考依据与不断的修正和完善，并坚持不懈地分析下去，一定时期后就能使评估结果更加精确和合理。

表4　　　　　　　客户信用评分分析　　　　　　单位:%，分

序列	信用评估项目	指标值	权重	评分	总体得分 = 评分 × 权重
1	平均付款天数	30	20	10	2
2	净利润率	2.20	15	8	1.2
3	年度进货金额	66 439 880	10	7	0.7

续表

序列	信用评估项目	指标值	权重	评分	总体得分 = 评分×权重
4	净资产	45 400 860	10	7	0.7
5	年度销售收入	1 101 963 379	10	8	0.8
6	应收账款周转率	8	15	7	1.05
7	资产负债率	0.74	15	7	1.05
8	企业类型	国有	5	7	0.35
	总计		100	61	7.85

西安杨森每年向客户收集新的信用信息，根据收集的信息对信用评估的主、客观因素重新打分，运用信用评估模型测试系统再进行测试，以改善信用评估模型的状况。我们同时还每半年评估过去半年信用管理系统的运行状况，听取业务部门意见，对流程或系统进行必要的调整和改进。

六、客户信用额度的计算和设定

授予客户信用额度是一项慎重的工作，对我们来说，授信通常分两种情况：一种是新客户的授信；另一种是对信用客户的资信调整。针对新客户的授信对企业来说是比较难处理的一项需求，销售人员新开发了一个大客户，需要通过信用额度的支持以扩大交易规模，但对信用管理部门来说，这必须按照一定的程序进行：

（1）一般会要求新客户同公司进行 3~6 个月的现金交易，以磨合双方的运作，对公司的产品和市场开拓有一定的信心和了解。

（2）填写《信用额度申请表》，此表包括：客户的历史背景、基本注册信息、股东信息、对外投资信息、历史销售状况和供应商评价等，同时提供客户近 2~3 年的资产负债表和损益表（利润表）。

（3）将申请表和财务报表提供给销售人员，销售人员初步检查信息的完整性和准确度并填写审核建议。

（4）销售人员将信用申请表发送给信用管理人员，信用管理人员将客户的申请信息和财务信息输入到客户信用数据库，并利用信用评价模型对客户的信用风险做出相应的评价得分，再根据得分进行决策：拒绝授信、同意授信。

（5）对同意授信客户根据信用得分确定合适的授信系数，再通过目标销售额以及历史交易额计算合理的信用额度。信用限额的计算如式 1 所示：

信用限额 =（上一年度的采购额×30% + 本年度的计划采购额×20% + 截至目前的实际采购额×360/过去的天数×50%）×授信系数　　　　（1）

（6）对拒绝授信的客户，信用管理人员可以要求客户提供公司认可的信用担保，通常的担保方式有法人保证、固定资产抵押或票据质押等，信用人员再根据担保情况确定信用额度。针对已经存在的信用客户，公司需根据过去一段时期的交易及财务状况每季度或半年调整客户的信用额度。定期调整信用额度，能合理配置信用资源，及时支持优质客户的销售，同时降低信用规模扩大的风险。对信用评价恶化的客户，公司需要同销售人员进行沟通，以降低或取消对该客户的信用额度；对信用评价优良的客户，需要调高信用额度的支持，以支持优质客户的发展。

七、账龄分析和账款催收

一般来说，在对客户赊销后形成应收账款的管理中，"防患于未然"比事后补救更有效。应在应收账款到期前加强跟踪监控，尽早发现客户的经营或产权的变化，及时收回账款。从账款管理的实践来看，账龄长短对应着应收账款收款成功的概率。客户逾期拖欠账款的时间越长，便会增大账款催收的难度和成为呆、坏账的可能性。所以，西安杨森要做好应收账的账龄分析。针对企业应收账款收款环节存在的问题，信用管理部门对未到期应收账款的管理主要包括下列几个方面：

（1）确定客户收到货物和销售发票：赊销企业应在客户检验完货物无误后，要求客户签字，信用管理人员需要同销售人员核实客户的货物和发票是否到位。

（2）进入"预警期内"的应收账款：在应收账款到期前一周，通知销售人员提醒客户安排好应付款项的资金，落实预期的付款金额和时间。

（3）到期应收账款：应收账款到期时，同销售人员联系核实客户是否已将款项付出，可用付款的电汇凭证；如未能及时付款，需了解客户当前的资金状况以及预期的付款时间，严格控制客户的新订单。

（4）逾期应收账款：出于各种原因，客户期满后仍不能付清欠款，或遇到困难的客户会在信用限期之前向企业申请延期付款，可根据客户请求，给予客户一定的展延期。在此期间，对客户新订单的执行严格控制。客户付出相应的逾期款项后再决定是否发货或调低信用额度。

（5）收账款逾期3个月以内，企业主要进行内部处理，给客户时间缓解困境；逾期3个月以上，将考虑通过公司的法律部或外部力量进行追讨；逾期一年以上，可考虑采取诉讼手段，但因其代价较大此前会全面考量。需要催收或付诸法律的应收账款：在延展期过后，若客户仍不能结清货款，将采取催收措施；催收无果，向法院起诉，利用法律手段强制催收。若客户信用记录正常良好，可当面沟通协商，解决问题。

八、西安杨森的信用管理绩效评价

在赊销信用风险管理中，实施正确的赊销信用风险管理绩效评价，会对信用管理工作有以下促进作用：对企业信用管理工作给出专业评价，识别工作瓶颈，发掘突破口，为企业流程再造提供依据，减少工作中的失误，提高效率、服务质量和客户保持率，改善企业的财务表现，提高生产力，增加收益，降低坏账率。信用循环过程包括收款过程和订购过程，所以评价指标分为两类：一是对应收款管理的全过程进行评价的指标，二是专门针对收款过程进行评价的指标。

（1）现金回收比率（CCR）：反映一段时间内应收账款回收效率的指标。分子表示本期已收回的应收账款金额，分母表示本期应该收回的应收账款金额。指数越接近100%，收款效率越高。

（2）应收账款周转天数（DSO）：也叫平均应收账款回收期或平均收现期，表示企业从取得应收账款的权利到收回款项、转换为现金所需要的时间。采用倒推法计算。

（3）账龄要求：基本要求是企业全部的应收账款都在信用期限内，或允许一定比率地超出信用期限。

（4）信用成本率：指为了保障应收账款的安全回收所付出的成本和费用同销售额的比率，信用成本包括现金折扣、资金成本和坏账成本等，公式表示为：

信用成本率 =（现金折扣 + DSO × 短期借贷利率 + 坏账准备金增（减）额 − 滞纳金）/销售额

✎ 思考题

1. 企业信用管理主要的模式有哪些，各自有什么特点？
2. 企业的信用政策内容有哪些，在什么情况下采取什么样的信用政策？
3. 信用额度的确定有哪些主要的方法，各自的优劣是什么？

4. 企业信用管理的绩效怎么评价?

案例教学使用说明

一、教学目标与用途

本案例通过对医药流通业现状进行分析,然后导出医药流通业中的典型代表西安杨森。通过对西安杨森赊销信用风险管理体系的各个方面进行梳理,采用全程信用管理的理论对其进行逐一分析。目的是通过此案例引导学生了解和复习全程信用管理理论,熟悉赊销信用风险管理的各个环节和主要操作流程,诊断出实际案例的问题并加以设计和改进。

二、涉及知识点

硕士生课程中的有关赊销、信用风险控制以及信用管理绩效评价。

三、要点分析

(一) 医药流通业现状分析

这一节先交代医药流通行业发展现状即案例分析的事实背景,通过让学生参与以下问题的交流和讨论,增强对医药流通行业的了解。主要问题有:

(1) 大家平时熟悉哪些医药流通行业的企业,国内最有代表性的有哪些?
(2) 我国医药流通企业发展现状与欧美发达国家相比有哪些问题?
(3) 我国医药流通企业赊销现状和信用管理现状如何,主要问题在哪里?

信用交易是一种很有利的销售工具,能扩大销售、开发市场,因欧美市场信用环境好而非常盛行,而我国现今信用销售的基础较薄弱所以比例很低。

国内医药流通企业管理中存在的突出问题主要包括,防范信用风险机制不健全,信用管理技术和方法落后,缺少应收账款回收机制等。具体表现在职责不清、观念陈旧、缺乏制度保障这些方面。就我国当前的医药流通企业的现状来看,业务人员缺乏完善的风险防范意识,无法掌握科学的信用分析法,使得业务欠缺。而应收账款作为医药流通企业资产中重要的组成部分,当前的医药流通企业在应收账款回收工作中的漏洞会造成极大的信用风险。

(二) 西安杨森的信用管理模式和管理流程

这一节通过收集的西安杨森信用管理模式和管理流程的材料,引导学生回忆信用管理的几种模式等基础知识,进一步思考全程信用管理模式的流程和相关知识。

(1) 全程信用管理模式有哪些特点和优势,一般采用这种模式对企业有何要求?

(2) 西安杨森使用商务代表来筛选客户,此做法有何优劣?

(3) 为什么西安杨森虽然大幅度减少客户,但公司的销售额不仅没有减少,反而大幅地上升,是什么原因?

(4) 西安杨森利用公司的 ERP 系统进行全程信用管理,请说一说信息管理系统在企业全程信用管理中的作用?

西安杨森采用全程信用管理模式,其控制流程针对中国医药行业的特殊情况建立有效的全程控制法。事前审核、事中控制、事后监控,全程控制法通过赊销管理、销售控制、风险管理、制度建设四大内容,以信息数据基础为基础,建立有效的全程控制链条,有效地控制了销售环节中的风险,符合中国医药流通企业的特殊情况。

目前西安杨森在销售中,严格按照预先为每个客户评定的信用限额发货,并严格监督每笔账款的回收。方案开始实施时,有人担心销售额的降低。但事实证明,公司的销售额不减反增。这是因为他们在减少信用不良客户的同时,对信用好的客户扩大销售量,找到真正的财富来源。西安杨森在当地都有商务代表负责客户接待的相关工作,同时商务代表需承担催促客户回款的责任。信用管理人员需要了解客户的财务状况、定期对客户进行信用调查,提供先进的管理经验。这种间接的信用管理方式的成本较低,并充分利用了商务代表同客户良好的关系,有利于客户优先安排资金及时付款;然而这种管理方式也存在信息传递过程中削弱失真,甚至决策延误。

(三) 西安杨森的信用管理政策

这一节通过对西安杨森信用政策的各个方面进行分析,请大家联系企业信用政策的理论,思考以下问题。

(1) 西安杨森采用买方代理银行承兑汇票贴现,与其他结算方式有什么优势,风险如何,国内其他医药流通企业主要的结算方式是什么?

(2) 怎么评价西安杨森的现金折扣政策,其他医药流通企业的现金折扣政策如何?

(3) 西安杨森将赊销客户的付款期设置为从 30 天到 60 天,这个信用期限合理吗?

(4) 西安杨森的信用控制政策是否合理?

企业可靠赊销方法获利,因此,赊销产生的应收账款是企业为扩大销售和盈利而进行的资金投放。但国内企业对现金折扣运用生疏,只是较多采用"下浮价"方法进行促销,甚至搞"回扣",使应收账款居高不下。然现金折扣的主要目的是吸引顾客为享受优惠而提前付款，以缩短企业的平均收款期。

现金折扣政策可将付款期限与价格扣减紧密地有机结合，是给对方企业而非对方企业中个别经手人的优惠。这与回扣有着很大的区别。如果对方企业是正规的，管理是严密的、严格的，在信用品质的五个方面符合信用标准，可考虑现金折扣政策的运用来扩大销售。

西安杨森处于急剧变化的医药行业，其盈利水平的快速下降，导致相应产业处于困境之中，需不断完善赊销信用风险管理体系，提升企业的现金流周转效率。

因大多数医药商业流通企业的毛利额较低，费用率较高，医药行业里的医药商业流通企业面临更大的困境。竞争加剧，赊销所产生的应收账款增长较快都带来了潜在风险，更加需要企业加大对应收账款的管理力度，建立专业的信用风险管理体系、客户信用信息档案和客户评估体系，着重于一些资信较好的客户，从而保证企业的资金回笼和公司的销售增长。

（四）西安杨森的客户信用信息库

这一节主要是了解西安杨森客户信用信息库的信息来源和数据库形式，主要是让大家思考：

（1）信用信息来源的内部渠道和外部渠道有哪些，西安杨森需要再扩充它的信用信息来源吗？

（2）西安杨森通过 RAM 系统来作为客户信用信息库，这种方式好吗？

西安杨森客户信用信息库的内部信息来源主要有以下几个方面：客户的信用申请信息（客户基本信息以及市场和销售情况的描述）；客户的历史采购额；一定时期的付款信息；销售人员反馈的信息；信用管理人员的实地调查。而外部信息的主要来源：客户的资质证书（四证一照）；客户的年度财务报表附加其财务数据的核实和分析；每年年末通过专业信用征信机构获得一些高风险客户的信用报告，以第三方中立机构的专业评价获得高风险客户的信用信息；关注与公司客户相关的财经报道并传递给公司的管理层。

（五）西安杨森的客户信用评估和分类

这一节主要是了解西安杨森的客户信用评估指标体系和模型，让大家回忆客户信用分析的基本模型和方法，并思考：

（1）西安杨森客户信用评估指标体系和权重是否合理，模型是否恰当？

（2）西安杨森客户信用评估还能应用哪些模型进行分析？

（六）客户信用额度的计算和设定

这一节主要是了解西安杨森的客户信用额度的计算和设定，让大家回忆客户信用额度计算的基本方法和模型，并思考：

（1）客户信用额度的计算有哪些方法，各有哪些优劣？

（2）西安杨森客户信用额度计算是采用的哪一种方法，是否合理？

（七）账龄分析和账款催收

这一节主要是了解西安杨森的账龄分析和账款催收情况，并思考：

西安杨森的账龄分析和账款催收做法和程序有没有问题，哪些方面可以进一步改善？

（八）西安杨森的信用管理绩效评价

这一节主要是对整个西安杨森的信用管理绩效进行评价，通过对现金回收比率、应收账款周转天数（DSO）、账龄要求和信用成本率的分析来评价信用管理绩效。

（1）企业信用管理绩效怎么评价，有哪些主要指标？

（2）请通过公开资料查询，计算西安杨森近几年的现金回收比率、应收账款周转天数（DSO）、账龄要求和信用成本率，并对西安杨森信用管理绩效进行评价？

四、授课案例总结

通过本案例锻炼学生收集案例资料以及从不同角度分析案例资料的能力，重点考查学生利用信用管理的基础知识，具备分析实际生活中具体企业赊销信用风险管理体系是否恰当的能力。

通过案例讲授希望达到以下目的：

（1）了解医药流通企业的发展现状和信用管理状况。

（2）能够运用科学的程序和方法分析具体企业的赊销信用风险管理体系。

（3）能够针对具体案例企业存在的问题，提出优化和改善的方案。

五、课时安排

拟安排4个课时，其中2个课时讲解案例材料，2个课时进行讨论和分组辩论。

六、课前准备

学生：阅读西安杨森案例分析相关材料，对西安杨森赊销信用风险管理体系有感性的认识。

教师：做好相关案例分析PPT，准备讨论和分组的相关问题。

教辅人员：打印好案例分析的文字材料，并负责分发。

七、课堂安排及要求

分组要求：根据本案例八个方面的情节设定，将学生分为八组，每组根据案例材料和交流讨论的问题，收集资料进行分析论证。在分析过程中，要列出各自的观点和论据，相关材料可以是本案例材料，但不限于本案例材料。

新湖瑞丰玉米价格风险管理模式探索案例

郭风龙[①]

一、新湖瑞丰基本情况介绍

新湖瑞丰的全称是上海新湖瑞丰金融服务有限公司，它是由新湖期货有限公司全资控股，是正式通过中国期货协会审核设立开展以风险管理服务为主的上海辖区期货公司第一家设立的期货子公司。该公司自成立以来主要从事基差交易、仓单服务和场外期权等风险管理相关业务。该公司致力于商品期货和金融期货及产业链相关品种的资产管理业务，并提供资产管理、投资咨询等业务，同时从事技术和货物的进出口业务。

2013年，在国家政策和相关部门的支持下，公司开始涉足农产品价格风险管理业务，探索风险管理公司服务"三农"的创新路径和模式。在国家推进农产品价格市场形成机制的过程，公司基于传统"订单农业"的不足，创新提出"二次点价"和"复制期权"的风险管理模式，实现了"保底价订单"业务模式全流程实践检验。这种新型风险对冲方案不但缓解了农民"卖粮难、卖价低"的困难，而且解决了涉农中小贸易商的资金流动性问题，同时为我国实施"农业价格保险制度"和"农产品目标价格管理制度"积累了宝贵的经验。该项目荣获上海市金融创新二等奖，这对子公司参与实体经济服务和探索金融创新业务给予了较高的肯定和鼓励。新湖瑞丰致力于将复制期权模式推广到各期货上市品种，实现企业更加灵活、个性化的套保需求。

---

① 郭风龙（1983—），男，河南邓州人，南京审计大学金融学院副教授，理学博士，研究方向为金融风险管理。

二、新湖瑞丰玉米价格风险管理模式试点的背景

(一)国家玉米临时收储政策产生巨大玉米库存

由于我国农民数量众多,玉米种植面积和玉米单产不断上升,玉米总产量已处于世界领先地位。2000年,国家开始对我国粮食流通体制进行改革,并成立了中储粮集团公司。中储粮集团主要负责国家粮食的收购和存储,但是在收购数量、收购时间、粮食存储时长以及存储粮处理等问题上并没有自主权,而是由国家发改委和国家粮食局等部门共同商议,并最终由国务院决定。

2004年,国家开始实施粮食托市收购政策。即在每年农作物种植之前,国家会向农民公布农产品的最低收购价格,中储粮最终粮食收购价格不得低于这个价格。在粮食收割结束农民卖粮时,如果粮食的市场价格低于最低收购价格,中储粮会按照最低收购价向农民收购粮食。这样,无论粮食价格如何变化,农民都将以不低于最低收购价的价格卖出粮食,极大地缓解了农民"卖粮难"的问题。国家根据物价的发展水平的变化实时调整粮食的最低收购价格。例如整体物价水平在2008—2014年上涨迅速,国家适时提高小麦和水稻的最低收购价格,但在2015年以后,随着物价水平的平稳,国家又下调了水稻的最低收购价格。

2008年爆发的国际金融危机对我国经济发展产生很大影响。为了保障农民利益、维护农产品市场的稳定,国家开始对我国重要农产品实施临时收储政策,不限量敞开收购玉米和大豆。临时收储政策极大地刺激了农民粮油生产的积极性,玉米和大豆的投入逐年提高。为保障农民利益,国家不断上调玉米和大豆的临时收购价格,使得我国玉米和大豆的收购价格远远高于国际价格。这种国内国外价格倒挂产生了国外玉米和大豆进入国内市场流通,而国内的玉米和大豆却进行国家粮食储备仓库储存的现象,从而给国家粮食储存和国家财政带来沉重的负担,同时也大幅提升了玉米和大豆产业链下游企业的原材料成本。

受临时收储政策和其他因素的影响,我国的粮食产量不断攀升。2012年我国的玉米产量已经超过稻谷的产量,成为产量第一的粮食品种。随着国家玉米总产量提高和临时收储价格的上调,国家玉米临储收购量不断上升。2012—2013年国家玉米临储收购量为3 083万吨,到2013—2014年翻番,达到6 919万吨,而2014—2015年更是达到8 329万吨的历史高位。庞大的收购

量给玉米储备和国家财政带来负担，迫使国家下调玉米临储收购价格。但是到 2016 年 4 月底，国家玉米的临储收购量还是达到 1.2 亿吨的惊人数量。数量庞大的玉米储存量，不但加重了国家收购玉米的财政负担，而且产生了巨额的仓储成本和财政资金的利息成本。根据测算，在考虑玉米收购价格、仓储建造成本、玉米保管费用和资金的利息成本等的情况下，每吨玉米的存储成本约为 252 元。数据显示截至 2016 年底，国家玉米产量达到 2.6 亿吨，照此计算，仅就玉米这一粮食品种的收储成本就达到惊人的 655 亿元。

(二) 国家玉米价格形成机制的市场化导向明显

鉴于托市收购政策和临储政策产生的问题，随着市场化改革的深入推进，国家开始探索玉米、棉花和大豆等重要农产品价格的市场形成机制和国家粮食收储制度的改革，并出台一系列的文件规范并稳步推进。

2013 年党的十八届三中全会《关于全面深化改革若干重大问题的决定》做出重要部署，"经济体制改革是全面深化改革的重点，核心问题是处理好政府与市场的关系，使市场在资源配置中起决定作用"。

2014 年中央一号文件中提出，"完善粮食等重要农产品价格形成机制。继续坚持市场定价原则，探索推进农产品价格形成机制与政府补贴脱钩的改革"。同年，针对大豆和棉花的临时收储制度退出历史舞台，国家开始启动大豆和棉花目标价格改革试点。

2015 年中央一号文件要求"完善农产品价格形成机制。增加农民收入，必须保持农产品价格合理水平。继续执行稻谷、小麦最低收购价政策，完善重要农产品临时收储政策。总结新疆棉花、东北和内蒙古大豆目标价格改革试点经验，完善补贴方式，降低操作成本，确保补贴资金及时足额兑现到农户，积极开展农产品价格保险试点"。而国务院办公厅《关于加快转变农业发展方式的意见》也指出，"支持新型农业经营主体利用期货、期权等衍生工具进行风险管理"。同年，国家宣布取消油菜籽临时收储制度，改为将油菜籽国家财政专项补贴直接贴补油菜籽种植农民的政策。

2016 年，中央一号文件指出要"推进农业供给侧结构性改革，加快转变农业发展方式，保持农业稳定发展和农民持续增收""深入推进新疆棉花、东北地区大豆目标价格改革试点。按照市场定价、价补分离的原则，积极稳妥推进玉米收储制度改革""探索建立农业补贴、涉农信贷、农产品期货和农业保险联动机制""稳步扩大'保险+期货'试点"。同年 4 月，国家宣布取消持续 8 年的玉米临时收储政策，转而实施国家农业专项资金直接贴补玉米种植农民的政策。

2017年，中央一号文件指出要"深入推进农业供给侧结构性改革""坚定推进玉米市场定价、价补分离改革，健全生产者补贴制度""调整完善新疆棉花目标价格政策，改进补贴方式""深入推进农产品期货、期货市场建设，积极引导涉农企业利用期货、期权管理市场风险，稳步扩大'保险+期货'试点"。

（三）美国农业发展经验借鉴

美国农业保险保费收入从1989年的8.1亿美元增长至2016年的93.3亿美元，取得了令人瞩目的发展，从美国农业部公布的数据来看，几乎98%以上都是种植险。美国农业保险在1989年、1995年、2007—2008年以及2011年出现了高速发展。1989年，美国全面铺开产量保险试点；1994年，美国农业部要求农民在购买农业保险前提下才能获得自然灾害救助，导致次年农业保险购买规模猛增；2011年，开展变革收入保护保险（Revenue Protection, RP），农业保险总保费规模首次突破100亿美元；2016—2017年，美国农业保险年均保费保持在90亿美元左右，业务发展稳定。

统计资料显示[①]，美国的农业保险产品大致可分为四种类型：农产品产量保险、农作物收入保险、农产品区域保险、农业指数保险等。

1996年颁布的美国《联邦农业改善与改革法》为农作物目标价格保险的设立铺平了道路。随后，私营保险公司开始经营和代理农作物保险业务，而联邦政府不再涉足农作物保险的直接业务。从1996年开始，美国私营保险公司开始开发并试验各种农作物收入保险产品，并于2003年开始在全美推广农作物收入保险业务，随后农作物收入保险业务取得了长足的发展。数据显示，美国农作物收入保险业务保费收入占农作物总保费的份额为由1996年的7.9%增长到2016年的80.6%，增长迅速。而从农作物保险业务的保险覆盖面积来看，美国1996年的农作物收入保险业务承保面积为1 165.4英亩，承保面积覆盖率为5.7%，而到2018年农作物收入保险的承保面积达到1.97亿英亩，承保面积覆盖率为达到68.1%，同样增长迅速。

从上述分析可看出，美国农业保险尤其是农作物收入保险在美国农业的长期稳定发展过程中发挥着重要的作用；此外，相比于美国政府，私营保险公司以其专业水平、技术实力和人才储备能够充分发展其在农业风险管理的

---

① 根据对1989—2016年美国农业保险市场所有产品的条款内容和保障范围的查阅及统计分析。

优势,为解决各种农业风险问题提供市场化的解决方案;政府应发挥其宏观调控职能,不直接参与或干涉农产品流通市场,而考虑运用财政补贴的方式保障农民利益,保护农民从事农业生产积极性。

三、新湖瑞丰"二次点价+复制期权"的玉米价格风险管理模式

2013年7月以来,随着国内玉米产量的不断增加,国内玉米市场供给出现过剩。在我国供给侧结构性改革逐步推进的背景下,玉米产业链下游企业需求下降,国内市场对玉米的消费需求下降。同时由于国内外玉米价格倒挂,由国际市场进口的代价玉米对国内玉米市场产生重大冲击,从而导致国内玉米的市场价格不断下降。由于我国自2008年国际金融危机后对玉米实行临时收储政策,对玉米进行最低保护价格的托市收购,农户不用担心玉米价格下跌的风险,因而尽管玉米的市场价格不断下跌,玉米的种植面积仍在不断增加。

(一)"二次点价+复制期权"模式的参与主体

随着我国农产品目标价格市场形成探索的逐步推行,新湖瑞丰公司在国家政策和大连商品交易所的支持下,借鉴国外成功经验并结合我国国情,发挥其风险管理方面的职能和优势,积极开展业务创新,在金融衍生产品市场服务"三农"方面积极进行探索,实践出"二次点价+复制期权"的义县模式。在这种模式中,新湖瑞丰公司是义县模式的投资主体,而辽宁辽锦生化科技有限公司是玉米收购的仓储主体,义县华茂谷物种植专业合作社和义县当地的玉米种植大户是义县模式的收购对象。

辽宁辽锦生化科技有限公司(以下简称辽锦生化)主要从事粮食收购、仓储、销售、饲料销售、粮食精选、农副产品初加工;货物专用运输(集装箱),国内水路运输,船舶代理,货物代理,物资仓储配送(危险品除外)、电子商务,场地租赁,库房租赁,农业信息咨询的科技型民营企业,并负责粮食等代收代储和销售环节的衔接工作。

义县华茂谷物种植专业合作社位于辽宁锦州县,注册资本100万元,致力于服务义县农民和农业生产,推动农作物科学种植,与义县农业农民共同发展。合作社成立理事会,负责合作社的经营与管理,具有理事成员3名,并吸纳义县当地社员1 500名。合作社的主要业务范围为:帮助社员采购种植玉米需要的种子、化肥、农药等生产资料,收购合作社成员的玉米,定期为

社员开展玉米种植方面的培训，聘请专家与社员进行技术交流，通过多种渠道为社员提供信息咨询服务。

（二）新湖瑞丰"二次点价＋复制期权"模式的实施过程

1. 合作社与新湖瑞丰签订"二次点价"合约取得玉米价格上涨收益的权利

2013年，新湖瑞丰在锦州义县总共实施了1 000吨玉米的收购。这1 000吨玉米中500吨是新湖瑞丰按照保底价格向义县农民一次性收购，类似于国家的玉米托市收购，但参与主体转变为私营企业。另外收购的500吨玉米是按照"二次点价"的方式收购。

二次点价是指，在玉米收割完成农民卖出玉米时，新湖瑞丰按照保低价格收购义县种植大户和合作社收割的玉米。同时如果玉米的市场价格在未来约定的一段时间内出现上涨，农民就有权利在这段时间内的某一天向新湖瑞丰要求二次点价，此时新湖瑞丰必须将这一阶段玉米价格相对于保低价格的差值支付给农民。而如果玉米的市场价格在未来约定的时间内下跌，则农民不会行使权利，因而农民实际上是按照保低价格出售玉米。农民在二次点价过程中拥有二次结算的权利，因而在价格上涨时二次受益，部分化解了农民卖出玉米后价格上涨的担忧。

义县模式"二次点价"的实施过程如下：新湖瑞丰根据玉米期货一段时间的交易价格确定均值为2 225元/吨，并将其作为玉米收购的基准价格，即保低价格。新湖瑞丰根据基准收购价格向义县合作社和种植大户收购500吨玉米并将其储存在辽锦生化的仓库。新湖瑞丰按照保低价格将粮款支付给合作社和种植大户，并与种植大户和合作社约定自售粮日起到2013年12月15日这段时间为"二次点价"区间，而该500吨玉米的所有权由合作社和种植大户转变为新湖瑞丰。

二次点价基准价格设定为每天锦州港玉米收益价减去30元从辽锦生化仓库到锦州港的运杂费。自玉米出售日起，义县合作社有权在2013年12月15日前的任何一天进行点价。如果玉米的基准价格高于之前商定的保低价，并且合作社要求点价，新湖瑞丰将支付给义县合作社当日基准价与保低价的差值；如果玉米当日的基准价低于保低价格，义县农民不会进行二次点价，保低价格不变。如果到2013年12月15日农民仍然没有进行点价，新湖瑞丰公司将计算自售粮日到2013年12月15日这段时间玉米基准价格的算术平均值，然后将其与保低价格进行比较。如果基准价格平均值高于玉米保低价格，新新湖瑞丰将支付农民这部分价差，如果基准价格平均值等于或小于保低价格，则仍按照保低价格进行结算。

至 2013 年 12 月 15 日点价协议截止日，由于当周按照协议核算的玉米基准价格下跌，义县合作社并没有向新湖瑞丰要求点价。新湖瑞丰计算自玉米出售日至 2013 年 12 月 15 日这段时间的玉米基准价格的算术平均值，发现其比订单协议中保底价格每吨高 15 元。按照点价协议规定，新湖瑞丰向合作社支付了 15 元/吨 × 500 吨 = 7 500 元的点价补偿。

2. 新湖瑞丰在大商所卖出玉米期货合约对冲价格上涨风险

对于一次性收购的 500 吨玉米和二次点价收购的 500 吨玉米，为了防止玉米价格的下跌带来损失，新湖瑞丰公司决定在大连商品交易所卖出相应的玉米期货合约进行套期保值。新湖瑞丰公司实时分析玉米市场的行情，在玉米价格上涨时，按照较高的价格卖出玉米现货，并对期货头寸进行平仓；当玉米价格下跌时，按照玉米期货合约进行实物交割以获得期货市场的补偿。具体操作为：新湖瑞丰公司在 1 000 吨玉米收购完成后即在大商所卖出玉米 1 409 吨合约对 1 000 吨玉米现货进行套期保值。

3. 新湖瑞丰"复制期权"对冲合作社和农户的点价风险

对于一次点价收购的 500 吨玉米，卖出玉米期货合约可以对冲玉米价格下跌的风险。但根据点价协议收购的 500 吨玉米，新湖瑞丰面临义县种植大户和合作社可能二次点价的赔偿损失，单纯在交易所卖出期货合约并不能对冲这种风险。例如，如果玉米价格上涨，合作社进行二次点价，新湖瑞丰就需要补偿二次点价的价差，从而导致玉米采购成本的上升。因此，对于二次点价的这 500 吨玉米，新湖瑞丰通过复制期权策略来管理二次点价的风险。

按照套期保值相关理论，新湖瑞丰公司在期货市场卖出玉米合约后，应该立即在期权市场买入与期货合约到期日相同的玉米期权合约以对冲二次点价的风险。但由于我国衍生工具市场发展滞后，在 2013 年还没有推出玉米期权合约。为了对冲义县农户和合作社二次点价的风险，新湖瑞丰公司选择利用期货合约复制玉米期权的策略，考虑到运用现有市场合约复制期权的专业性和复杂性，新湖瑞丰委托一家外资投资对冲基金进行期货复制期权的操作，这家公司为 Vermillion Asset Management。

在玉米价格持续上涨时，新湖瑞丰的玉米期货空头出现亏损，而玉米现货出现盈利，但如果此时农户选择二次点价，新湖瑞丰必须将这部分盈利全部支付给农户。在国内没有玉米期权的情况下，新湖瑞丰委托 Vermillion Asset

Management 公司在期货市场上买入玉米期货合约建仓，然后根据期货合约风险值及相关指标的变化实时调整玉米期货合约多头的头寸，从而复制出玉米看涨期权，对冲玉米价格上涨带来的二次点价风险。具体来说，就是在玉米价格持续上涨的时间，买入玉米期货合约；而在玉米价格下跌时，根据相关指标的变化，适时平仓玉米期货合约多头的头寸。由于交易频率较高，新湖瑞丰在复制期权过程需要不断支付交易成本，从期权角度来看，这部分费用相当于买入玉米看涨期权的期权费。

运用期货复制期权的具体调整依据：一是新湖期货玉米研究员每天对玉米基本面的预测分析，二是新湖期货对于各个玉米品种每日资金流向和交易情况的分析。

新湖瑞丰在运用期货复制期权的过程中产生的交易成本为 3 490 元，而支付给投资基金公司 Vermillion Asset Management 用于复制期权的咨询和操作费用为 17 655 元，这实际上意味着以 21 145 元的价格买入 500 吨玉米的看涨期权。新湖瑞丰运用期货复制期权策略确定的截止日期为 2013 年 12 月 15 日。因为新湖瑞丰在此日履行完农户二次点价的可能赔付后，不需要再承担玉米价格上涨的风险，根据套期保值的理论，新湖瑞丰将其复制期权策略的玉米期货多头头寸全部平仓，退出玉米期货市场。

（三）新湖瑞丰"二次点价 + 复制期权"风险管理模式存在的问题

大连商品交易所组织新湖瑞丰推出的义县模式，通过创新风险管理子公司服务模式，探索管理农产品价格风险的新路径，为服务"三农"提供运用衍生品市场的新思路。从效果来看，复制期权策略基本达到预期目的，有效规避了新湖瑞丰"二次点价"的偿付风险。但是复制期权的操作是基于新湖瑞丰玉米研究员的每日对玉米基本面的预判，运用 Delta 动态对冲策略复制期权无法完全对冲"二次点价"风险。此外，频繁的复制期权操作也将带来一定数量的交易成本和税费。这势必会影响对"二次点价"面临风险的套期保值效果。因此，复制期权的策略并不能完全替代场内交易的期权。

我国在 2013 年还没有推出场内玉米期权合约，新湖瑞丰只能委托外资金融机构进行复制期权的操作，但是场外市场并不透明，新湖瑞丰在复制期权交易中只能单方面服从金融机构给出的咨询费和复制期权费用，因而付出的期权费成本也相应更高一些。根据测算，相比于场内期权，复制期权的费用提高了接近 30%。"二次点价 + 复制期权"的风险管理模式的市场参与主体是新湖瑞丰这样的风险管理子公司，而不是保险公司。受制于资金、技术、农户信任等多方面的限制,"二次点价+复制期权"的策略并不能进行大规模推广。

农产品价格保险是国际上保障农民收入的主流做法,尽管国家在政策层面不断进行推动、尝试和创新,但具有可操作性的实施细则却迟迟没有出台,保险公司参与农产品价格保险的积极性并不高。究其原因,可能在于农产品价格保险业务的特殊性。国外农业发展的经验显示农产品价格保险通常为国家补贴型保险,而结合国情,如果我国想逐步退出临时收储政策转而推行玉米价格市场形成制度,也必然要求农产品价格保险为国家补贴型保险。这类保险的主要特征是国家运用财政资金为农民支付大部分保费,而农民只支付很小的一部分,但这部分保费并不能完全覆盖农产品价格暴跌带来的风险,并且农产品价格风险的理赔概率相对于其他险种要高得多。保险公司如果想发展农产品价格保险业务,就必须对其面临的价格风险进行有效管理。农产品再保险业务可分散农产品价格风险,但只在保险市场进行市场风险的分散,保险公司也可进入衍生品市场对农产品价格风险进行管理,但由于保险公司缺乏在衍生品市场进行套保的经验,因而介入衍生品市场比较谨慎。

鉴于此,在国家有关部门和大连商品交易所的支持下,借鉴国际上尤其是美国农业发展的成功经验,新湖瑞丰联合人保财险推出"保险+期权"的玉米价格风险管理的新模式。

四、新湖瑞丰"保险+期货"的玉米价格风险管理模式

(一)"保险+期货"模式的试点背景

由于农业技术的进步,我国玉米市场的供给出现长期快速增长的态势。2015年我国玉米市场收储数量更是达到了8 300万吨的历史高位。随着供给侧结构性改革的逐步推进和我国经济结构性改革的影响,玉米产业链的下游企业如玉米饲料企业和玉米深加工企业对玉米的需求持续低迷,短时期内无法得到有效提升。即使国家对深加工企业进行财政补贴,许多企业仍然存在不同程度的亏损。玉米市场供需矛盾突出,导致玉米价格有所走低,到了7月、8月,虽然国内玉米价格相对比较稳定,但市场上看空玉米价格仍占绝对优势,人们普通预测玉米价格进一步下跌的可能性仍然较高。在这种情况下,玉米生产者和国家管理部门迫切需要应对玉米价格下跌风险的有效管理模式和方案。

(二)"保险+期货"模式的参与主体

随着玉米市场供需矛盾的深入发展和国家由农产品临时收储政策转向农

产品目标价格市场形成制度的推进,在大商所和原大连保监局的组织和推动下,2015年8月新湖瑞丰联合人保财险大连分公司对锦州义县桂勇合作社的玉米开展了"保险+期货"的玉米价格风险管理新型模式的试点和尝试。

人保财险是中国人民财产保险股份有限公司的简称,是我国内地最大的一家非寿险公司,注册资本为111.418亿元,是中国人民保险集团股份有限公司的核心成员。人保财险是我国一家非常具有代表性的非寿险保险公司,自成立之日起不断开展财产保险业务的设计创新与扩展,目前主要经营业务已经包括大部分财产保险业务,并且涉足意外伤害保险业务、短期健康保险业务等,为国家经济的长足发展和社会的稳定提供了强有力的支撑。

锦州义县参与的合作社主体为桂勇玉米种植专业合作社。

(三)新湖瑞丰"保险+期货"模式的实施过程

1. 合作社与人保财险签订保险合约防止玉米价格下跌

随着我国农产品临时收储政策向价格市场机制转变的推进,在国家相关部门的推动和支持下,2015年人保财险大连分公司积极进行保险业务创新,设计了玉米价格保险保单,并在辽宁锦州进行保险业务试点。玉米价格保险保单中的有效期限考虑了锦州当地每年的玉米种植收割时间,最终确定玉米价格保险的投保时间为2015年5~9月,而保单中的目标价格设定考虑了锦州当地玉米的历史价格及波动情况、国家的玉米临时收储政策和大连商品交易所的玉米期货价格,最终确定的玉米目标收购价格为每吨2 060~2 360元。

2015年8月,为了预防价格出现大幅下跌造成的损失,辽宁锦州义勇桂县合作社根据玉米成本核算结果,对其即将收割的1 000吨玉米在2015年9月16日至2015年11月16日的价格向人保财险大连分公司投保,人保财险根据大商所交易玉米期货确定保单的目标价格为每吨2 160元,并向合作社收取保费总计11.578万元,平均每吨保费115.78元。该保单保障:当玉米价格在2015年9月16日至2015年11月16日期间低于每吨2 160元时,人保财险对承保的1 000吨玉米向合作社赔付。

赔付计算公式为:Max(目标价-结算价,0)×1 000元。公式中的结算价是根据大商所2015年9月16日至2015年11月16日期间交易的玉米1601期货合约的收盘价格的算术平均值确定。

2. 人保财险购买新湖瑞丰场外看跌期权对玉米价格下跌再保险

人保财险辽宁分公司收到合作社的保费后,需履行保单的理赔义务,从而面临承保玉米价格波动的风险。当玉米价格跌破2 160 - 115.78 ≈ 2 044元/

吨时，人保财险面临亏损，需要将风险转嫁。

人保财险向新湖瑞丰买入 1 000 吨、执行价格为 2 160 元/吨的玉米看跌期权产品，支付期权权利金 9.67 万元，以对冲农产品价格下降可能带来的风险。人保财险通过对玉米市场价格的预判，分批或选择在一定时期内与新湖瑞丰签订期权合约对玉米价格下跌的风险进行对冲。保费收入 11.578 万元可抵销买入看跌期权的权利金支出。

3. 新湖瑞丰卖出玉米期货合约对冲价格下跌风险

新湖瑞丰向人保财险卖出玉米看跌期权后，将面临玉米价格下跌的风险。如果玉米价格在 2015 年 9 月 16 日至 2015 年 11 月 16 日期间出现下跌，人保财险将执行期权，新湖瑞丰将向人保财险支付价差而遭受损失。为规避玉米价格下跌的损失，新湖瑞丰公司决定运用期货复制期权的策略将风险分散到衍生品市场。具体而言，由于大商所交易的玉米期货的合约规模为 10 吨玉米，新湖瑞丰公司决定卖出 100 手玉米 1601 期货合约对 1 000 吨玉米进行套期保值，随后根据相关指标的变化实时调整玉米 1601 合约的头寸。

新湖瑞丰采取 Delta 中性的动态对冲策略对玉米 1601 期货合约头寸进行调整。这样，在玉米价格下跌时，人保财险可能执行期权，新湖瑞丰将增加其在期货合约的空头头寸；但是当玉米价格上升时，人保财险执行期权的可能下降，新湖瑞丰公司将对期货合约空头头寸进行平仓；仓位的变化是根据 Delta 值进行调整，而 Delta 值是根据 Turnbull – Wakenan 亚式期权的定价公式进行计算。

4. 各参与主体的收益分析

2015 年 11 月 16 日，人保财险和新湖瑞丰的保险合约和期权合约到期，根据玉米主力合约 1601 在 2015 年 9 月 16 日至 2015 年 11 月 16 日的收盘价格计算，保险合约的结算价为每吨 1 918.6 元，根据这个价格可核算出桂县合作社、人保财险大连分公司和新湖瑞丰公司在这次"保险+期货"玉米风险管理试点中的最终收益情况。

（1）锦州义县桂勇合作社的收益情况

由于在 2015 年 9 月 16 日至 2015 年 11 月 16 日期间，玉米现货价格和期货合约的价格均出现不同程度的下降，按照保险协议，锦州义县桂勇合作社获得人保财险大连分公司每吨玉米的赔付为（2 160 – 1 918.6）× 1 000 = 241 400 元，虽然合作社在玉米现货市场遭受损失，但由于保险公司的赔付，合作社在玉米价格下跌时并没有遭受很大的损失。事实上，合作社为 1 000 吨玉米支付的保费为 11.578 万元，平均每吨玉米的保费为 115.78 元；而在保险合同到期时，合作社获得人保财险大连分公司的赔付为 24.14 万元，平均每吨玉米的赔付为 241.4 元，这意味着合作社最终玉米出售的利润为每吨 125.62 元。相对于保费 115 776 元来说，合作社获得 241 400 元，依此计算保单的赔付率为 208%，因此相对于无价格保险来说，合作社并没有由于玉米价格下跌而遭受损失，从而提高了种植玉米的农户抵抗玉米价格下跌风险的能力。

（2）人保财险大连分公司的收益情况

由于人保财险大连分公司在向合作社卖出玉米价格风险保险后，为应对玉米价格下跌的风险向新湖瑞丰公司买入看跌期权进行套期保值，因此在玉米价格下跌时，人保财险大连分公司在向合作社支付 241 400 元赔偿后，按照期权协议，从新湖瑞丰公司获得 241 400 元的执行期权收益，两者相互抵消，人保财险大连分公司实现收支平衡。

（3）新湖瑞丰公司的收益情况

新湖瑞丰公司向人保财险大连分公司赔付 24.14 万元，在期货市场运用 Delta 动态对冲策略来复制期权，得到对冲盈利，支付给人保财险的赔付款来自期货市场的盈利。虽然新湖瑞丰公司在玉米期货价格保险上的赔付率高达 2 倍，但其从期货市场上得到了损失赔偿，这极大地提高了其与保险公司进行合作管理玉米价格风险的积极性。

新湖瑞丰公司运用期货复制期权的策略将卖出玉米看跌期权的风险转移给期货市场参与者，并最终实现了新湖瑞丰、人保财险和桂勇合作社三方共同受益的效果，极大地提高其参与市场的积极性（见表1）。

表1　　　　新湖瑞丰与人保财险"保险+期货"合约内容

条款	内容
保险标的	玉米（C1601）
投保数量	1 000 吨
目标价格	2 160 元
投保期限	2015 年 9 月 16 日至 2015 年 11 月 16 日
理赔结算价	大商所玉米期货 1601 合约在 2015 年 9 月 16 日至 2015 年 11 月 16 日收盘价算术平均值
理赔金额	Max（目标价−结算价，0）×1 000 元
保费	11.58 万元

(四)"保险+期货"玉米价格风险管理模式存在的问题

1. 农业保险的目标价格定价过低

从"保险+期货"的执行效果来看,玉米价格保险保单中的目标价格过低。从保险公司角度考虑,较低的玉米目标价格将极大降低玉米价格保险保单的理赔概率,从而对保险公司有利。但是较低的玉米目标价格也意味着较低的保费收入,而且从"保险+期货"试点来看,保险公司在其中只是第一保险人的角色,其收支整体均衡,因而目标价格对其来说并不重要,而从农业部发布的监测预警指标来看,玉米价格保险保单中签订时的玉米目标价格要远低于当时的玉米市场价格,因而需进一步提高保单中的目标玉米价格以更好保护玉米生产者的利益。

2. 玉米价格保险的保费存在较大缺口

人保财险和新湖瑞丰的"保险+期货"模式试点中的保费主要来源于农业部、大商所和地方政府,而玉米种植户承担了10%~30%的保费。如果将来对该模式进行大规模推广,财政补贴并不能覆盖大部分保费,而农户由于自身限制也很难提高其保费缴纳占比,如何切实有效解决农产品价格保险的保费问题是各市场参与主体和政府部门需要创新解决的关键问题。

3. 期货市场容量不够

在向人保财险卖出玉米看跌期权后,为防止玉米价格下跌带来的损失,新湖瑞丰公司在期货市场采用玉米期货合约复制期权的策略,这必然涉及大量的期货合约交易。这种风险管理策略需要市场上有足够多的对手方才能实现,如果"保险+期货"模式进行大规模推广,那么运用期货复制期权的交易规模将进一步扩大,但能否在市场上找到与之相匹配的投机交易者将是一个重要的制约问题。

4. 场内期权缺失产生较高的再保成本

我国商品期权市场的发展严重滞后,目前场内交易的农产品期权品种较少,保险公司或期货公司只能运用期货交易复制期权的策略进行套期保值,这将产生较高的交易费用,因此提高了保险公司或期货公司的运营成本,不利于"保险+期货"模式的大规模推广。事实上,如果有场内交易的农产品期权,保险公司可直接期权市场风险管理或委托期货公司进行再保险,这都将进一步降低其风险管理的成本。

5. 农户金融意味薄弱、金融知识欠缺

为保护农民生产积极性、维护国家粮食市场稳定和安全,国家对主要农作物实施临时收储政策,农民对这种政策存在一定的依赖性。而随着我国农产品市场价格形成制度的推进,这种国家托底的政策依赖状况必须改变,但农民运用金融工具抵御价格波动风险的意识几乎没有,金融知识欠缺,这都将严重影响"保险+期货"模式服务"三农"的大规模推广。

五、农产品价格风险管理的发展建议

(一)设计农产品风险收益相匹配的定价机制

在推行农产品价格风险的过程中,国家监管部门要出台相应的政策法规,引导和规范各个市场参与主体充分发挥各自的优势,摸索形成更为科学合理的农产品目标价格形成机制,探索建立农户、保险、期货和国家风险收益相匹配的均衡运行模式。

(二)不断发展和完善农产品场内期权市场

我国目前已经推出了白糖和豆粕这两类农产品场内期权品种,虽然是商品期货市场发展的重要里程碑,大大降低了农产品套期保值成本,但是还远远无法满足农产品价格风险管理的需要。未来国家有关部门应该在充分调研的基础上,不断总结经验,设计并上市重要农产品场内交易的期权品种,制定相关法律法规维护市场交易秩序,更好发挥金融服务实体经济尤其农业生产的作用。

(三)不断发展和完善"保险+期货"模式

"保险+期货"试点的农产品保险品种为价格保险,而国外发达国家尤其是美国的农业保险品种是农产品收入保险,这也是我国将来发展农业保险的重要方向。事实上,相对于农产品价格保险,农产品收入保险更能全面保障农民切身利益,提高其从事农业生产的积极性。而为了解决保费缺口较大的问题,可在国家相关部门的推动,探索银行和信用合作社为农民提供融资,扩大农业保险的市场参与主体,形成更为合理和完善的"融资+担保+保险+期权"的模式创新。

(四)推动政府资金补贴农民方式的转变和创新

目前的政府资金支持农业是对农民进行直接贴补,由于农民风险意识薄弱,这部分补贴并没有完全用于购买农产品价格保险。可考虑逐步推动财政专项资金由直接贴补农民向运用财政专项资金为农民购买农业风险的转变,在财政资金允许的情况下,适度提高财政专项支持力度,减轻农民的保费负担,提高农民参与农产品保险的积极性,从而实现农业补贴运用模式的创新和良性发展。

（五）加强保险政策宣传引导

在"保险+期货"试点的基础上，加强宣传和教育广大农民了解并支持"保险+期货"模式的力度。通过宣传教育和案例分析，努力培养并增强广大农民的风险意识，同时向广大农民普及金融和保险相关知识，帮助其认识到购买农业保险，参与"保险+期货"模式的必要性和其对切身利益的保护。在此基础上，推动和加强农业合作社以及农产品产业链下游企业的培训，引导它们参与农产品衍生品市场，扩大我国商品期货和期权市场的容量。

结束语

为了保护农民利益、维护粮食市场稳定和国家粮食安全，我国自2005年开始相继实施最低收购价政策、临时收储政策。但随着临时收储政策的实施，国内外玉米价格倒挂现象严重，国家粮库仓储和财政负担加重，农业产业链下游企业成本大幅上升。探索农产品价格市场形成模式势在必行。随着国家农产品价格形成政策出台和相关部门的支持，新湖瑞丰开发的"二次点价+复制期权""保险+期货"农产品价格风险管理模式，创新性运用金融衍生工具解决农产品市场价格形成过程中的风险管理问题。但也存在价格发现机制不健全、农产品期货交易的市场容量有限、场外期权存在缺陷、资金支持不足以及发生系统性风险的隐患、短期内难以大面积推开等的问题。国家相关部门应推动建立更科学的目标价格确定机制，加快推出农产品场内期权，进一步推动保险+期货模式创新，加大财政支持力度。

思考题

1. 二次点价是什么？其实质是否是一种期权？
2. 人保财险和新湖瑞丰在"保险+期货"模式的作用具体体现在哪些地方？
3. "二次点价+复制期权"存在的问题是什么？
4. 你认为"保险+期货"模式的大规模推广存在哪些问题？

案例教学使用说明

一、教学目标与用途

1. 本案例主要适用于研究生课程中"期权与期货概念""期货与期权风

险与收益分析""期权与期权套期保值策略"等内容的学习，适用于金融学术硕士及专业硕士等经济管理类研究生等案例教学使用。如将本案例应用于其他相关课程，本案例说明可做相关调整。

2. 本案例是一篇关于"新湖瑞丰玉米价格风险管理模式探索"方面的案例，其教学目的首先在于使学生通过案例所给出的基本背景了解到新湖瑞丰"二次点价＋复制期权""保险＋期货"模式实施的基本过程，其次进一步结合案例相关背景资料，分析两种玉米价格风险管理模式的经验与存在问题，并为"保险＋期货"模式大规模推广和农产品市场价格形成提供相关对策与思路。

二、涉及知识点

本案例涉及的知识点主要是：

硕士生课程中的有关期货与期权概念、期货与期权合约风险与收益、期货与期权套期保值等知识点。

三、要点分析

教师可以根据自己的教学目标（目的）来灵活使用本案例。这里提出本案例的分析思路，仅供参考。

（一）期货与期权的概念

期货（Futures）是在交易所交易的、协议双方约定在将来某个日期按事先确定的条件（包括交割价格、交割地点和交割方式等）买入或卖出一定标准数量的特定商品或金融工具的标准化协议。

期权（Options）是赋予期权的买方在未来某个选定的时间、按照特定的价格买入或卖出一定数量的标的资产权利的合约。期权的持有者或者买方拥有未来按照协议价格买卖标的资产的权利，而期权的卖方只有配合期权买方行使权利的义务。

（二）期货与期权的分类

1. 期货合约的分类

按照标的资产的种类，交易所交易的期货合约可分为金融期货和商品期货这两种类型。商品期货的标的资产是某种商品，如农产品或初级加工品（包括玉米、大豆、鸡蛋、豆粕等），金属（包括铜、铝、钢等）与贵重金属（包括黄金、白银等），以及能源（包括原油等）。而金融期货的标的资产是某种金融资产，如股票指数（包括沪深300指数、上证50指数、中证500指数等）、外汇期货（包括美元、欧元、瑞士法郎等）和利率期货（包括5年期国债、10年期国债、欧洲美元等)。

股指期货是以某种股票市场指数为标的资产的期货合约,买卖双方约定按照协议点数交割股票指数。合约到期时按照协议点数与现货点数的差值乘以合约乘数来进行现金交割。

利率期货是以某种价值取决于市场利率的资产为标的资产的期货合约,可以是长期利率期货,如5年期国债或10年期国债,主要管理长期利率风险,也可以是短期利率期货,如欧洲美元期货,主要管理短期利率风险。

外汇期货是以某种外币作为标的资产的期货合约,主要管理汇率风险。外汇期货出现最早,品种覆盖美元、英镑、日元、瑞士法郎、德国马克、法国法郎、澳大利亚元、荷兰盾等,目前交易的主要市场在美国。

2. 期权的分类

(1) 按照买方拥有标的买卖权利的不同可将其划分为看涨期权和看跌期权这两种类型。

看涨期权(Call Options)是指期权买方拥有在期权合约的有效期内,按照事先确定的执行价格向期权的卖方买入某种标的资产权利的期权合约。期权的买方需向期权的卖方支付一定的期权费来购买这种权利,支付期权费后,期权的买方只拥有按照执行价格买入标的资产的权利,没有买入的义务;而期权的卖方在获得期权费后,只有配合多方行权按照执行价格向其出售标的资产的义务,而没有权利。看涨期权的买方进行期权多头的主要目的是防止标的资产价格上涨。

看跌期权(Put Options)是指期权买方拥有在期权合约的有效期内,按照事先确定的执行价格向期权的卖方卖出某种标的资产权利的期权合约。期权的买方需向期权的卖方支付一定的期权费来购买这种权利,支付期权费后,期权的买方拥有按照执行价格向期权卖方出售标的资产的权利,没有任何义务;而期权的卖方在获得期权费后,只有配合多方行权按照执行价格买入标的资产的义务,而没有权利。看涨期权的买方进行期权多头的主要目的是防止标的资产价格下跌。

(2) 按照期权有效期的长短可将其主要划分为欧式期权和美式期权这两种类型。

欧式期权是期权的买方自合约签订日起到期权到期日之前的任何时间都不能执行期权,只能在期权到期日当天才能执行期权的期权合约。如果期权买方到期不执行期权,期权合约终止,期权合约买方损失期权费。

美式期权是期权买方拥有自合约签订日起到合约到期日这段时间内的任何时间执行期权的合约。

（3）按期权交易场所的不同可将其划分为场内期权与场外期权这两种类型。

场内期权是指期权品种由交易所统一设计，在交易所集中交易和结算的标准化期权合约。场内交易期权的特征为标准化合约和集中交易，便于期权合约的流通和交易，市场效率比较高，再加上交易所特殊的每日盯市结算制度和保证金制度，有效规避交易对手方的违约风险。但缺点在于交易品种较少，市场不够灵活。

场外期权是指由交易双方直接确定的非标准化期权合约，没有统一的交易场所。场外期权合约的特征是非标准化合约和非集中交易，这可以极大地满足市场参与主体多样化的收益风险配置需求，但由于是非标准化合约和分散交易，其信息不透明，市场效率较低，期权合约二次流通比较困难，对手方的违约风险较高。

（三）期货与期权的套期保值策略

1. 期货的套期保值策略

运用期货进行套期保值的策略主要分为多头套期保值和空头套期保值。

多头套期保值是指在现货市场有风险暴露，通过买入期货合约进入期货合约多头方进行现货风险对冲。主要适用情形为担心标的资产未来价格上涨的投资者，例如当前卖空某种资产未来再买入该资产的投资者，或在未来某个特定的时刻需要买入某种资产的投资者。多头套期保值的主要目的是锁定未来资产的买入价格。

空头套期保值是指在现货市场有风险暴露，通过卖出期货合约进入期货合约空头方进行现货风险对冲。主要适用情形为担心标的资产未来价格下跌的投资者，例如需要在未来某个特定时刻卖出当前持有的现货资产的投资者，或者在未来某个时刻将获得某种资产但其自身又不需要这种资产的投资者。空头套期保值的主要目的是锁定未来资产的卖出价格。

2. 期权的套期保值策略

期权套期保值是指利用期权来对冲相应现货、期货价格变动风险的交易活动。即期权不仅可以为相应的现货套保，还可以为相应的期货持仓进行套保。期权套期保值的基本原理为：在其他因素不变的情况下，如果标的资产的价格上涨，则看涨期权价格也相应上涨，而看跌期权价格将下跌；如果标的资产的价格下跌,则看涨期权的价格也相应下跌,而看跌期权的价格将上涨。

期权套期保值策略的种类较多,按照行权后现货或期货的头寸划分,可以分为买期保值策略和卖期保值策略。例如对于买入看涨期权与卖出看跌期权的策略,执行期权后的处于现货或期货的多头,因而是买期保值;而对于买入看跌期权与卖出看涨期权的策略,由于执行期权后处于现货或期货合约的空头方,因而这种策略为卖期保值。按照买卖方向划分,可以分为保护性套期保值策略和抵补性套期保值策略。如通过买入期权为现货或期货进行套期保值的,称为保护性策略;通过卖出期权为现货或期货进行套期保值的,称为抵补性策略。如果将保护性策略和抵补性策略结合起来,则组合策略的最大损失与盈利都是确定的,故称为双限期权保值策略。

(1) 保护性的保值策略

规避价格上涨的风险——买进看涨期权:该策略的目的在于保护现货或期货空头持仓,规避价格上涨的风险。例如加工企业为防止采购成本上涨所采取的保值策略,类似于期货买期保值策略。该策略主要优点是在支付期权费后,既规避了标的资产价格上涨的风险,又保留标的资产价格下跌的收益。

规避价格下跌的风险——买进看跌期权:该策略的目的在于保护现货或期货多头持仓,规避价格下跌的风险。例如生产商或贸易商为防止价格下跌所采取的保值策略,类似于期货卖期保值策略。该策略的主要优点是在支付期权费后,既规避了标的资产价格下跌的风险,又保留了标的资产价格上涨的收益。

(2) 抵补性保值策略

规避价格上涨的风险——卖出看跌期权:该策略的目的在于保护现货或期货空头持仓,卖出看跌期权,规避价格上涨的风险。例如加工企业为防止采购成本上涨所采取的保值策略,类似于期货买期保值策略。该策略的特点在投资者愿意接受较大的风险,换取成本方面的优势,即卖出期权的期权费可抵减进入现货或期货的相关成本。此外,该策略收取权利金的同时需要交纳保证金。

规避价格下跌的风险——卖出看涨期权:该策略的目的在于保护现货或期货多头持仓,卖出看涨期权,规避价格下跌的风险。例如生产商或贸易商为防止价格下跌所采取的保值策略,类似于期货卖期保值策略。该策略的特点在于投资者愿意接受较大的风险,换取成本方面的优势。此外,该策略收取权利金的同时需要交纳保证金。

(3) 复合型保值策略

期权的保护性策略和抵补性保值策略都面临着风险与成本的权衡问题。如果运用了这两种期权保值策略，那么可以规避相应的风险，但也需要支付期权费；而如果不运用期权保值策略，则面临风险敞口。这促使我们考虑将两种策略结合起来满足套期保值者既想规避风险又想支付尽可能少的期权费的需要，这就是复合型期权保值策略。

①双限期权保值策略：同时建立看涨期权和看跌期权的不同头寸方向。这种策略可以极大降低期权组合的期权费支出，又可以规避价格发生不利变化造成的亏损，同时保留价格发生有利变化时带来的盈利。双限期权保值策略的主要特征是期权组合的损失和盈利都是有限的。

多头持仓的双限期权保值策略：持有现货或期货资产的多头、买入标的资产的虚值看跌期权和卖出标的资产的虚值看涨期权。在该策略中，看涨期权的执行价格高于相应看跌期权的执行价格。这种策略适用于现货或期货在一定范围变化但又存在暴跌的可能，例如需要在未来采购原材料的生产企业和个人。

空头持仓的双限期权保值策略：位于现货或期货资产的空头、买入标的资产的虚值看涨期权和卖出标的资产的虚值看跌期权。在该策略中，看涨期权的执行价格高于相应看跌期权的执行价格。这种策略适用于现货或期货价格在一定范围内变化但又存在暴涨的可能，例如需要在未来卖出产品的企业和个人。

②Delta 中性复合套期保值策略

双限期权保值策略虽然实现了标的资产价格全范围变化的保值目的，但对风险进行对冲的同时也减少了可能的盈利。事实上，过度的现货或期货头寸的期权保护将会产生不必要的期权费，我们需要考虑更合理地调整期权头寸的策略以达到既控制风险敞口又控制风控成本的目的。最著名的调整期权头寸的方法是 Delta 中性对冲策略。

Delta 中性对冲策略是交易员在实际操作过程中经常采用的一种策略，它意味着交易员在持有期权头寸时，通过买卖股票来实现整个组合的 Delta 等于或近似等于零。按照在套期保值过程中是否动态调整期权头寸可将 Delta 中性策略分为静态中性策略和动态中性策略。

静态 Delta 中性对冲策略是指交易员基于标的资产的头寸方向，通过选用不同期权的组合建立 Delta 值为零的标的资产和期权构成的资产组合并持有到期。而动态 Delta 中性对冲策略是指交易员基于标的资产的头寸方向建立 Delta 值等于零的标的资产和期权的组合，并根据市场行情的变化，对标的资产和期权组合的 Delta 值始终保持在零的附近。动态 Delta 中性对冲策略首先建立标的资产与期权的 Delta 中性风险资产组合，然后根据市场行情的变化按照一定频率动态调整组合 Delta 值保持在零值附近，最后在套保结束后将所有期权头寸平仓。对于期权的流动性服务提供商，动态 Delta 中性策略是交易员运用十分普遍和频繁的策略之一。

按 Delta 中性对冲策略所涉及的头寸分类，我们可以将其分为两腿和多腿（一般为三腿）的 Delta 中性对冲策略。两腿 Delta 中性对冲策略只涉及两个头寸：认购期权和股票，或者认沽期权和股票。所以一共可以构造出 4 种两腿 Delta 中性对冲策略：买入认购期权 + 卖出股票，买入认沽期权 + 买入股票，卖出认购期权 + 买入股票，卖出认沽期权 + 卖出股票。我们已经知道，前两种策略的 Vega 大于零，属于看涨波动率的情况；后两种策略的 Vega 小于零，属于看跌波动率的情况。而三腿 Delta 中性对冲策略则涉及三个头寸：认购期权、认沽期权和股票。

另外，既然是对冲策略，我们就不会只在乎股价的涨跌方向。所以，Delta 中性策略不是一种针对股票涨跌方向的策略，而是针对股票价格未来波动率的策略。如上所述，比如，买入认购期权与卖出股票的对冲策略属于看涨波动率的策略；卖出认购期权与买入股票的对冲策略属于看跌波动率的策略。如果交易员预期标的股票价格的未来波动率会上升，他则会选择看涨波动率的 Delta 中性对冲策略，反之，他会选择看跌波动率的 Delta 中性对冲策略。当股价实际的隐含波动率的确上升时，看涨波动率的 Delta 中性策略的总收益就会大于零，看跌波动率的 Delta 中性策略的总收益就会小于零；当股价实际的隐含波动率反而下降时，看跌波动率的 Delta 中性策略的总收益就会大于零，而看涨波动率的 Delta 中性策略的总收益就会小于零了。

事实上，股价的隐含波动率取决于期权的市场价格，而期权的市场价格又受到市场多空力量博弈的影响，所以交易员在实际的交易操作过程中，往往会根据自己的直觉和经验独立地做出判断和决定，这也使得 Delta 中性对冲策略更富有一种个性化的色彩。

（四）场内期权和期货的区别

场内期权和期货虽然都是交易所集中交易的标准化合约，但是两者具有明显的不同。

1. 合约双方的权利和义务不同。期权买卖双方的权利与义务是不对称的，期权买方在支付期权费后就拥有按照执行价格买卖标的资产的权利，而没有义务；而期权的卖方在获得期权费后，当期权买方执行期权时，卖方必须按照执行价格从期权买方买入或向期权买方卖出标的资产，而没有权利。期货合约对买卖双方来说是对等的合约，买卖双方都必须履行到期按照交割价格买卖标的资产的义务。

2. 合约双方的保证金要求不同。期权买方在期权交易中面临的最大风险是期权费，因而在支付期权费不需要支付保证金防止其违约，而期权卖方在期权交易中的亏损可能是无限的，因而必须缴纳保证金以防止其违约。期货合约的买卖双方都需要缴纳保证金以防止其违约。

3. 合约保证金的计算方式不同。期权到期损益的非线性变化，因此期权买方的保证金计算比较复杂，也是非线性变化和调整。而期货合约到期损益线性变化，因而期货合约双方保证金线性变化和调整。

4. 合约结清方式不同。期权买方如果在期权有效期提前执行期权，则卖方配合行权，期权合约终止。而期货合约的结清方式只能是平仓和到期交割。

5. 合约签订时的价值不同。期权合约在签订时就具有价值，价值为期权费。而期货合约在签订时对双方是公平的，因而合约的价值为零。

6. 盈亏特点不同。在支付期权费后，期权合约买方的回报和盈亏随着标的资产市场价格的变化而呈现非线性变化，但其最大亏损额是支付给卖方的期权费；而在获得买方支付的期权费后，期权合约卖方的回报和盈亏是不固定的，最大亏损可以有限也可以无限。而在期货交易中，期货买方的盈利是无限的，亏损是有限的；而期货卖方的盈利是有限的，亏损是无限的。

（五）保险的概念

保险是保险人在合约规定的特定风险事件发生时或未发生时向被保险人支付赔偿的商业保险行为，被保险人需向保险人支付保费来获取这种理赔权利。保险是风险管理的一种有效方法，对维护社会稳定和经济发展具有重要作用。

四、课堂安排

本案例可以作为金融专硕研究生的案例讨论课来进行，也作为课后阅读材料辅助课堂教学。下面是按照时间进度提供的课堂计划建议，仅供参考。

整个案例课的课堂时间控制在80~90分钟。

课前计划：提出启发思考题，请学员在课前完成阅读和初步思考。

课中计划：新湖瑞丰玉米价格风险管理模式试点的背景介绍　（10分钟）

拟定主题如下：

"二次点价+复制期权"模式的实施过程；

"二次点价+复制期权"模式存在问题分析；

"保险+期货"模式的实施过程；

"保险+期货"模式存在问题分析及建议。

分组讨论　明确小组发言的要求　　　　　　　　　　　（30分钟）

小组发言　　　　　　　　　　　　　　（每组5分钟，控制在30分钟）

深入讨论"保险+期货"模式优劣，并归纳总结　　　　（15~20分钟）

课后计划：

可以让学生写一份案例分析报告。报告可以参考如下结构：

1. 如何运用场外衍生金融工具解决实体经济或某个行业存在的风险问题？

2. 场外衍生金融工具的特征及其优缺点？

3. 运用衍生金融工具需要注意的问题有哪些？

课堂导入方式：

1. 先与学生一起列出场外衍生金融工具的套期保值策略，请学生举手，看学生的回答情况再讨论启发性问题。

2. 从启发性问题入手，再讨论金融工程的本质及期权与期货的运用。

中国巨灾保险制度该如何构建

刘　妍[①]

一、引言

2008年1月中旬到2月中旬，南方遭受有史以来的特大冰雪灾害，严重的破坏力给电力交通运输设施造成极大损失，灾害波及21个省市自治区；2008年5月12日，四川省汶川县映秀镇发生8.0级地震，造成直接经济损失8 451亿元，69 229人遇难；再到2017年8月8日九寨沟发生的7.0级地震，巨灾保险制度一直没有落实，保险公司的理赔额少之又少，保险的经济补偿功能在巨灾中没有得到最大限度地发挥，仅凭国家的财政补贴和社会捐赠远不能弥补灾难损失。灾难的频发给我们敲响了警钟，巨灾保险制度的建立已如离弦之箭，势在必行。

二、巨灾中保险业理赔情况与反思

（一）2008年雪灾

2008年1月10日起，中国出现大范围低温、雨雪、冰冻和其他自然灾害，上海、江苏、浙江、安徽、江西、河南、湖北、湖南、广东、广西、重庆、四川、贵州、云南、陕西、甘肃、青海、宁夏、新疆20个省（自治区、直辖市）均在不同程度上受到低温、雨雪、冰冻灾害的影响。截至2008年2月24日，有129人在这场灾难中丧生，4人失踪，166万人被紧急转移安置；农作物受灾面积1.78亿亩，成灾8 764万亩，绝收2 536万亩；有48.5万间房屋倒塌，168.6万间房屋受损；灾害造成的直接经济损失达1 516.5亿元；近2.79亿亩森林受损，3万只国家重点保护野生动物在雪灾中冻死或冻伤；

[①] 刘妍（1981—），女，江苏泰州人，南京审计大学保险学副教授，管理学博士，研究方向为"三农"保险、保险教育。

受灾人口超过1亿人。据有关部门统计，截至2008年2月12日，灾害造成的直接经济损失为1 111亿元（不含工矿企业损失）。截至当日，保险业共接获85.1万份雨雪灾害保险报案，并赔付10.4亿元。这一数字还不到这场灾难造成的总经济损失的1%。即使按照预先估计的50亿元的经济损失来计算，这一比例也不到5%，况且，这些损失赔偿中有一部分还属于"超常规"的赔付。相比较国际巨灾赔付率30%~40%，我国保险体系中巨灾保险缺失的弊端已日益凸显。投保率低的现状一方面反映了保险的经济补偿功能还很弱，对国民经济的影响还有限；另一方面，也使保险公司躲过了这场赔付劫难。保险业虽然躲过了此次的赔付灾难，但根据中国的实际情况，境内有地震、台风、水灾、旱灾、滑坡、泥石流、风沙、雪灾、森林火灾等多种巨灾风险，除火山爆发外的全部自然灾害全部覆盖。全国有70%以上的城市和超过50%的人口集中在气象和地质灾害较严重地区。长三角、长江下游沿江地区、淮河流域、华北平原及京津唐地区、两湖地区、汾渭盆地、四川盆地、下辽河地区7个区域是巨灾风险高发地。20世纪50年代、60年代和80年代，中国的巨灾发生率分别为12.5%、42.9%和70%。在全球54场最严重的灾害中，中国占了8个。世界上35%的7级以上的地震发生在中国。以2014年国际大灾难事件数据为例。2月日本暴风雪造成的经济损失为50亿美元，保险赔偿为25亿美元。5月由于连续的冰雹，美国遭受了37亿美元的经济损失和29亿美元的保险索赔。今年8月中国云南省鲁甸地震的总损失为50亿美元，但保险索赔金额几乎可以忽略不计。灾害频发、保险覆盖率低的局面要想被打破，必须要完善我国的保险体系，巨灾保险必须要尽快落地。

（二）2008年汶川地震

2008年5月12日汶川大地震中，超过10万平方千米的地区被严重破坏，其中，共计极重灾区、较重灾区、一般灾区分别为10个县（市）、41个县（市）、186个县（市）。截至2008年9月18日12时，5·12汶川地震共造成69 227人死亡，374 643人受伤，17 923人失踪，是新中国成立以来破坏性最大的一次地震，也是唐山大地震以后伤亡最为惨重的一次地震，造成的直接经济损失达8 451亿元。截至2009年5月10日，保险业共赔付地震损失16.6亿元人民币，其中，已赔付保险金11.6亿元，预付保险金4.97亿元，结案率96.7%。拉法基瑞安水泥有限公司获赔7.2亿元，平安财险还赔了一架直升机价值1亿元，可见汶川其余的保险获赔仅仅为8.4亿元，获赔比例仅为千分之一。5·12四川汶川特大地震发生后，幸存者和他们的家人们面临的主要问题是经济来源受创、生活无法维持，与此同时，他们还要承担沉重的医疗费用和重建费用。虽然受灾群众得到了政府和社会各界爱心人士的关怀和支持，但仅仅靠国家财政和社会的捐助这种事后援助的方式来应对风险和灾害是远远不够的，值得深思的是为什么保险公司不是最后的买单人？根据国际风险模型评估公司估测，汶川地震造成的经济损失在100亿~200亿美元。由于中国的保险覆盖率较低，据估测，保险公司对地震造成的损失可赔付的金额仅在3亿~10亿美元。这对于2007年全年保费收入7 035.8亿元、年底保险资金运用余额2.7亿元的中国保险业来说微乎其微。忽略保险覆盖率低的问题，建立和完善一整套的风险防范和处理机制也是保险业持续健康发展的重中之重。

（三）8·8九寨沟地震

2017年8月8日21时19分46秒，四川省北部阿坝州九寨沟县发生7.0级地震，震中位于北纬33.20度，东经103.82度。截至2017年8月13日20时，地震造成25人死亡（其中24名遇难者已确认身份），525人受伤，6人失踪，176 492人（含游客）受灾，73 671间房屋不同程度受损（其中76间倒塌）。截至8月11日16时，四川省共有29家保险公司接到报案295件，共20人死亡，162人伤残。其中，22家财产险公司接到报案268件，7家人身险公司接到报案27件。根据掌握的情况，保险公司预计赔付金额为2 192.43万元，其中：财产险预计赔付金额1 934.87万元，人身险预计赔付金额257.56万元。已结案30件，赔付保险金51.07万元。由于此次地震区不在四川省划分的试点范围内，初步预测保险赔付率依旧会很低，灾后重建的主力军将依然是政府财政扶持和社会捐赠。

三、重要启示

（一）巨灾保险制度设立的必要性

巨灾保险制度的设立已经上升为国家意志，迫在眉睫。传统保险以风险组合理论为基础，构建了各种风险组合管理，从专业风险组合中获益。在现代保险经营中，尤其是在保险业竞争激烈的环境中，如果保险公司刻意追求可保条件，在竞争力上就无法与其他公司相比。随着承保技术和保险经营管理技术的进步，很多保险公司已经能够在承保能力基本允许的范围内以非理想可保风险为承保对象，可保风险与非可保风险的界限越来越模糊，使现实中保险人不可避免地承保巨灾风险。目前我国自然灾害频发，建立巨灾保险基金来应对每年因巨灾造成的损失势在必行。由于巨灾保险的不健全，经济损失很大程度上依赖于国家财政补贴和社会捐赠。但是上述资金来源对损失的补偿作用有限，并且容易引发诸多问题。一方面由于灾害损失的不可确定性，政府事先留存的灾害准备金如果过多，势必会造成公共资源的浪费，如果预留的准备金过少，又会造成受灾区的物资供给和灾区人民基本生活需要的不满足，容易引起社会混乱，灾后赈灾款的发放和调配会影响其他财政预算的执行，灾后的重建和损失补偿会加重国家财政的负担，转而加重纳税人的负担；再者，救灾补偿过于依赖政府，一旦监管当局监管不力，极易造成救灾物资分配不合理、地方或政府官员挪用和贪污赈灾款的问题。另一方面，社会慈善捐款往往是在灾后发起的，救灾资金能否及时到位、如何监督均是问题。保险的经济补偿功能在巨大灾难面前似乎毫无用武之地，本该作为最后买单人的保险却施展不了拳脚，原因就在于我国巨灾保险制度的缺失。

我国成立应对巨灾保险的制度并设立专门的基金是迫切的，并且越来越受到国家的重视和人民的关注。对我国影响最大的三种巨灾风险包括地震、洪水和台风。目前，除部分建设工程保险和安装工程保险外，地震、水灾可作为企业财产综合保险、家庭财产附加保险。台风灾害集中在东南沿海地区，已列入企业财产保险、家庭财产保险、汽车保险、工程保险、农业保险、人身意外险等主要险种。2013年以来，国家在深圳、云南、宁波等地开展了首批巨灾保险试点项目。深圳和宁波的巨灾保险体系由政府（公共）巨灾保险、巨灾基金和个人（商业）巨灾保险组成。云南省为农村居民住房提供地震保险政策。宁波市公共巨灾保险为当地居民在台风、暴雨、洪水等灾害中提供家庭财产损失保险和人身险。截至2015年底，宁波为台风灾害损失赔偿近8 000万元。2016年，中国保监会发布了《建立城乡居民住宅地震巨灾保险制度实施方案》。我国于2015年成立的城乡居民住宅地震巨灾保险共同体开始为全国城乡居民住宅及室内附属设施承保住宅地震险。住宅地震险保单于2016年7月1日开始发售，中国人保财险、平安财险等地震共保成员分别在北京、上海、深圳、苏州、广州下单。这标志着我国单一风险巨灾保险实践的开始。党的十八届三中全会明确提出，要完善保险经济补偿机制，建立巨灾保险制度。《中共中央　国务院关于推进防灾减灾救灾体制机制改革的意见》还提出，"加快巨灾保险制度建设，逐步形成财政支持下的多层次风险分散机制"。2017年1月10日，国务院发布《关于推进防灾减灾救灾体制机制改革的意见》，明确提出要鼓励社会力量全方面参与，构建多方参与的社会化防灾减灾救灾格局,加快巨灾保险制度建设、积极推进农业保险和农村住房保险工作等具体要求。从"推出巨灾保险试点"到"真正建立巨灾保险制度",保监会发布的具体规划为:明确制度框架的基础上,2017年年底前完成相关部署,推动出台地震巨灾保险条例,建立巨灾保险基金;在2017—2020年,全面实施巨灾保险制度,并将纳入国家防灾减灾体系当中。反观近几年来巨灾保险的推进工作,到现阶段已是一个呼之欲出的关键点,相关保险条例的公示和政策法规的出台已经离我们越来越近了。

(二)我国巨灾保险制度的建设需要注意的问题

巨灾的发生催生着巨灾保险的快速发展。新西兰地震巨灾保险制度是世界上最早、最成功的灾害保险制度。其主要特征是国家以法律形式建立政府参与与市场运作相结合的多渠道风险分散模式。1994年,新西兰政府拨款66亿元(以下货币均以"人民币"计价)成立地震委员会,累计巨灾风险基金230亿元。地震委员会利用国际再保险市场进行多样化经营,以提高其应对风险的能力。超过9.2亿元的,实行再保险赔偿计划。如果计划仍不充分,政府将发挥辅助作用,承担无限责任。1996年,美国加州地震局(CEA)在加州成立,专门从事地震灾害保险业务。其资产来源于地震保险费、会员公司投资资本、借款、再保险摊销、资本利用收益。加州不向地震局提供资金,也不为其债务承担连带责任。加州地震局(California Earthquake Bureau)是全球最大的住宅地震灾难保险商之一,2009年总资产约155亿元,总偿付能力超过606亿元。地震后,保险公司负责具体的赔偿工作,并由加州地震局全额报销。与此同时,加州法律要求地震局不缴纳联邦所得税或其他税款。日本巨灾保险模式具有四个特点:首先地震巨灾保险业务由政府和非寿险公司共同经营,不以盈利为目的,公众自愿参与。其次,地震巨灾保险的保险对象是住宅和与生命有关的财产,地震巨灾保险必须在购买住宅火灾保险、住房综合保险、一般火灾保险等主要风险时,作为附加保险购买。再次,由多家商业保险公司联合创办的日本地震再保险公司,形成了保险公司、再保险公司和政府共同承担风险责任的多层次风险分散机制。最后,提供相应的税收支持。JER模式在日本的总补偿能力为2 959亿元人民币,相应的风险保险金额为350万亿元人民币。超过2 959亿元以上的赔偿,保险公司、JER和政府理赔责任必须比例回调。综观国际巨灾保险制度完善的国家,共性明显:一是灾害发生频繁的国家,居民购买巨灾保险都会带有强制性或准强制性;二是政府通过相关立法和设立巨灾保险基金推动巨灾保险的落实,以法律的手段保障投保人和保险人的利益;三是对风险的划分、对保险费率的计算、损失的核算等具有完备的计算机技术。国外巨灾保险模式的推广相比我国要早很多,且具有资本市场发达,保险公司独立经营使资金合理分配、减轻巨灾损失给政府带来巨大经济压力的优点,这对我国巨灾保险的建立具有一定的借鉴意义。

1. 增强人民的风险意识

中国是一个人口众多的国家,总保费位居世界第二。然而,保险密度和保险深度落后于其他国家,部分原因是国民保险意识薄弱。由于巨灾发生频率低,人们在日常生活中对巨灾保险缺乏认识,导致巨灾保险参与率低。提高保险参与率,保险机构需要向公众解释灾难发生给个人生活和国家经济造成的巨大伤害和损失,以及保险分散风险的作用,以帮助公众提高风险意识和减少灾难发生时的经济损失。了解公众的保险需求对提高参保率至关重要,我国巨大自然灾害多发生在偏远或贫困地区,人们常常没有足够的经济能力购买巨灾保险,这就需要政府在政策上或者保险费用上提供一定的支持和补助,也需要通过历史数据建立精确的巨灾风险模型,以此来计算巨灾保险费率,帮助人们参与巨灾风险保险。

2. 明确政府角色

政府应充分发挥其统筹社会资源的优势,协调各部门加入巨灾保险领域,以立法的形式,确立商业保险的承保机制和政府的参与程度,建立巨灾风险基金,当风险超过商业保险和再保险能够承受的范围时,由政府来承担溢出风险,切实保障人民的基本利益。对人民日常生活进行防灾减灾和自救的宣传,定期举行灾害预演逃脱。加强基础设施建设和维护,拓宽灾后融资渠道,与社会慈善机构合作,做好灾后救援活动,尽可能地减少灾害造成的损失。

3. 通过立法等手段推动国家顶层制度设计

建立巨灾保险制度首要任务是有法可依,为此应制定立法"路线图",贯彻落实国家"十三五"规划的相关内容。一是做好理论储备工作。以理论研究为指导,以巨灾保险试点分析评估等实务研究为支撑,不断加强研究力量,摒弃重复、粗线条、零散研究,注意填补空白、操作性强、系统研究。要注意立法的精细化,避免将来出台的法律过于原则,需要层层配套,最终导致效力下降。二是确立制度框架。在试点的基础上,做好巨灾保险立法的顶层设计。例如,通过地震共保平台,从国家顶层设计层面逐步形成一整套保险业协同参与巨灾风险运营管理的制度安排。三是推动立法实践。推动实施

《建立城乡居民住宅地震巨灾保险制度实施方案》，逐步将地震保险纳入法律框架，并以此为突破口，推动立法进程。协调相关部门尽快出台《巨灾保险条例》，争取国家对巨灾保险这一准公共产品的资金和政策支持。

4. 集中政府、市场及社会力量，建立综合补偿机制

在巨灾保险建立初期，可以依靠国家财政预算拨款、政策性保险、商业保险、社会捐赠等多种措施为灾民提供救济和保障，做好灾后重建工作。从巨灾保险中长期发展的角度来看，由国家财政救助向以保险补偿为主体的模式转变是必然趋势，这也是现阶段我国保险体系完善的必由之路。国家财政应当在承保初始阶段发挥主导作用，随着巨灾保险资本市场的开放、制度环境的成熟和法律法规的日益完善，可以利用市场机制拓宽融资渠道，实现风险在资本市场的多层次分摊，依赖于政府财政拨款的局面将有所改善，保险业将成为救助和灾后重建的主力军，保险的经济补偿职能将得到最大的发挥。

5. 扩大试点范围，加快推出专项巨灾保险

根据世界上主要国家的经验，地震、洪水、旱灾等灾害都是巨灾保险的重点保险标的，我国应选取更多合适的试点地区，设计推行洪水、旱灾等重要灾种的专项巨灾保险及政策性农业巨灾保险等。我国现有的巨灾保险模式多以地震巨灾保险为突破口，各个地区所面临的风险点不一样，为此应开展全国主要灾种风险点调查，编制全国自然灾害风险地图集，全面了解自然灾害风险点，对不同类型的灾害所在地区进行分类。试点工作的下一步工作需以普查数据等基础数据为支柱，作为试点地区具体实施计划的基础。将不同地域分组归类，纳入已有的试点方案类型中，稳步推进巨灾保险试点，更有利于节约政策成本，提高效率。不能千篇一律，使用一个制度模子，要根据具体实际切实开展专项巨灾保险的研发工作。

6. 进一步完善和优化配套体系和试点

巨灾保险制度是一项复杂的系统工程。巨灾保险制度的建设离不开市场和社会相关的配套制度支持。一是完善试点方案，一个制度的建立不能脱离社会背景和世界历史发展潮流，它应该符合当前的市场机制和社会制度。在建立和完善再保险机制的基础上，根据经济社会发展水平，逐步提高巨灾保险的密度和深度。要理顺中央和地方的关系，明确各自的职责。二是在市场和社会力量的帮助下，构建巨灾保险保障体系，健全完善巨灾保险畅通无阻的路径。创造适合巨灾基金运作的市场环境，规范商业性个人保险产品开发和销售的市场行为。三是具体操作的实施和完善。在总结分析试点经验的基

础上，进一步完善保险产品，探索成熟的理赔模式，优化完善运营流程。

7. 加强对防灾减灾体系建设的培育、支持和监督

对于多数合作保险公司来说，巨灾保险是一项新业务，需要通过理赔实践来检验其风险承受能力。过高的赔付支出和过高的赔付率都会影响企业经营产品的积极性和企业的正常运营，甚至会使企业信心严重受挫，导致破产等严重后果。一是应加强对合作保险企业偿付能力的监管，避免对投保人和保险公司造成双重损害。二是在国家防灾减灾救灾体系建设过程中，修订完善各级自然灾害救助应急预案，加强应急预案的实施，提高应急预案的针对性和可操作性。三是与保险机构共同开展应急演练，发现不同政府部门、政府与企业和社会之间的协调机制问题，及时纠正试点错误。四是进一步巩固地方政府的主体责任，发挥好政府和市场"两只手"的作用。以商业保险为平台，构建多层次的保险分摊机制。

思考题

1. 我国巨灾现状与保险理赔情况。
2. 我国巨灾保险制度构建中的相关主体行为分析。
3. 发达国家巨灾保险制度对中国的启示？

案例教学使用说明

一、教学目的与用途

1. 适用课程：保险学、金融风险管理、立法学等。

2. 适用对象：本案例主要为金融专硕开发，适合有一定保险知识和法律知识基础的同学学习研究。此外，也可以结合金融风险管理方向的相关课程进行更好的学习。

3. 教学目标：本案例以8·8九寨沟地震理赔案为切入点，围绕巨灾保险制度建设的必要性及发展过程中遇到的问题展开讨论。让学生学习分析我国已有的巨灾保险试点模式并针对我国不同地区的具体实际提出建设性的意见，为巨灾保险条例的出台添砖加瓦。

二、启发思考题

1. 我国巨灾保险现有的主要试点模式有哪些？
2. 政府在重大灾害面前的角色定位？
3. 国外实践对我国的启示体现在哪些方面？

三、分析思路

1. 列举我国现有的巨灾保险试点模式并分析其中的异同点。
2. 根据以往重大灾害中政府的角色定位提出新形势下政府角色转变的必要性与路径。
3. 结合国外实践谈谈我国建立与完善巨灾保险制度的对策。

四、理论依据与分析

理论依据：结合保险产品发布与上市的前期准备与要求、保险公司理赔的依据与大数法则、巨灾保险现有的试点发展状况等进行分析与学习。

1. 我国巨灾保险现有的主要试点模式有哪些？

一是深圳模式。2014年7月9日，深圳市民政局与中国人保财险深圳分公司签订《深圳市巨灾保险协议书》，深圳市巨灾保险制度由政府巨灾救助保险、巨灾基金和商业巨灾保险三部分组成。第一部分政府巨灾救助保险，是由政府出资，向商业保险公司购买政府巨灾救助保险，保费金额3 600万元；第二部分巨灾基金，由政府再出资设立3 000万元救灾基金，保障政府救助赔付限额之外的风险，同时广泛吸收企业、个人等社会捐赠资金。除此之外，深圳市规定，保险公司每年应从保费中提取5%，作为组织开展灾害研究的专项费用。第三部分商业巨灾保险，商业保险公司推出储金型巨灾保险、地震保险卡等商业性个人巨灾保险产品，居民可自主选择购买，从而满足居民更高层次和更加个性化的巨灾保险需求。在保险公司承保方面，先由人保财险承保后，再向中国再保险公司、瑞士再保险公司等再保险公司分保。协议书涵盖了深圳市所有可能发生的15种自然灾害，保险责任范围广，保障对象全面，不仅包括深圳市户籍人口、常住人口，还包括临时来深圳出差、打工和旅游的人。

二是宁波模式。宁波市巨灾保险制度也由政府巨灾救助保险、巨灾基金和商业巨灾保险三部分组成。由政府出资3 800万元，购买保险金额为6亿元的巨灾保险。此外，宁波政府拨款500万元，设立巨灾基金，同时广泛吸收企业、个人等社会捐赠资金等，主要用于赔偿超过保险公司赔付限额之外的居民人身伤亡抚恤和家庭财产损失救助。公共巨灾保险保障的内容主要包括居民人身伤亡抚恤和家庭财产损失救助，承保的主要灾害有台风、强热带风暴龙卷风、暴雨、洪水和雷击（雷击仅针对人身伤亡）等自然灾害，及其引起的突发性滑坡、泥石流、水库溃坝、漏电和化工装置爆炸、泄漏等次生灾害。保障对象包括在灾害发生时，处于宁波市行政区域范围内的所有人口及宁波市行政区域内常住居民的家庭财产。赔付标准为居民人身伤亡抚恤最高赔偿限额为每人10万元，家庭财产损失救助最高赔偿限额为每户20万元。对居民在灾害期间的见义勇为行为导致死亡、残疾的，由保险机构额外再赔付最高每人10万元的见义勇为增补抚恤。

　　三是云南模式。云南省是首批试点地区之一，最初被选中的楚雄州没有按计划实行。2015年8月20日，云南政策性农房地震保险在大理白族自治州正式启动。在政府救灾的基础上，实施政策性保险，辅以商业保险。以政府为主导、农户参与的原则进行保费的收取。保险责任包括大理周边地区地震对大理农房造成的损失，按照灾害评估报告中大理农房在该次地震农房总损失中所占的比例进行赔付。农房保险限额为2 800万元到42 000万元，按震级0.5级为一档分档赔付，累计人身身故赔偿限额为8 000万元/年。在三年的试点期中，由中国人保财险、承泰保险等三家商业保险公司组成共保体负责运营，针对5级及以上地震造成的农户房屋直接经济损失和间接经济损失以及人身身故救助提供保险经济补偿和保障。

　　四是安徽模式。安徽省巨灾补偿仍以政府救助为主，对于巨灾保险的探索尚不成熟。安徽省根据自身的实际情况，在种植业方面，主要采取政府与商业保险机构相结合的模式，保险责任主要针对安徽省频繁发生的且易对农作物产生巨大危害的风险进行承保，如旱涝、病虫害、风暴等。按照具体实施情况来看，保险公司主要是针对不同的种植业品种，推出不同的保险产品，来承担农作物受到巨灾害所遭受的巨大损失。采取农户参保、政府补贴的形式，商业保险公司负责巨灾保险的相关经营，具体方案由国元农业保险股份有限公司实施。从风险分散的角度来看，安徽省采取了以保费收入作为巨灾风险资金的主要来源，当赔付率达到一定水平时，则启用准备金的模式。

　　五是四川模式。四川省有许多地震带。为发挥保险在重大灾害防治中的作用，四川省保险业对成都市农村居民住房进行了地震巨灾保险试点和探索。2013年，成都市以"政府主导、财政支持、商业运作、自主自愿"为原则，支持保险机构开展农村住房地震巨灾保险试点，包括地震、自然灾害以及意外事故责任。市财政承担70%的保费补贴，县财政承担10%的财政补贴，剩余20%的保费由农户承担。如果当年的赔付率低于150%时，由保险公司承担赔付责任；当赔付率在150%以上、250%以下时，由保险公司和财政各承担50%的赔付责任；赔付率最高为250%。截至2016年底，共计为51.6万名农户提供了312.8亿元的保险保障，共支付赔款478万元。农村居民住房地震巨灾保险对农民灾后重建起到了重要作用。

2. 政府在重大灾害面前的角色定位。

在政府角色定位方面，国际上有三种方式，第一种是完全干预型，例如美国，所有有关巨灾的保险均由政府来管理；第二种是半干预型，例如日本，政府干预，与保险公司一起运作；第三种是放任型，例如英国，所有保险的筹划均由保险公司负责，政府只负责管理基础设施。目前，我国巨灾损失主要依靠国家财政补偿，民间捐赠、国际捐赠和救援等进行辅助。这种完全依靠政府灾后救援的模式，虽然有迅速调动各种社会资源进行应急抢险救灾的优势，但它往往忽视了事先依靠市场机制特别是商业保险机制的作用，在统筹使用"看得见的手"与"看不见的手"应对巨灾损失上存在巨大的理念和实践差距。数据显示，灾后重建资金的筹集速度和规模存在较大的不确定性，公众对巨灾灾害很难进行合理的预期，对突发性巨灾损失的应对能力较弱。我国政府的角色定位属于完全干预型，这一方面是由于我国的国家性质所决定；另一方面在于我国保险体系中巨灾保险的缺失，商业保险在巨灾赔偿和灾后重建工作中所发挥的作用少之又少，加之我国国民保险意识弱，保险覆盖率低，在灾害面前能通过保险手段获得补偿的就更少了，主要依赖于政府的事后援助。而政府事后对灾害进行补偿的行为模式已越来越不能满足当今社会的发展需要，目前政府可以起主导作用，但更应将精力放在前期的灾害防范和保险宣传上，定期开展灾害预演训练积极向群众宣传保险在防灾减灾中的作用并引导群众买合适的保险产品，这样不仅可以有效避免最大的灾害损失而且将灾害补偿的主要部分转移给了保险公司，保险公司的经济补偿功能可以得到最大的发挥。当然政府也不能完全是个旁观者，政府还是要设立灾害准备金，协同保险公司和社会募捐所得共同承担起灾害救助和灾后重建的责任。由此笔者认为我国应加快建立巨灾保险制度，政府角色重点由事后管理改为事前预防与监督，当然灾害准备金的设立依旧是必不可少的。

五、关键要点

关键点：本案例以 8·8 九寨沟地震理赔案作为切入点，深入探讨了建立巨灾保险的必要性，并从我国现有的巨灾保险模式入手，介绍了不同地区不同的巨灾保险模式，进一步结合国际上现有的较为成熟的巨灾保险制度提出了我国在巨灾保险体系建设和完善中需要注意的关键问题。

能力点：分析能力、综合能力、资料数据的收集能力、批判性思维能力及解决问题的实践能力。

六、建议课堂计划

本案例可以作为专门的案例讨论课来进行，如下是按照学期进度提供的课堂计划建议，仅供参考。

整个案例的课堂时间控制在 60~70 分钟。

课前计划：提出问题，课前让学生做一些阅读和初步思考。

课中计划：

课堂前言（2~5 分钟）简明扼要、明确主题；

分组讨论（20 分钟）发言要求；准备发言大纲；

分组演示（每组 5 分钟）幻灯片辅助，控制在 20 分钟；

引导全班进行进一步的讨论和总结（15~20 分钟）。

课后计划：请学生上网查询我国巨灾保险制度发展历史的相关资料，尤其要关注最新信息和相关的国家政策、法律法规，以报告形式给出更加具体的建设性意见，也可写出案例报告进行分析（1 000~1 500 个字）；如果有兴趣跟踪此类案例，建议学生结合国外发达国家的巨灾保险制度的模式和推进过程，进行深入研究。明确具体的职责分工，为后续章节做好准备。

泰州金改中的保险支持

刘　妍[①]

一、引言

服务实体经济、防控金融风险、深化金融改革，是全国金融工作会议提出的三项任务。在实体经济大省江苏，唯一的国家级金融改革试验区于2016年11月花落泰州，这也是全国首家以金融支持产业转型升级为创新内容的金改试验区。如何推动更多的金融改革举措和创新任务在泰州先行先试，把金字招牌的含金量转变为发展的含金量，力争形成可复制可推广的区域改革创新试点经验值得深思。本案侧重分析地方保险业如何更好地服务此次金改。

二、泰州金改拉开序幕

泰州地处苏中、长江北岸，2016年迎来建市20周年，当年地区生产总值首次突破4 000亿元，在江苏13个设区市排名位居中游。经济新常态背景下，泰州产业转型升级如箭在弦。《2015年泰州市国民经济和社会发展统计公报》显示，该市经济社会发展面临的困难和问题主要包括：工业企业亏损面和亏损额有所扩大，部分行业产能过剩与市场需求不足并存，转型升级任务艰巨等。金融改革成了泰州市全面深化改革的重要发力点。2015年底，该市正式启动金改试点申报工作。

2016年11月25日，经国务院同意，人民银行、国家发展改革委等14部委联合印发《江苏省泰州市建设金融支持产业转型升级改革创新试验区总体方案》（以下简称《总体方案》），这标志着泰州由此成为江苏省首个国家级金融改革试验区。"江苏作为经济大省、金融大省，在泰州改革试验区任务布

---

① 刘妍（1981—），女，江苏泰州人，南京审计大学保险学副教授，管理学博士，研究方向为"三农"保险、保险教育。

置之前,没有一个金融改革试点任务。"原分管金融的副省长杨岳表示。

2017年全国"两会"期间,全国人大代表、时任泰州市委书记蓝绍敏表示,《总体方案》明确提出,支持泰州成立金融租赁公司、消费金融、汽车金融等非银行金融机构,这对于金融业态还不够丰富、门类不全、一些新型业态目前还是空白的泰州而言,能真正发挥金融对产业转型升级的支撑作用。

在人民银行南京分行行长郭新明看来,与全国其他试点地区相比,泰州金改方案内容更"实"更"广",一方面聚焦实体经济、做实转型升级、发展实体金融,实实在在做大做强金融产业;另一方面其涉及领域之广、综合性之强,在全国范围内也不多见,总体方案涉及14个部委,在建设多元化金融组织体系、拓宽直接融资渠道、建设金融基础设施等方面都有较大突破或预留一定的空间。

人行泰州中心支行行长谢宁也认为,泰州金改方案之所以高度吸睛,正是因其"含金量"非常高。"目前全国有20多个城市拿到了金改牌子,但大多是单一领域的专项改革。相比之下,泰州金改是宽领域的'集成版'。"

杨岳副省长要求"紧扣重要时间节点,启动阶段需要一鼓作气,重要工作争取年内取得突破性进展"。泰州金改工作的推进单靠泰州自身的力量是不够的,需要必要的政策支持,省相关部门要分别出台支持泰州金融改革的具体意见,明确工作目标、进度安排、责任主体,形成省市共建、条块结合的工作机制。

三、泰州申报成功的现实依据

那么,江苏唯一的国家级金融改革试验区,为何是泰州?一个地级市承担金融改革的试点任务,在江苏是首例,全国也不多见。江苏省副省长、时任泰州市委书记的蓝绍敏表示,金融创新每前进一小步,都能为实体经济带来重要支持。泰州建设金融支持产业转型升级改革创新试验区,"是为泰州经济社会发展和产业转型升级提供最好的金融环境"。据介绍,江苏支持泰州申报国家级金融改革试验区,源于泰州"形势所迫、机遇所在、基础所系"。

在新旧动能转换的大背景下,传统产业占主导地位的泰州面临着"成长的烦恼":船舶、化工和食品等行业去产能压力大,而生物医药和新电子等产业虽然发展蓬勃但占比不大,科研创新指标在江苏不占优势,产能对接组织不畅,金融活水不能有效流淌到实体经济中,企业普遍融资难,其真实需求又难以传导到金融体系中……面对泰州经济增长中"新动力"不足,"增量突破"被认为是突围的必由之路。

泰州的问题在全国比较典型，金融改革谋划也较早。泰州市政府副秘书长、市金融办主任陈锋剑介绍，与以往区域金改往往"自下而上"不同，泰州金改处在"问题与机遇"并存时期，"泰州金改领域广，主题聚焦金融支持产业"。

江苏支持泰州金融改革，很大程度因为其"中间"的特点，即"地理位置适中、经济水平适中、社会发展平稳"，探索经验更具普遍性，有利于全国推广。泰州生物医药产业较为领先，也是全国最大的民营企业造船基地之一，新能源领域还集中了一批成长性看好的中小企业，基础比较扎实，容易把握"金融服务实体"方向。

四、金改试验区总体改革任务责任分解对保险业提出的要求

2017年3月，省政府办公厅制订了《江苏省泰州市建设金融支持产业转型升级改革创新试验区总体改革任务责任分解方案》，分解为6个方面25项策略，共105条具体措施。任务大类涉及金融机构组织体系建设、产品与服务创新、融资渠道拓展、金融基础设施、风险防范和化解，以及完善保障措施6个方面。任务大类涉及金融机构组织体系建设、产品与服务创新、融资渠道拓展、金融基础设施、风险防范和化解及完善保障措施6个方面。金融机构组织体系建设方面提出五项策略17条措施，其中保险相关措施共4条；产品与服务创新方面7项策略42条措施，其中保险相关措施共14条；融资渠道拓展方面，涉及保险的有1项；金融基础设施方面，与保险相关的仅1条；风险防范和化解方面，提到了保险的作用，但保险本身的风险防范未提及；完善保障措施方面有4条与保险相关。

涉及保险的具体措施如下：

一是金融机构组织体系建设方面。①积极争取全球500强保险公司与泰州市政府签署战略合作协议，支持保险公司、保险资产管理公司在泰州设立分支机构，促进保险资金参与泰州基础设计、产业项目、重点工程建设和企业并购重组。②加快建立政府引导、市场运作、立法保障的责任保险发展模式，大力发展公共场所安全生产、消防责任等责任险，探索和启动强制责任险试点。③积极发展科技保险，引导科技型中小微企业利用科技保险分担分散创新发展风险。④鼓励开展与社会治安综合治理相关的民生类保险业务。

二是产品与服务创新方面。①探索开发支持农业供给侧结构性改革的保

险新产品,大力发展设施高效的农业保险,鼓励建立特色农产品保险,支持探索农产品收入保险和农产品安全责任保险,扩大农业保险覆盖面和风险保障水平。②加快建设规范化的"三农"保险服务站,不断提升农业保险经办机构服务水平。③加大"农业保险贷"推广力度。④深入推进制造业提质增效,加大对机电、化工、食品、治理等传统行业优势企业技术改造和转型升级的金融支持,加大对船舶行为"白名单"内企业的金融支持。⑤推动保险公司推广重大装备首台(套)保险业务,支持企业应用国产重大装备提升技术改造水平。⑥鼓励省级金融机构创新业务在泰州先行先试,并扩大市场规模。⑦鼓励金融机构围绕三大战略新兴产业发展,创新金融服务模式。⑧推动金融机构在泰州开展投贷结合业务创新。⑨支持构建科技金融外部专家评审机制。⑩探索设立以服务医药领域为特色的专业保险公司。⑪加快构建多层次、多元化的绿色金融产品和服务体系,推动绿色金融创新,探索建立绿色金融资产交易平台。⑫鼓励保险机构在泰州优先开展绿色保险业务创新,试点湿地、生态保护区等环境资源相关保险。⑬选择环境风险高、环境污染时间相对集中的地区,探索发展环境污染强制责任保险。⑭鼓励金融机构创新养老金融产品,根据不同类型的养老机构和养老项目特点提供多样化金融服务。

三是融资渠道拓展方面。支持重点企业以委托贷款债权、应收账款等为基础资产开展专项资产证券化,盘活存量资产,引入中长期发展资金;推动企业发行资产支持票据、保险资产管理公司项目资产支持计划。

四是融资渠道拓展方面。大力发展普惠金融,让金融改革创新成果惠及城乡居民。

五是风险防范和化解方面。①按照"谁审批、谁负责、全覆盖"的原则,构建政府主导、部门协作、社会力量参与的市场化风险处置机制,设立地方金融风险处置基金。②推进诉调结合,建立金融争议人民调解员、金融争议仲裁员、金融案件审判人民陪审员队伍,提高金融法制化水平。

六是完善保障措施方面。①建立金融智库,举办金融高层论坛活动,承办国家级或区域性金融学术交流会议,成立高层次金融专家委员会。②省有关部门应当加强与国务院有关部委的协调与沟通,形成部委、省、市、县(市、区)统一协调、分开推进的工作机制。③对支持泰州产业转型升级金融服务成效突出的金融机构,在货币政策工具、业务创新、风险补偿等方面给予政策支持。④完善地方金融信息统计分析制度,加强地方金融大数据建设,构建金融业综合统计监测体系。

该方案的编写主要参照了中国人民银行等十四个部委联合印发的《江苏省泰州市建设金融支持产业转型升级改革创新试验区总体方案》，侧重强调了银行业与证券业的改革策略与具体措施，涉及保险相关的任务目标较少且虚实兼有，部分任务比较具体，但有些任务目标并不明确。

五、泰州保险业发展现状

从近年来的统计数据可以看出，在全省13个设区市中，泰州的保险市场发达程度中等居下，无论是保费总量还是保险密度与深度，均有待提升。保险支持泰州金改，这对地方保险业提出了更高要求。

截至2016年末，泰州共有保险市场主体59家，其中，财产险公司25家（含外资机构1家）；人身险公司34家（含外资机构7家）。保险专业中介机构13家，兼业代理机构500多家，保险销售从业人员2.44万人。目前无地方法人保险机构，地方院校未设置保险相关专业与研究中心。

2016年，泰州实现保费收入123.51亿元，同比增长25.68%，总保费规模位居全省第九。财产险保费收入31.32亿元，同比增长11.13%，保费规模位居全省第九。财产险保险深度为0.76%，保险密度为674.22元/人。赔付支出19.81亿元。人身险保费收入92.18亿元，同比增长31.53%，保费规模位居全省第九。保险深度为2.25%，保险密度为1 984.26元/人。新单保费收入达48.63亿元。赔付支出32.75亿元。全市财产险和人身险总保额规模达22 489.30亿元。保险深度为3.01%，保险密度为2 658.48元/人。

服务地方经济方面，保险业充分发挥经济补偿、资金融通等基本功能。2016年泰州保险业积极参与经济建设，较好地发挥了经济"助推器"的作用。全年为全市提供15 331亿元的风险保障，支付赔款19.97亿元，同比增长25.01%，赔付率60.75%，办理赔案23万余件。结合泰州实情，保险业主动服务重大工程项目，为泰州国电、扬子江药业、新世纪造船、新浦化工、兴达钢帘线等一大批重点企业项目及时提供全面的保险服务。积极提供各类信用保险、贷款担保保险、专利保险、借款人意外保险，保障中小企业和个体工商户的发展。

发挥社会管理功能方面，大力推广责任险等。在化工、造船、环境污染、危险品运输、医疗卫生、公共娱乐场所等高危行业大力推广责任保险和团意险等，有效减轻政府管理压力，助力化解社会矛盾。保险公司积极推广重大装备首台套保险业务，支持企业应用国产重大装备提升技术改造水平。

服务"三农"方面，农险覆盖面进一步扩大。2016年全市农业保险已覆盖种植、养殖业主要品种以及20多种高效农业品种，开办育肥猪货运险、农耕乐保险、"农业保险贷"等一批新型涉农保险产品。全市农险赔付达23 609.59万元，受益农户27.84万户次。农村服务网点建设实现全覆盖，有力支持了"三农"发展和新农村建设。

促进社会和谐方面，2016年全市人身险公司赔付及给付保险金31.41亿元，同比增长52.70%，保险赔款及给付为广大受害家庭及时解决了生活中的实际困难，较好地发挥了社会"稳定器"作用。同时顺应群众养老、医疗健康保险日益增长的趋势，积极开展了商业养老保险、医疗健康保险、企业补充养老保险、城镇职工大额医疗补充保险等。积极参与城镇职工和城乡居民大病保险项目，为丰富民众保障体系、提高社会保障整体水平发挥了重要作用。积极参与自然灾害保险、居民家庭财产保险项目，为广大受灾居民的人身意外伤害和家庭财产损失提供风险保障。关爱弱势群体，为残疾人、孤儿、贫困儿童、农村五保家庭、低收入家庭设立了特殊类型的"慈善保险"。关心高风险人群保障问题，为学生、公安民警、建筑施工人员、出行乘客等群体提供了意外和医疗保障。关注社会老龄化和计划生育问题，积极推广老年人综合保险、失独家庭保险、计生孤女意外伤害保险、计生特困家庭对象住院护理保险等。积极参与道路交通事故社会救助基金管理，2015年全市道路救助基金共垫付救助621件，垫付救助金额共计1 717.10万元，有效缓解了因道路交通事故引发的社会矛盾。保险业还积极参与各类社会公益活动，如捐资助学、帮扶贫困、义务献血、植树绿化等，为促进社会和谐做出了积极贡献。

六、关于保险支持泰州金改的主要建议

金改的核心不是改革金融，而是促进金融服务实体经济发展，特别是目前的产业转型升级。关于泰州金改中的保险支持，相关建议如下：

1. 围绕金融、保险与证券三方面，在方案中需要提出具体的工作目标和详细进度安排，以具体的工程、项目和问题方案进行规划，尤其是要规划和提出一些标志性的目标，确保金改工作更易操作。

2. 对照全国金融工作会议精神，结合泰州的具体情况进一步厘清泰州经济发展的产业需求，明确保险业的发展对产业转型升级的作用方式和途径，

确保保险资源配置到产业升级转型的薄弱环节。

3. 申请设立地方法人保险机构。建议聚焦医药为基础的健康产业、船舶、新农业等地方优势产业，探索成立专业性地方法人保险公司的突破口。

4. 提升政府相关部门和社会大众对保险的认知。相关部门负责人应意识到保险是有效的风险管理手段，认清保险在社会经济发展和社会治理中的积极面，重视保险在金融改革中应有的地位；借助多渠道多方式引导大众理解保险的职能与功能，关注保险、接受保险、宣传保险。

5. 整合高等院校、政府和行业资源，建立"泰州金融研究中心"，分设保险研究所。不断探索和总结泰州金改中的保险实践，积极进行理论研究。同时培养优秀的保险人才，确保地方保险业健康可持续发展。

结束语

泰州作为并不特别发达的地级市，承接了一项国家级的金改试点，以期能够破解金融支持产业转型、支持实体经济发展的难题。任务分解与落实过程中要围绕金改核心，进一步探索和规划出契合泰州经济发展实际的具体方案，把保险在金改中的作用最大限度地体现出来。

思考题

1. 金改试验区总体改革任务责任分解对保险业提出的要求，你认为哪些较易操作，哪些难以找到突破口？举例谈谈。

2. 结合泰州保险发展现状，你个人认为保险支持泰州金改的有效路径有哪些？请展开论述。

3. 针对设立地方法人保险公司，大多数人倾向于申请设立专业的保险公司。请在熟悉材料的基础上，进一步收集资料，研究泰州优势产业，谈谈专业的保险公司设立的突破口、可行性与面临的困境。

4. 你认为保险支持泰州金改的过程中，政府该如何定位？

5. 泰州保险业的可持续发展离不开专门人才的持续供给。关于人才供给，目前有两种观点：一是倾向于在地方院校设立保险相关专业，着力地方人才的培养；二是通过提供住房补贴等优惠条件吸引高水平保险人才。你有何建议？并谈谈理论与现实依据。

案例教学使用说明

一、教学目标与用途

1. 适用的对象：本案例主要为金融专硕（MF）开发，适合有一定金融知识基础的同学学习研究。此外，也可以结合金融方向的相关课程进行深入学习。

2. 教学目标：本案例以泰州金改作为切入点，围绕金改中的保险支持展开讨论。引导学生讨论保险业如何助力泰州金改。

二、涉及知识点

1. 保险的职能与功能；
2. 地方法人保险机构的设立；
3. 保险经营中的政府行为；
4. 保险教育。

三、要点分析

（一）保险的职能与功能

保险的基本职能包括原始职能和固有职能，它不会由于时间的推移和社会形态的不同而发生改变。

1. 保险的基本职能

（1）经济补偿职能。保险是发生具体风险损失时，在保险和保险合同有效期内及约定的责任范围和保险金额内，根据其实际损失金额给予赔偿。这种补偿原则使因灾害和事故造成的现有社会财富的实际损失按价值进行补偿，使使用价值得以恢复，使社会再生产过程得以持续进行。保险的补偿功能只是重新分配社会现有的财富，而不能增加社会的财富。因为从社会角度来看，受险损害个人的被保险人收入，是最不受损害的被保险人损失的地方，是由所有投保人给予的赔偿。这种赔偿包括财产损失赔偿和责任损害赔偿。

（2）经济给付职能。财产保险和人身保险性质完全不同。人身保险是经过保险人和投保人双方约定进行给付的保险，之所以采取这种给付形式是由于人的价值很难与货币价格相匹配，即无法用货币衡量。人身保险的职能是经济给付而非损失补偿。

2. 保险的派生职能

随着保险内容的丰富以及保险种类的不断增加，保险的职能也有了许多新的发展，在保险基本职能的基础上产生了派生职能，主要包括以下两点：

（1）防灾防损职能。为了稳定经营，保险企业应该对风险进行分析、预测和评估，看哪些风险可以作为承保风险，哪些风险可以在时间和空间上进行分散。然而，人为因素与风险转化为实际损失的概率相关，因此可以通过人工预防来减少损失。所以说保险又衍生出了防灾防损的功能。防灾防损作为保险经营的一个环节，始终贯穿于整个保险工作的始终。

（2）融资职能。保险的融资职能是指保险融通资金的职能或保险资金运用的职能。由于保险的补偿与给付的发生有一定的时差，这为保险人运用资金提供了可能。同时，保险人为了稳定保险经营，必须壮大保险基金，这也要求保险人对保险资金进行运用。因此，保险又衍生了融资的职能。保险资金来源主要包括：资本金、准备金总额或公积金、保险准备金和未分配盈余。保险融资的内容主要包括：银行存款、购买证券、购买房地产、各种贷款、委托信托公司投资、项目投资和经管理机构批准的公共投资、各种票据贴现等。

3. 保险的功能

（1）保险保障功能。保障功能是保险业的基础，能够反映保险业的特征和核心竞争力。保险保障的功能表现为财产保险的补偿功能和人身保险的给付功能。一是财产保险的补偿，保险是具体灾害事故发生时，在保险合同约定的责任范围和保险金额内，按照其实际损失金额给予赔偿。因此，灾害事故造成的现有社会财富的实际损失可以得到价值补偿，使用价值得以恢复，社会再生产过程得以持续进行。保险的这种补偿包括对被保险人因自然灾害或意外事故造成的经济损失的补偿、对被保险人依法应对第三者承担的经济赔偿责任的经济补偿以及对商业信用中违约行为造成的经济损失的补偿。二是人身保险的给付，人身保险与财产保险性质完全不同。人的生命价值很难用货币来衡量，所以，人身保险的保险金额是由投保人根据被保险人对人身保险的需要程度及投保人的缴费能力，在法律允许的范围和条件下，与保险人双边谈判协议后决定。因此，在保险合同约定的保险事故发生、约定的年龄到达、约定的期限届满时，保险人按照约定进行保险金的给付。

（2）资金融通功能。它是指将保险资金的闲置部分再投资到社会再生产过程中所发挥的金融中介作用。为了使保险经营稳定，保险人必须保证保险资金的保值和增值，这也要求保险人使用保险资金。使用保险资金不仅是必要的，而且是可能的。一方面，保险保费收入与赔付支出之间存在时间滞差，即收取保费与赔付保险金之间存在时间差；另一方面，保险事故的发生也不都是同时的,保险人收取的保费不会一次性完全赔付,即保险人收取的保费与赔付保险金之间存在着数量滞差,时间滞差与数量滞差为保险人进行保险资金的融通提供了可能。

但是,保险资金的融通应当在保证保险的赔偿或给付的前提下进行,同时也应遵循合法性、流动性、安全性和盈利性的原则。

(3) 社会管理功能。一般来说,社会管理是指调整和控制整个社会及其各个环节的过程。目的是充分发挥各系统、各部门、各环节的功能,实现社会关系的和谐、全社会的良好运行和有效管理。保险的社会管理功能不同于国家对社会的直接管理,而是通过保险的固有特性促进经济社会的协调、促进社会各领域的正常运转和有序发展。保险的社会管理功能是保险行业逐渐成熟,在社会发展中地位不断提高的结果。保险的社会管理功能主要体现在四个方面。

第一,社会保障管理。社会保障被称为社会的"减震器",是维护社会稳定的重要条件。商业保险是社会保障体系的重要组成部分,对完善社会保障制度起着重要作用。一方面,商业保险可以为不参加基本社会保险制度的城镇职工、个体工商户、农民和政府机构提供保险保障,有利于扩大社会保障的覆盖面;另一方面,商业保险具有产品灵活多样、选择范围广的特点,可以提供多层次的社会保障服务,提高社会保障水平,减轻政府对社会保障的压力。

第二,社会风险管理。风险无处不在,防控风险、减少风险损失是全社会的共同任务。保险公司直接处理灾难和事故,从开发产品、设定费率到承保和理赔,他们不仅具有识别、测量和分析风险的专业知识,而且还积累了大量的风险损失数据,为全社会的风险管理提供了有力的数据支持。同时,保险公司可以积极配合有关部门做好灾害预防和损失预防,并鼓励投保人和被保险人主动做好各种预防工作,减少风险发生的概率,加强对风险的控制和管理。

第三,社会关系管理。通过保险处理灾害损失,不仅可以对保险合同约定的损失进行合理的赔偿,还可以提高事故处理的效率,减少当事人可能发生的各种矛盾纠纷。由于保险存在于灾害管理的整个过程,参与社会关系的管理,并逐步改变了社会主体的行为模式,为维护政府、企业和个人之间正常有序的社会关系创造了有利条件,减少了社会摩擦,起到了重要的"润滑器"作用,大大提高社会运行的效率。

第四，社会信用管理。完善的社会信用制度是建设现代市场体系的必要条件，也是规范市场经济秩序的解决之道。最大诚信原则是保险经营的基本原则，保险公司经营的产品实际上是一种以信用为基础、以法律为保障的承诺，在培养和提高社会诚信意识方面具有潜移默化的作用。同时，保险可以收集企业和个人在经营过程中的绩效记录，为社会信用体系的建立和管理提供重要的信息来源，实现社会信用资源的共享。

保险的三项功能是一个有机联系、相互作用的整体。经济补偿是保险最基本的功能，是保险区别于其他行业的最根本的特征。资金融通功能是在经济补偿功能的基础上发展起来的，是保险资金融通的具体体现，也是实现社会管理功能的重要手段。正是由于其融资功能，保险业才成为国际资本市场上重要的资产管理者，特别是通过养老基金的管理，保险才成为社会保障体系中的一支重要力量。现代保险的社会管理功能是保险发展到一定程度并深入到社会生活的许多方面后的一项重要功能。社会管理功能的发挥与经济补偿和资本融资功能的实现密不可分。同时，随着保险社会管理功能逐步得到发挥，将为经济补偿和资金融通功能的发挥提供更加广阔的空间。因此，保险的三大功能相互独立、相互联系、相互作用，形成了统一开放的现代保险功能体系。

（二）地方法人保险公司

一直以来，原中国保监会高度重视保险市场建设，致力于培养健康、有序、充满活力的保险市场，建设多层次的保险市场体系，及时约束各种可能危及市场有效运行的行为，不断完善以市场为基础的保险业内生增长机制，以完善的市场体系为支撑，切实推动行业保持可持续发展。近年来，江苏省认真贯彻落实中国保监会保险改革发展若干意见，保险业发展迅速，保费规模多年居全国前列。2007年，为稳步推进金融体制改革，完善金融发展平台，江苏省党委和省政府作出了成立地方法人保险机构的重要决定。2009年5月，省内首家法人保险机构紫金财产保险股份有限公司开业，标志着江苏省完成包括江苏银行、华泰证券在内的金融业"三驾马车"的布局。截至2016年12月底，江苏共有保险主体99家，其中地方法人保险机构共5家，分别是紫金产险、利安人寿、乐爱金产险、东吴人寿、国联人寿。实践证明，地方法人保险机构的成立对加快建设金融强省，进一步完善江苏保险市场体系，充分发挥保险各项功能，更好地服务经济社会发展和满足人民群众的保险保障需求，在一定程度上起到了积极的促进作用。积极申报泰州地方法人保险机构能够打造更好的保险业圈，助力泰州金改。

（三）保险经营中的政府行为

政府在保险经营中的作用主要是：宣传引导、政策支持、税收优惠。有义务推动政策型险种的开展，如政策性农业保险、政策性科技保险、扶贫性保险。

政策性保险是政府为某种政策目的而推出的一种保险，运用商业保险的原理，提供支持性政策，一般具有非盈利性、政府补贴和免税、立法保护等特点。

四、建议课堂计划

本案例可以作为一个专门的案例讨论课来进行，以下是根据本学期的时间进度提供的课程计划建议，仅供参考。

整个案例课的上课时间控制在 60~70 分钟。

课前计划：提出问题，课前让学生做一些阅读和初步思考。

课中计划：

课堂前言（2~5 分钟）简明扼要、明确主题

分组讨论（20 分钟）发言要求；准备发言大纲

分组演示（每组 5 分钟）幻灯片辅助，控制在 20 分钟

引导全班进行进一步的讨论和总结（15~20 分钟）

课后计划：请学生在线查询泰州市行业规则和保险发展信息，特别是最新信息，并采用报告的形式给出更加详细具体的解决方案，或撰写案例分析报告（1 000~1 500 个字）；如果有兴趣跟进这个案例，建议进行实地调研和进一步研究。

A 航空公司航油套期保值的失败案例

郭风龙[①]

航油成本是航空公司运营成本的重要组成部分，大致占总运营成本的 40%，因此控制航油成本上涨是航空公司实现业务可持续增长、保持盈利稳定的关键。从 2003 年到 2008 年 6 月，受多种因素影响，国际原油价格不断上涨，纽约原油期货价的格一度暴涨至 147.5 美元/桶。随着国际原油价格的不断上涨，航油成本占航空公司总运营成本的比例也不断攀升，这势必会严重影响航空公司业绩。因此，世界各国航空公司大都选择开展航油套期保值业务来锁定航油成本，以降低油价上涨对公司运营的影响。

航油套期保值是指以规避航油价格上涨风险为目的的期货或其他衍生产品的交易行为，通过买进（或卖出）与航空公司航油预期消耗量相当但头寸方向相反的期货或期权合约建立仓位，在未来运用航油期货或期权的盈利来抵偿因航油价格上涨带来的价格风险。如果航油现货价格出现了下跌，则因期货头寸会出现损失而放弃或能获得的额外收益或放弃执行期权而最多损失期权费用。

航空公司的主营业务是经营空中旅客运输服务，并不对油价进行预测和投机，因此需要锁定油价以获得主营业务服务收入，一般需要通过签订套期保值合约，以稳定和固化航油成本。如果未来一段时间内航油价格上涨，则以衍生品市场上的获利来弥补在现货市场高价购油所带来的成本增加；如果航油价格下降，则以现货市场低价购油所带来的成本降低来弥补衍生品市场上的损失，从而不论未来航油价格是涨是跌都能锁定经营成本，尽可能避免因航油成本大幅波动带来的经营风险。因此，航油的套期保值业务作为锁定航油成本的主要手段，被世界各国航空公司所普遍采用。

[①] 郭风龙（1983—），男，河南邓州人，南京审计大学金融学院副教授，理学博士，研究方向为金融风险管理。

一、A 航空公司基本情况介绍

A 航空公司是一家总部位于上海的大型国有航空集团。A 航空公司自成立以来不断进行业务拓展和资源整合，目前是中国三大国有骨干航空运输集团之一。该公司的核心业务是航空运输和航空物流，同时积极发展与核心业务密切相关的业务，如通用航空、航空金融、贸易流通、配餐饮食、实业发展、航空地产、产业投资和传媒免税贸易等。

A 航空公司主要经营航空运输和航空物流这两项核心业务，于 1997 年在纽约、香港、上海三地同时挂牌上市。目前，A 航空公司拥有超过 600 架不同型号的客运和货运飞机并不断更新换代，目前大部分飞机的平均机龄不超过 5.5 年，成为世界大型航空企业中最年轻的飞机队伍之一。A 航空公司是中国天合联盟成员之一，每年运送旅客高达 1 亿人次，运输量位居全球第七位。航空线路可到达全球 177 个国家的 1 062 个主要城市和地区。

二、A 航空公司航油套保事件背景

（一）航油价格波动是航空业面临的重要风险

2008 年国际航空运输协会的统计数据显示：航油成本占国际航空公司总运营成本的比例为 30%左右，航油成本已成为国际航空公司仅次于劳工成本的第二大成本项目。中国航空业的这一比例更高，2008 年中国航空统计数据显示：航油成本占到中国航空公司总运营成本的 40%～50%，是中国航空公司的第一大成本项目。

航空公司的利润预期很大程度上取决于未来的航油价格，但国际油价的频繁波动使航空公司吃尽苦头。2000—2003 年，国际原油市场价格在每桶 17.45～37.8 美元大幅波动，航油成本已占 A 航空公司运营成本的三分之一，严重影响公司业绩。随着国际油价的继续上涨，航油成本占 A 航空公司总运营成本的比例也不断上升，由 2002 年的 21%上涨到 2008 年的 40%，已经严重影响 A 航空公司的正常运营。

航油套期保值策略运用与航空公司预期航油消耗量相当但头寸方向相反的期货或其他衍生工具进行对冲，可以稳定和固化航空公司的用油成本，基本锁定航油成本，因而能够有效规避航油价格上涨带来的运营损失，是管理航油成本的有效手段。

（二）航空公司没有开展境外期货业务的资格

A 航空公司早在 2001 年就尝试运用利率互换、货币互换以及远期外汇协议等金融衍生工具对公司的利率风险和汇率风险进行管理,积累了丰富的经验。

随着航油价格的不断攀升,航油成本已成为影响 A 航空公司经营效益的主要因素,因此 A 航空公司决定开展航油衍生品套期保值业务规避航空燃料油价格波动风险。2003 年召开的 A 航空公司董事会对开展航油套期保值业务作出重要部署。经董事会讨论,A 航空公司航油套期保值业务的核心要务是套期保值,为规避风险,A 航空公司购买航油期权有效期不超过三年,买入的航油套保期权的数量不得超过 A 航空公司国际和港航航线的年度航油需求量。同时要求公司开展航油套期保值业务必须坚持三不原则:公司开展的航油套期保值业务不得超过董事会授权的航油套保数量和时限,公司进行航油套期保值交易时只做多、不做空,公司进行航油套期保值的目的锁定航油成本,不以盈利为目的。

开展境外航油套保业务需要国家监管部门颁发境外期货套保牌照。基于航油套期保值的迫切需要,A 航空公司于 2003 年开始向中国证监会申请开展境外航油期货交易业务的资格,但都以失败而告终。事实上,在中国证监会颁发的 31 家允许开展境外期货套期保值业务的牌照中,几乎都是生产型的央企,而没有服务型的央企。由于迟迟无法获得进入境外场内期货或期权交易的资格,A 航空公司公司最终只能选择和国外投行签订场外期权协议进行航油套期保值。场外交易的最大问题在于无法监管,而且流动性很差,一旦不利于自己的市场形势出现,无法及时止损。

(三)A 航空公司境外 OTC 市场航油套保收益可观

A 航空公司选择新加坡作为航油期货交易的主要场所。新加坡既有著名的航油生产企业,又有航油期货交易中心,而新加坡航空公司、中国台湾中华航空、中国香港国泰等亚洲主要航空公司以及一些国际著名期货公司,均在此进行交易。

从 2003 年开始,A 航空公司根据航空业务航油需求量确定航油套期保值的数量与时限,并陆续与国外多家投资银行和商业银行签订了一系列执行价格不等的场外结构性期权合约以规避航油价格的上涨。这些结构性的期权合约在油价持续上涨之时给 A 航空公司带来了可观的收益。事实上,2005—2007 年这短短三年时间内,A 航空公司开展的航油套期保值业务给公司分别带来了 1.23 亿元、2.13 亿元、5.86 亿元的盈利。A 航空公司在 2007 年开展航油套期保值收益获得的 5.86 亿元收益已经占到公司 2007 年整体投资收益的 62.23%。而从 2007 年到 2008 年 6 月之前，A 航空公司开展的航油套期保值业务一直持续给公司带来收益。

（四）油价上涨预期促使 A 航空公司扩大套保规模

根据 A 航空公司与国外投行和外资商业银行签订的结构性航油期权合约，截至 2007 年 12 月 31 日，A 航空公司必须按照每桶 50~95 美元的价格向合约对手方买入大约 798 万桶航空燃油，并可以以每桶 43~115 美元的价格向合约对手方卖出大约 230 万桶航空燃油。这些结构性场外航油期权合约在 2008—2009 年这两年内陆续到期。这些结构性的场外期权合约实质上是将航油价格锁定在一个比较大的价格波动区间内，而不是将航油成本保持在某个特定的值附近，因而违背了套期保值的目的，具有很强的投机色彩。

2007 年美国次贷危机爆发，对世界金融和实体产生重要影响。2008 年初，国际投行都预测到金融危机即将爆发，并且次贷危机对实体经济的影响逐渐体现。这势必会导致国际原油价格大幅下跌。这段时间内，国际投行签订了许多与原油价格上涨相关的合约，同时唱高原油价格。当国际原油价格为 147.5 美元/桶时，以高盛为代表的国际投行宣称国际原油价格预期将至 200 美元/桶，油价跌破 62.35 美元/桶是绝对的小概率事件，同时配以复杂的模型和原油研究相关机构论证，但其本身却成为看空的主要动力。受上述信息的诱导，A 航空公司预期未来国际油价将继续上涨。

出于对油价较乐观的估计，A 航空公司扩大了航油套保的规模。2008 年公司预计其年度燃油消耗量为 280 万吨，其中 50% 是国际及港澳航线的年度预期航油消耗量，即 140 万吨，也是 A 航空公司董会授权套保的上限。A 航空公司从 2008 年初至 2011 年的航油敞口合约余额约为 2 463 万桶，折合为 312 万吨，按年均计算每年 104 万吨。经测算，2008 年 A 航空公司航油套期保值业务覆盖的航油数量占到公司全年预期航油消耗数量的 35.9%。

三、A 航空公司航油事件过程

（一）航油套保期权成本过高使得 A 航空公司选择复杂期权合约

由于航油套保规模的扩大，A 航空公司运用期权合约进行套期保值的成本也急剧攀升。A 航空公司预测 2008—2011 年需要对约 1 135 万桶的航油进行期权套期保值。这意味着 A 航空公司需要花费一笔期权费与对方签订看涨期权，并进入期权的多头。即使每份合约的期权费很小，例如 1 美元/桶，但庞大的套期保值规模产生 1 135 万美元的巨大期权成本。

A 航空公司航油套期保值的失败案例

为抵销数额庞大的套期保值期权成本，A 航空公司于 2008 年 6 月签订了 55 份期权合约进行航油套期保值，签订对象是高盛、摩根士丹利、美林、花旗、瑞信、德银以及瑞银等国际著名投行。交易品种是以美国 WTI 原油和新加坡航空航油为基础的原油期权。

A 航空公司与国际投行或外资商业银行签订的结构性航油期权合约的核心内容为：A 航空公司按照每桶 62.35～150 美元的价格从合约对手方买入大约 1 135 万桶航空燃油，同时按照每桶 72.35～200 美元的价格向合约对手方卖出大约 300 万桶航空燃油。这些结构性场外航油期权合约将于 2008—2011 年这四年时间内陆续到期。虽然 2008 年签订的这些结构化的航油场外期权合约内容与 2007 年年报披露保持一致，但是航油套期保值的规模却是 2007 年套保规模的 1.4 倍。

（二）A 航空公司签订的航油期权合约严重背离套期保值目标

A 航空公司与国外投行签订的结构性场外航油期权组合策略是在航油价格变化的区间内，在高价格的区间买入看涨期权，而在低价格的区间卖出看跌期权。这种策略构造了由看涨期权多头、看跌期权空头、看涨期权空头的套期保值组合，虽然可以将航油成本锁定在一个大的价格区间，但实质上已经违背了航油套期保值的原则。

1. 买入看涨期权的盈亏分析

A 航空公司按照每桶 62.35～150 美元的较高执行价格从国际投行处购买 1 135万桶航空燃油，A 航空公司为期权合约的多方。这种看涨期权合约在 2008—2011 年这四年时间内陆续到期，当合约到期时，A 航空公司拥有是否执行合约的选择权，如果 A 航空公司根据市场行情决定行权，则国际投行将必须配合东航行权。当原油价格 P 大于 150 美元/桶，东航选择行权，向对手方以 150 美元/桶的价格买入航油，盈利（P－150）美元/桶。若原油价格位于 [62.35, 150] 美元/桶区间，A 航空公司可以行权，也可以不行权，最大的亏损都为期权费。若原油价格 P 低于每桶 62.35 美元时，A 航空公司将选择不执行合约，其最大损失也是期权费。这是最基本的套保合约，因为权力方是 A 航空公司，可以达到套保作用，但是条件有利于 A 航空公司，所以航油价格每上涨 10 美元，A 航空公司需要付出 1.4 美元的期权合约金，如果合约终止，A 航空公司不需购买，期权费按照实际价格差支付（见图 1）。

2. 卖出看跌期权的盈亏分析

这种期权合约赋予国际投行按照不低于每桶 62.35 美元的价格向 A 航

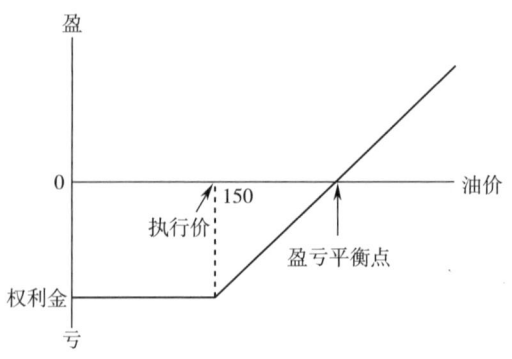

图 1　买入看涨期权的盈亏分析

公司卖出 1 135 万桶航空燃油的权利。A 航空公司处于期权合约的空头方，在合约到期时，无论市场行情对其是否有利，A 航空公司都必须配合多头方执行期权。在合约到期时，若原油价格 P 超过每桶 62.35 美元，国际投行选择不执行行权，A 航空公司获得期权费。若原油价格低于每桶 62.35 美元，国际投行手选择执行期权合约，A 航空公司以 62.35 美元/桶的价格向合约对手购买航油，A 航空公司亏损 62.35 – P 美元/桶。签订该合约的主要目的是对冲或抵销买入第一种期权合约所产生的巨额权利金成本（见图 2）。

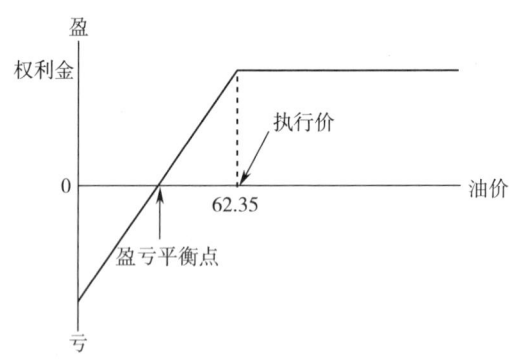

图 2　卖出看跌期权的盈亏分析

3. 卖出看涨期权的盈亏分析

这种期权合约赋予国际投行按照每桶 72.35～200 美元的价格向 A 航空公司卖出 300 万桶航空燃油的权利。A 航空公司处于期权合约的空头方，在合约到期时，无论市场行情对其是否有利，A 航空公司都必须配合合约对手方执行期权。在合约到期时，若原油价格 P 超过每桶 200 美元时，国际投行选择执行期权合约,按照每桶200美元的价格从A航空公司买入300万桶航空燃油,A航空公司在每桶航油上的损失为(P−200)美元。若原油每桶价格在72.35~200美元波动时,国际投行可以执行期权,也可以不执行,无论哪种情形A航空公司都将得到期权费的盈利。若原油价格P低于72.35美元/桶,合约对手方选择不行权,A航空公司获取期权费。签订该合约的目的可能是为手上持有的其他航油期货、现货做套保(见图3)。

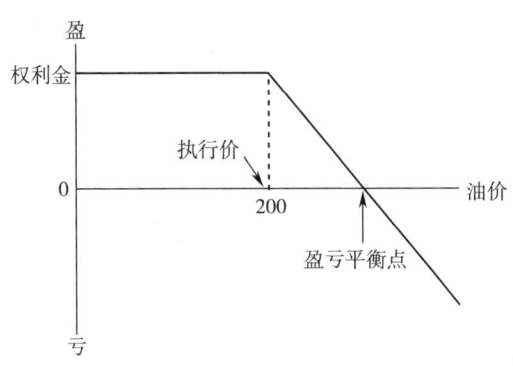

图3 卖出看涨期权的盈亏分析

4. 结构性期权组合的盈亏分析及存在问题

A航空公司的航油期权合约组合是由看跌期权空头、看涨期权多头和看涨期权空头组成,执行价格依次提高,而执行时刻各不相同。这种套保组合的最大收益是所收取的全部权利金,只有价格在两个期权的执行价间变动时,才能获得稳定收益。当价格超过200美元/桶或价格跌破62.35美元/桶时,航油价格向两端变化的幅度越大,A航空公司的潜在损失也越大,这意味着,如果国际原油价格跌破62.35美元/桶,A航空公司必须按照62.35美元/桶的价格从合约对手方购买航油1 135万桶航油。对于需要巨额航油现货的航空公司来说,这种套期保值策略并不能使航空公司分享油价下跌带来的航油成本的缩减,因而违背了套期保值的本质(见表1)。

表1　　　　　　　　A航空公司套期保值策略回报

	P≤62.35	62.35<P≤150	150<P≤200	P>200
买入看涨期权(K1=150)	−C1	−C1	+(P−150)	+(P−150)
卖出看跌期权(K2=62.35)	−(62.35−P)	+P1	+P1	+P1
卖出看涨期权(K3=200)	+C2	+C2	+C2	−(P−200)

253

（1）期权组合的风险与收益不对等

根据 A 航空公司与国际投行签订的结构性场外航油期权合约，当每桶航油价格在 72.35~150 美元变化时，如果处于多头地位的国际投行决定执行看涨期权时，A 航空公司必须按照协议向国际投行卖出 300 万桶航油，但是 A 航空公司并不会因为国际投行行权而遭受巨大亏损，这是因为在这种情况下，A 航空公司可以选择执行看涨航油期权 300 万吨，以抵消国际投行行权带来的损失。如果每桶航油价格在 150~200 美元变化时，处于多头地位的 A 航空公司选择执行航油看涨期权合约，按照每桶 150 美元的价格向国际投行购买 300 万桶航油，此时如果处于多头地位的国际投行选择不执行看涨期权，那么 A 航空公司的套期保值策略将产生收益（200 - 150）×300 万桶 = 15 000 万美元。当每桶航油价格在 62.35~72.35 美元变化时，A 航空公司处于空头地位的看跌期权和看涨期权都不会被执行期权，此时 A 航空公司的亏损最多为买入看涨期权产生的期权费。

现在考虑航油价格变化的两个极端情形。当每桶航油的价格 P > 200 美元时，A 航空公司卖出的航油看涨期权将会被执行期权，按照每桶 200 美元的卖给国际投行 300 万桶航油，执行期权给 A 航空公司带来（P - 200）×300 万桶的损失，并且航油价格越高，A 航空公司行权损失也越大。当每桶航油价格 P < 62.35 美元时，A 航空公司卖出的看跌期权将会被执行期权，按照每桶 62.35 美元的价格向国际投行购买 1 135 万桶航油，配合执行期权给 A 航空公司带来的损失为：（62.35 - P）×1 135 万桶，并且航油价格越低，A 航空公司的配合行权损失越大。因此，期权组合在价格跌破 62.35 美元/桶与在价格卖过 200 美元/桶时的风险与收益并不相同。

（2）买方与卖方权利不对等

在 A 航空公司与国际投行签订的结构性的场外航油期权套期保值策略中，期权的买方与卖方的权利是不对等的。首先是航油数量的不对等，A 航空公司在 2008—2010 年这三年时间需要购买的航油数量为 1 135 万桶，虽然执行价格较低的看跌期权和看涨期权的合约总规模与这一数量保持一致，但执行价格最高的看涨期权的合约规模只有 300 万桶；其次虽然 A 航空公司向国际投行卖出执行价格为 62.35 美元/桶的看跌期权，得到期权费，但是当航油价格跌破每桶 62.35 美元时，国际投行执行期权，按照 62.35 美元的价格向 A 航空公司出售航油合计 1 135 万桶，A 航空公司没有主动权。同样，当航油价格暴涨高于每桶 200 美元时，国际投行选择执行期权，按照 200 美元/桶的价格向 A 航空公司购买合计 300 万桶航油，A 航空公司公司同样没有主动权。最后，A 航空公司预期国际航油价格在 72.35～150 美元/桶，与国际投行签订结构性场外航油期权合约组合的目的是将航油成本锁定在 72.35～150 美元/桶，但是在这种结构性期权组合中，A 航空公司的套期保值收益最多为 18 900 万美元，但承担的风险却是无限，尤其是在价格极端波动的情况下，对于 A 航空公司来说，构造这样复杂的航油期权套保组合的目的已经转变为赌航油价格只能在 62.35 美元/桶到 200 美元/桶变化，这已经不是套期保值，而是投机。

究其原因，A 航空公司签订结构性场外航油期权合约组合的目的是为了平衡其买入的航油看涨期权产生的巨额期权费，但是签订复杂合约产生了巨大的航油价格极端变化的风险，其潜在的损失已经远远超过了潜在的收益。

(三) 油价跌破预期产生巨额亏损

国际金融危机爆发以来，全球航空业出现大规模萎缩，航空公司对航油的需求直线下滑。在 2008 年 7 月之后，随着金融危机向实体经济蔓延并进而影响造成世界航空业萎缩时，A 航空公司应该对其持有的空头头寸进行平仓，但是由于 A 航空公司与国际投行签订的结构化复杂场外航油期权还有 3 年有效期，A 航空公司却无法根据市场行情变化及时减少持有的空头头寸，从而产生巨额亏损。

自 2008 年 7 月中旬以来，在国际金融危机的影响下，国际油价改变了单边暴涨格局，出现连续暴跌，9 月底原油价格从最高的 147 美元/桶跌至 100 美元/桶附近，进入 11 月国际原油价格继续走低，11 月 20 日国际原油价格创下三年半来新低，纽约市场油价跌破每桶 50 美元，至 12 月底国际原油价格跌至 40 美元/桶左右，跌幅超过了 55%。

与国际原油期货价格相对应，国际航空协会统计数据显示：国际金融危机爆发以来，全球航空煤油的平均销售价格下降近 35%。航空燃油价格的暴跌势必给航空公司航油套期保值头寸带来巨额亏损。国际航空业协会发布的报告显示，2008 年前三季度全球航空公司因为航油价格暴跌产生的亏损已高达 40 亿美元，而研究结果显示前三季度的巨额亏损大部分可归因于第二季度航空业航油套期保值头寸上的损失。

由于 A 航空公司签订的结构性期权合约是与国际投行签订的场外衍生产品，缺乏灵活性。在油价出现下跌的时间不能对航油套期保值头寸进行减仓，造成了巨大亏损。事实上，根据披露的公开信息分析，当国际原油价格在

2008年6月30日处于140美元/桶的价位时，A航空公司在航油期权套期保值头寸的尚有高达4.17亿元的盈利；但当时间推移至2008年9月底时，国际原油价格已跌至100美元/桶附近时，A航空公司航油期权套期保值头寸上的亏损已经高达2.71亿元。

2008年11月27日，一纸《关于航油套期保值业务的提示性公告》指出：截至2008年10月31日，A航空公司在航油套期保值期权头寸上的亏损已达到18.3亿元，并且与国际投行签订结构性场外期权组合策略的亏损将随着航油价格的下跌进一步扩大。

随着国际原油价格的持续走低，11月20日国际原油价格跌至50美元/桶，A航空公司于11月发生实际现金损失约42万美元；至12月底国际原油价格跌至40美元/桶左右，A航空公司实际赔付约1 415万美元。

2008年12月31日，航油价格下跌到40美元/桶，按照A航空公司套期保值合约及当日纽约WTI原油收盘价计算，A航空公司2008年度在航油套期保值头寸上累计产生62亿元人民币的巨额损失，占公司全年总亏损额比例的46%，A航空公司总资产减值20.22亿元，占亏损比例的14.5%。A航空公司2008年巨亏近140亿元，资产负债率达到115%，陷入资不抵债的境地。

2009年1月，国资委表示将通过非公开发行给予A航空公司30亿元注资，两个星期后金额增加到70亿元，公司净资产依然为负46亿元，同时获得各大银行和金融机构累计360亿元的授信额度，A航空公司避免破产。

（四）巨亏事件后续演化及监管变化

1. 事件演化

2008年12月12日，中组部宣布任命刘××担任A航空公司总经理并兼任集团的党组副书记，李××则另有任用。2009年4月3日，中国商飞公司召开第三次股东代表大会，宣布选举原A航空公司总经理李××担任中国商飞公司董事会的独立董事。

2009年4月，A航空公司希望通过谈判并不排除诉诸法律，力图与国际投行达到协议以重组A航空公司的航油场外期权结构化协议，从而减少账面的巨额亏损。

2009年8月，A航空公司等国企得到国资委的支持，希望企业运用各种法律手段通过谈判协商，同时保留采取进一步法律诉讼等权利。

2. 监管政策变化

鉴于央企在国际金融危机爆发后在衍生品市场产生的巨额亏损，国资委于 2009 年 3 月 24 日发布《关于进一步加强中央企业金融衍生业务监管的通知》，要求央企审慎运用金融衍生工具，禁止任何形式的投机交易，要求央企开展金融衍生业务不得盲从，防止被诱惑和误导，违规从事相关业务造成损失的责任人将被追究责任。

随后，财政部于 2009 年 4 月 13 日发布《关于当前应对金融危机加强企业财务管理的若干意见》，明确要求"切实加强企业金融衍生品投资管理"，要求企业审慎运用金融衍生工具开展套期保值业务；建立并完善针对金融衍生品投资的风险控制制度，完善企业管理和决策程序，杜绝运用金融衍生工具进行投机的行为。

四、A 航空公司航油事件的教训及启示

（一）A 航空公司航油套保事件的教训

1. 航油套期保值规模过大使得 A 航空公司面临巨额套保成本

国际大多数航空公司通常将年度预期航油消耗总量的 20% 作为航油套期保值的规模，这已经被广泛证明为是一种比较稳妥的国际通用成就的做法。A 航空公司在 2008 年度的预期航油消耗量约为 241 万吨，其中一半约 120 万吨是其国际及港澳航线的航油消耗量。根据 A 航空公司航油套期保值原则，A 航空公司对其国际及港澳航线约 120 吨的 2008 年度预期航油需求量进行套期保值，套期保值比例占航油总消耗量的比例高达 50%。而在 2008 年以前，A 航空公司航油套期保值比例占航油总消耗量的比例也始终保持在 40% 左右。A 航空公司 40%，甚至是 50% 的套期保值比例，相对于国际通用套期保值比例高出太多。究其原因，这种高比例的套保规模与 A 航空公司在 2008 年以前在航油套期保值头寸上的巨额盈利不无相关。事实上，在 2005—2007 年这短短三年时间内，得益于其高比例的套期保值规模，A 航空公司在其航油套期保值头寸的盈利分别达到了 1.23 亿元、2.13 亿元以及 5.86 亿元的规模。在 A 航空公司国际航线航油消耗量并没有过半的情况下，选择高达 50% 的航油套保比例并没有必要，也相当危险。

如此高比例的航油套期保值规模，使得 A 航空公司在运用期权合约进行航油套期保值时面临巨额的期权成本。为了抵消高额期权成本，并且看涨国际油价，A 航空公司向国际投行卖出看跌期权，导致巨额损失。

2. 复杂的航油期权套保策略使得 A 航空公司偏离航油套期保值目标

企业进行套期保值的本质是锁定未来原材料的采购价格或者产品的销售

价格。只要未来实现原材料采购的目标价格或产品销售的目标价格，套期保值就达到其既定目标。A 航空公司想规避未来航油价格上涨的风险，只需要从国际投行处买入一定数量的原油看涨期权即可。如果未来国际原油价格上涨，按照合约东航虽然支付了一笔期权费用，但可以低于市场的价格购买航油，从而锁定航油采购成本、规避油价上涨的风险，达到套期保值的目的。如果未来国际油价下跌，A 航空公司放弃行权，以市场价格购买航油，最大损失为期权成本，但最高采购价格也不高于目标采购价格。

但从 A 航空公司与国际投行签订的结构性期权合约看，A 航空公司也卖出了看跌期权。这意味着，如油价跌破双方约定的后一个价格，A 航空公司必须以高于实际油价的价格向国际投行购买航油。这样做虽然规避了数额巨大的期权成本，但却忽视了油价下跌的风险。当国际原油价格跌破预期时，按照合约 A 航空公司必须支付给国际投行数额庞大的行权损失。这种损失使得航油采购的成本远远高于目标采购成本。这实质上是一种投机行为。

3. 场外签订的期权合约使得 A 航空公司无法灵活减仓止损

场外签订的结构性期权合约使得 A 航空公司在航油价格暴跌情况下无法迅速灵活地调整套期保值策略。相比在场外市场签订的结构性期权合约，场内交易的航油期货价格更为透明、市场流动性更强，从而套期保值的成本更低、策略更为简单灵活。一旦航油价格发生转折性变化，航空公司可以迅速利用期货合约对套期保值策略进行灵活的动态调整。但由于无法参与场内期货市场，国内的航空公司只能通过与国外投行在场外签订结构性期权合约的方式实现航油的套期保值，航空公司不得不面临着更为复杂、产品流动性和定价透明度较差的衍生品市场，从而可能产生各种意想不到的损失。

2008 年 6 月，国际航油价格处于高位并且市场看多力量处于主导地位，此时 A 航空公司按照 72.35～150 美元的价格向国际投行买入 1 135 万桶航油以对冲航油价格上涨的风险将产生巨额的期权费用。鉴于此，A 航空公司选择了在获得按固定执行价格买入航油权利的同时，赋予合约对手方以更低的固定执行价格卖出航油的权利的策略，从而可以运用卖出航油看跌期权所得到的期权费用来贴销买入航油看涨期权所产生的巨额期权成本。但结构化期权合约的流动性较差，不利于套保策略在市场形势变化下进行灵活调整。当航油价格出人意料地从 7 月 11 日的 148.60 元/桶高点巨幅下跌至 10 月 31 日的 67.81 美元/桶，远远超出固定的价格区间时，根据会计准则，A 航空公司必须按照 10 月 31 日的航油价格从合约对手方购买航油 1 135 万桶，测算结果显示，A 航空公司在航油套期保值头寸上的亏损达到 18.3 亿元人民币。

4. 航油期权履约周期过长使得 A 航空公司无法调整套保策略止损

航油套期保值必须遵循套期保值理论关于合约期限的一般原则，理论上来讲每笔交易的期权或期权合约都需对应一笔实际的现货交易。A 航空公司 2008 年与国际投行签订的航油期权合约的期限长达三年，到 2011 年才到期，但 A 航空公司购买的航油是一年一结算，这说明期权套期保值的区间与现货区间不一致。

5. 金融衍生品的复杂性和市场不透明性使得监管部门无法有效监管

管理层可利用国有企业资产进行投机，若成功则可加快升迁，若亏损最多也就平级调动。委托人和代理人的目标不一致，缺乏有效的激励约束机制。证券监管部门对企业金融衍生品的交易缺乏有效的监管手段，使金融衍生品的监管基本处于空白，相关法规漏洞重重。而国企出资人国资委监管手段有限，无法深入企业内部进行监管。

（二）A 航空公司航油套保事件的启示

1. 套保企业应避免复杂的结构性产品

结构性衍生产品的定价和对冲机制都比较复杂，一般企业或机构受制于技术和知识储备，对其定价原理并不是很了解，因而在结构性衍生产品的定价和交易中都处于劣势地位，只能接受投资银行或商业银行设计并定价的产品；而投资银行或商业银行凭借技术和人才储备方面的优势，精通复杂结构性衍生产品的设计与定价原理，能够准确对结构性衍生产品进行估值，同时精通结构性衍生产品的风险对冲技术，因而在结构性衍生产品的设计和交易处于优势地位。企业和投行在结构性衍生品交易中存在知识与信息的严重不对称。简单的衍生产品（如场内期货、期权和场外远期货、互换等）具有标准化特点，市场竞争激烈，容易定价，交易双方的知识不对称度偏低，交易商利润空间有限；而复杂衍生产品交易中，银行/投行间竞争少，与客户的知识不对称也很大，利润空间较大。因此，非专业从事衍生品交易的中国实体企业进行套保交易应尽量使用简单的期权和期货品种。这类简单衍生品，市场透明，流动性较强，比较容易定价和进行风险管理。当市场形势发生逆转时，套保企业能够迅速调整套期保值头寸防止损失扩大。在 A 航空公司航油套保事件中，当原油价格从高位迅速回落时，由于其合约是与国际投行所签订的一对一的结构化复杂合约，A 航空公司却无法在市场上快速减仓或平仓，及时止损。

2. 发展国内期货市场，为中国企业提供有效的套期保值工具

国内企业在国际市场遭受的套期保值失败也反映了国内期货市场的发展严重滞后于国内企业的风险管理需求。随着我国实体经济的发展和整体规模的扩大，实体企业和机构对风险管理的需求呈现多样化态势，对市场提供的衍生工具种类和数量需求更加迫切。但是由于国内期货市场发展的严重滞后，期货品种单一并且规模较小，使得在2008年左右国内许多企业无法运用国内期货市场进行套期保值以规避风险，因此只能选择国外期货市场或场外市场进行套期保值。但是与国外成熟市场的参与者相比，国内企业无论从知识技术储备还是交易经验都无法与之相比，处于衍生品交易的绝对劣势。在国际投行猛烈的市场营销攻势下，中国企业往往会在没有完全理解风险的情况下和国际投行签下复杂的结构性产品的合约。由这类中国企业无法驾驭的复杂结构性产品引起的损失过亿元的事件屡见不鲜。这些惨痛的教训都反映了国内期货市场发展的不足，严重滞后于国内企业风险管理的需求。

3. 加强公司治理和内控，杜绝套保企业进行投机

企业应立足于实际的风险管理需求开展套期保值业务，套期保值交易策略的构建必须遵守"商品种类相同或相近、数量相等或相当、交易头寸方向相反、交割时间相同或相近"的操作原则，坚决杜绝投机交易行为。企业应考虑到签订合约可能带来的最坏情况，使用压力测试及多重情景分析，必要时可采取更为复杂的风险值（VAR）模型进行测试。企业应建立相应的风险管理机制和内部监管机制，严格控制交易程序将操作权、结算权、监督权分开，有严格的层次分明的业务授权，加大对越权交易行为的处罚力度。

4. 加强衍生品交易的监管，维护市场稳定

监管部门应加强衍生品交易信息透明度的监管。对于开发和设计衍生品的金融机构，监管部门应要求其披露衍生产品基础资产的种类和数量及其交易结构，并且必须揭示复杂衍生产品结构背后的风险关联因素，以最大限度地保护投资者的合法权益，维护衍生品市场的稳定。

企业应从制度和程序方面加强对其衍生品交易业务进行监管，建立衍生品交易风险的预警机制。A航空公司在长时间的衍生品交易中，尽管已经背离了套期保值的目的，但由于市场行情比较好，并没有受到市场惩罚，公司管理层并没有收到来自市场的预警信号，对衍生品业务的风险估计不足，并且在交易所强制要求A航空公司披露衍生品交易信息时，仍然可以进行相关的交易。这说明不管是从企业层面、还是监管部门都没有履行其监管职责。

为了避免类似惨剧再次发生，监管部门应加大对衍生品交易监管力度，推出有效的监管措施，建立负责人问责的制度。

结束语

展望未来，随着经济全球化的深入和我国工业化进程的加速，我国实体企业面临着复杂的各种风险，尤其是原材料价格的上涨和销售价格的下跌。套期保值业务作为锁定成本、锁定利润的主要手段，必然是我国实体企业管理价格风险的普通选择。国际金融危机爆发以来，我国实体企业运用衍生金融工具管理风险的实践虽然取得了一些成绩，但是也因违背套期保值的原则而出现了很大的问题，遭受巨大损失。为了我国经济的可持续发展，我国实体企业应严格遵守套期保值原则管理风险，防止套期保值转化为投机。监管部门也应该改进监管手段，实时监控企业运用衍生金融工具状况，保护投资者利益，维护衍生品交易市场稳定。

思考题

1. A 航空公司 2008 年期权合约的整体损益如何？

2. 著名财经评论员叶檀，在 2008 年底写了一篇文章叫《企业套保就是自我毁灭》，把几家航空公司航油期权产生公允价值损失的事件统归于期货套保，在业界引起了强烈反响。你认为 A 航空公司是否有必要开展航油套期保值业务。

3. 你认为 A 航空公司在衍生品市场亏损的根本原因是什么？如何避免？

4. 从公司和监管角度谈谈实体企业应如何避免航空航油套保事件的再次发生。

案例教学使用说明

一、教学目标与用途

1. 本案例主要适用于研究生课程中"期权概念""期权风险与收益分析""期权套期保值策略"等内容的学习，适用于金融学术硕士及专业硕士等经济管理类研究生等案例教学使用。如将本案例应用于其他相关课程，本案例说明可做相关调整。

2. 本案例是关于"A 航空公司航油套期保值"方面的案例，其教学目的首先在于使学生通过案例所给出的基本背景了解到"A 航空公司航油套保事件"的基本过程；其次进一步结合案例相关背景资料，分析东航航油期权合约的风险与收益，并为 A 航空公司航油套保失败的原因和如何避免这种情况再次发生提供相关对策与思路。

二、涉及知识点

本案例涉及的知识点主要是：

硕士生课程中的有关期权概念、期权合约风险与收益、期权套期保值等知识点。

三、要点分析

教师可以根据自己的教学目标（目的）来灵活使用本案例。这里提出本案例的分析思路，仅供参考。

（一）期权的概念类型

1. 期权的概念

期权（Options）是赋予期权的买方在未来某个选定的时间、按照特定的价格买入或卖出一定数量的标的资产权利的合约。期权的持有者或者买方拥有未来按照协议价格买卖标的资产的权利，而期权的卖方只有配合期权买方行使权利的义务。

2. 期权的分类

（1）按照买方拥有标的买卖权利的不同可将其划分为看涨期权和看跌期权这两种类型。

看涨期权（Call Options）是指期权买方拥有在期权合约的有效期内，按照事先确定的执行价格向期权的卖方买入某种标的资产权利的期权合约。期权的买方需向期权的卖方支付一定的期权费来购买这种权利，支付期权费后，期权的买方只拥有按照执行价格买入标的资产的权利，没有买入的义务；而期权的卖方在获得期权费后，只有配合多方行权按照执行价格向其出售标的资产的义务，而没有权利。看涨期权的买方进行期权多头的主要目的是防止标的资产价格上涨。

看跌期权（Put Options）是指期权买方拥有在期权合约的有效期内，按照事先确定的执行价格向期权的卖方卖出某种标的资产权利的期权合约。期权的买方需向期权的卖方支付一定的期权费来购买这种权利，支付期权费后，期权的买方拥有按照执行价格向期权卖方出售标的资产的权利，没有任何义务；而期权的卖方在获得期权费后，只有配合多方行权按照执行价格买入标的资产的义务，而没有权利。看涨期权的买方进行期权多头的主要目的是防止标的资产价格下跌。

（2）按照期权有效期的长短可将其主要划分为欧式期权和美式期权这两种类型。

欧式期权是期权的买方自合约签订日起到期权到期日之前的任何时间都不能执行期权，只能在期权到期日当天才能执行期权的期权合约。如果期权买方到期不执行期权，期权合约终止，期权合约买方损失期权费。

美式期权是期权买方拥有自合约签订日起到合约到期日这段时间内的任何时间执行期权的合约。

（3）按期权交易场所的不同可将其划分为场内期权与场外期权这两种类型。

场内期权是指期权品种由交易所统一设计，在交易所集中交易和结算的标准化期权合约。场内交易期权的特征为标准化合约和集中交易，便于期权合约的流通和交易，市场效率比较高，再加上交易所特殊的每日盯市结算制度和保证金制度，有效规避交易对手方的违约风险。但缺点在于交易品种较少，市场不够灵活。

场外期权是指由交易双方直接确定的非标准化期权合约，没有统一的交易场所。场外期权合约的特征是非标准化合约和非集中交易，这可以极大地满足市场参与主体多样化的收益风险配置需求，但由于是非标准化合约和分散交易，其信息不透明，市场效率较低，期权合约二次流通比较困难，对手方的违约风险较高。

（二）期权风险与收益的不对称性

期权的最大特点就是买卖双方盈亏结构不同。期权交易中，买方潜在盈利是不确定的，但亏损却是有限的，最大风险是确定的；相反，卖方的收益是有限的，潜在的亏损却是不确定的。

对于期权买方来说，首先买方需要支付一笔权利金来获得一个权利。如果标的资产后市价格不利于买方，无论价格变得有多么不利，买方都可以选择不执行权利来解决，也就是放弃自己的权利，这样买方最大的损失也就是之前付出的权利金。相反，如果标的价格朝着对买方有利方向走，买方的盈利空间将是非常大的，价格越有利，买方的潜在获利就越大。

对于期权的卖方来说，在收取了买方支付的权利金之后，无论期权标的资产的价格如何变化，都不能再增加盈利了。因为只有履约的义务，如果价格对期权卖方有利，买方选择不执行权利即可，此时买方的盈利就是期初的权利金收入,而如果标的资产价格对期权买方有利,则买方会要求行权,卖方将被动履行义务,此时将会产生一定的亏损,即便加上期初的权利金收入,总体上也有可能亏损。

期权最吸引投资者的地方便是期权的买方损失有限,而潜在收益却非常大。如果标的价格后期走势对期权买方有利,买方可以行权,否则就弃权处理。这个特点一方面类似于购买保险:购买一份协议,在未来潜在的损失发生时得到一定补偿。

(三) 场内期权与场外期权的区别

1. 合约的标准化程度不同

场外期权不像场内期权,合约非常标准,每一份合约上的合约要素,合约标的、交易单位、执行价格、到期日、最小波动单位等都是交易所规定好的,不可以改变,对每一位投资者都适用。而场外期权不是如此,场外期权合约是非标准化的,也可以理解为没有统一的标准。场外期权合约的要素内容交易双方可以通过自身的需要,协商共同来确定,这样就比较灵活。

2. 场内期权与场外期权的交易品种和形式不同

场外期权的另一个重要特点就是品种多样,形式灵活。当下,我国场外期权品种众多,涵盖股票期权、商品期权和股票指数期权等,涉及的产业面非常广泛,能满足众多市场参与者的需要。

3. 场内期权和场外期权的交易对手不同

场外期权的交易对手主要是机构投资者,交易形式通常是机构对机构,个人对机构。场内期权的参与者则众多,各种类型的投资者共同参与期权交易,交易对手没有区分。

4. 场内期权和场外期权的流动性风险和信用风险不同

场外期权的流动性风险比较大,参与的人数不如场内期权那么充分,风险可以随时转移出去。场外期权的交易对手不是那么多,流动风险就比较大。信用风险方面,场外期权交易是交易双方签订期权协议,期权到期合约的履行依赖于双方的信用。对手信用差,就可能会发生违约的风险。而场外内期权一般不会出现信用风险。

5. 场内期权和场外期权的价值不同

影响期权价值的因素,不管是场内或是场外都是受到六大因素影响:标的物价格、波动率、履约价、存续期间、市场利率、派息率,场外交易期权费是依期权评价理论进行动态避险的成本。而场内交易期权费则是由买卖双方通过竞价达成的价格,但是如果市场偏离理论价值,将会产生套利空间,借由投资者或是做市商的套利行为,将期权市场价格回归到理论价格。

(四)期权的套期保值策略

1. 买入看涨期权策略

如果投资者对后市看涨,简单来看,可以买入看涨期权。即如果投资者通过买入看涨期权,可以锁定风险,未来上涨的行情会给投资者带来无限的收益,盈亏平衡点为期权合约的执行价格加上权利金。

2. 卖出看跌期权策略

如果投资者对后市看小涨、下跌可能很小,简单来看可以卖出看跌期权。即投资者可以通过卖出看跌期权锁定市场较小程度上涨行情带来的收益(权利金),但未来的下降行情会给投资者带来无限的风险,盈亏平衡点为期权合约的执行价格减去权利金。

3. 买入看跌期权策略

如果投资者对后市看跌,简单来看,可以买入看跌期权。投资者通过买入看跌期权,可以锁定上涨行情的风险,未来下跌的行情会给投资者带来无限的收益,盈亏平衡点为期权合约的执行价格减去权利金。

4. 卖出看涨期权策略

如果投资者对后市看小跌并且不涨,简单来看,可以卖出看涨期权。投资者通过卖出看涨期权,可以锁定较小下跌行情的收益,但未来的上涨行情会给投资者带来无限风险,盈亏平衡点为期权合约的执行价格加上权利金。

5. 备兑看涨期权策略

备兑看涨期权策略指当投资者对市场价格持中性看法或看小涨时,买入期货合约,同时卖出相应数量的看涨期权的组合,是一种适合波动率较小情况的投资策略。即投资者通过买入期货并卖出一个看涨期权锁定风险和收益的策略。盈亏平衡点为卖出看涨期权时的期货价格减去卖出看涨期权所得权利金。

6. 有保护的看跌期权策略

有保护的看跌期权指投资者对未来价格看涨时,在期货市场买入期货合约,同时为了防止价格大幅下跌,选择在期权市场买入相应数量的看跌期权的策略,有保护的看跌期权在波动率较大时更加有效。即投资者通过持有期货并买入看跌期权,可以锁定看跌行情的风险,市场的上涨行情又会带来无限收益的策略。

7. 牛市看涨价差策略

牛市看涨价差策略指投资者后市看涨，买入执行价格较低的看涨期权，同时卖出数量相等、到期日相同、执行价格较高的看涨期权的组合。即通过买入一个看涨期权并卖出一个执行价格更高的看涨期权锁定风险和收益的策略组合。盈亏平衡点为多头执行价格加上净权利金（卖出收入权利金－买入支出权利金）。这种价差组合也成为垂直价差组合，垂直价差组合的特点是买卖双方的盈亏都是有限的。价差组合的最大价值就是两个行权价的差。

8. 牛市看跌价差策略

牛市看跌价差策略指投资者后市看涨，买入执行价格低的看跌期权，同时卖出与之到期日相同或接近，数量相等或相当、执行价格高的看跌期权的组合。即通过买入一个看跌期权并卖出一个执行价格更高的看跌期权，锁定风险和收益的策略组合。盈亏平衡点为多头执行价格加上净权利金（卖出收入权利金－买入支出权利金）。

9. 熊市看涨价差策略

熊市看涨价差策略指投资者后市看跌，卖出执行价格较低的看涨期权，同时买入数量相等、到期日相同、执行价格较高的看涨期权的组合。即通过卖出一个看涨期权并买入一个执行价格较高的看涨期权，锁定风险和收益的策略组合。盈亏平衡点为卖出看涨期权的行权价加上权利金差。

10. 熊市看跌价差策略

熊市看跌价差策略指投资者后市看跌，卖出执行价格较低的看跌期权，同时买入与之到期日相同或接近、数量相等或相当、执行价格较高的看跌期权的组合。即通过卖出一个看跌期权并买入一个执行价格较高的看跌期权，锁定风险和收益的策略组合。盈亏平衡为买入看跌期权的执行价格减去净权利金。

11. 买入跨式期权组合策略

买入跨式期权组合策略指投资者预期后市波动较大，买入看涨期权，同时买入与之到期日相同或接近、数量相等或相当、执行价格相同的看跌期权的组合。即通过同时买入两个执行价格相同的看涨期权和看跌期权锁定风险和收益的策略组合。

12. 卖出跨式期权组合策略

卖出跨式期权组合策略本质上是一种收取权利金的策略，指投资者后市预期中立，卖出看涨期权，同时卖出数量相等、执行价格相同、到期日相同的看跌期权的组合。即通过同时卖出两个执行价格相同看涨期权和看跌期权锁定收益，并面临无限风险的策略组合。

13. 买入宽跨式组合策略

买入宽跨式组合策略指投资者预期市场未来波动较大，买入看涨期权，同时买入数量相等、执行价格较低、到期日相同的看跌期权的组合。即通过买入一个执行价格较高的看涨期权并买入一个执行价格较低的看跌期权锁定风险，收益却无限的策略组合。

14. 卖出宽跨式组合策略

卖出宽跨式组合策略也是一种收取权利金的策略，指投资者预期市场未来波动较小，卖出看涨期权，同时卖出数量相等、执行价格较低、到期日相同的看跌期权的组合。即通过卖出一个执行价格较高的看涨期权并卖出一个执行价格较低的看跌期权锁定收益，但面临无限风险的策略组合。

15. 蝶式价差策略

蝶式价差策略由三种不同执行价格的期权组成。其构造方法是，首先买入一份执行价格较低的看涨期权（或看跌期权），然后买入一份执行价格较高的看涨期权（或看跌期权），最后卖出两份执行价格介于前两者之间的看涨期权（或看跌期权）。

（五）期权套期保值的注意事项

1. 期权持仓的了结方式

投资者运用期权进行套期保值交易可采用平仓（交易所内）、行权（买方）或履约权（卖方）、到期（买方不行权）以及期权转现货这四种方式结清。

平仓是指投资者对现有的期权持仓进行方向相反、交易数量相等的对冲交易活动。行权是指作为期权买方时，当行权有利而执行期权将持仓转换为期货合约。履约是指作为期权卖方时，当买方行使权力而不得不按照执行价格买入或卖出一定数量的相关期货合约。到期是指期权到期，买方无法行使权力的期权了结方式。期权转现货是指持有同一合约月份的期权买卖双方达成协议，以期实现现货交割，把期权持仓转换成现货的交易。需要注意的是，以这种方式了结的买卖双方的期权执行价格、合约月份、期权类型要相同。

2. 期权合约的选择

在期权执行价格选择方面，套期保值者需要在风险保障程度和期权成本之间取得平衡。深度实值期权虽然提供了最大程度的风险对冲，但也会产生巨额的期权成本。深度虚值期权虽然成本极低，但是对风险的保障几乎为零。关于执行价格的选择没有标准的答案，保值者需要选择一种能最好地满足其保值目标与成本的折中方案。

3. 期权合约的流动性风险

由于期权的合约较多，成交相对分散，套期保值者在建立与现货或期货头寸相对应的期头寸后，随着现货或期货价格的变动，期权通常转变为深度虚值期权或深度实值期权，这类期权的成交量通常很小。在这种情况下场外交易的期权很可能因为无法找到合适的交易对手而无法及时结算期权头寸。而对于场内交易的期权来说，由于交易所实行做市商制度，套期保值者相对比较容易找到期权对手方，但做市商报出的期权数量通常较少，无法满足套期保值平仓需求。因此，保值者与其他期权交易者一样，都面临着流动性风险。

4. 套期保值比例的确定与调整

运用期权进行套期保值的策略可分为静态和动态这两种模式。静态策略是指基于现货或期货的头寸方向，选用头寸方向相反，数量相等或相当的期权合约构成套期保值组合并持有到期。期权静态策略适用于短期套期保值。动态策略也称Delta策略，是指基于现货或期货的头寸方向建立Delta值等于零的标的资产和期权的组合，并根据市场行情的变化，对标的资产和期权组合的Delta值始终保持在零的附近。动态Delta中性对冲策略首先建立标的资产与期权的Delta中性风险资产组合，然后根据市场行情的变化按照一定频率动态调整组合Delta值保持在零值附近，最后在套保结束后将所有期权头寸平仓。对于期权的流动性服务提供商，动态Delta中性策略是交易员运用十分普遍和频繁的策略之一。

总体而言，相对于期货来说，运用期权进行套期保值在风险控制和适应度等方面具有优势，但由于期权收益的非线性特征，运用期权套期保值的难度要远高于运用期货套保。企业应根据自身条件和优势选择合适的套期保值工具。

四、课堂安排

本案例可以作为专门的案例讨论课也可作为课程辅助材料来进行。下面的课堂计划是按照时间进度给出，仅供参考，案例使用者可根据需要进行调整。

案例的课堂时间控制在80～90分钟。

课前计划：提出启发思考题，请学员在课前完成阅读和初步思考。
课中计划：A 航空公司航油套期保值的背景介绍　　　　　　（10 分钟）
拟定主题如下：
A 航空公司航油套保事件的基本过程；
A 航空公司航油期权合约的回报分析；
A 航空公司航油套保失败的教训；
A 航空公司航油套保失败的启示。
分组讨论　明确小组发言的要求　　　　　　　　　　　（30 分钟）
小组发言　　　　　　　　　　　　　（每组 5 分钟，控制在 30 分钟）
讨论企业如何避免套期保值转向投机，并归纳总结　　（15~20 分钟）
课后计划：
可以让学生写一份案例分析报告。报告可以参考如下结构：
1. 企业进行套期保值的动机是什么？
2. 企业进行套期保值的基本原则是什么？
3. 如何避免企业套期保值业务中的投机行为？
课堂导入方式：
1. 先与学生一起列出期权套期保值的方式，请学生举手，看学生的回答情况再讨论启发性问题。
2. 从启发性问题入手，再讨论实体企业套期保值与投机的区别和联系。

联邦快递中国有限公司应收账款管理

肖振宇[①]

一、联邦快递企业背景[②]

联邦快递是一家快递公司，隶属于美国联邦快递集团（FedEx Corp.）。联邦快递集团作为一个久负盛名的企业品牌，有着一套综合的商务应用解决方案，因而年收入高达320亿美元。联邦集团主要有以下五大品牌：FedEx Ground（联邦快递地面公司）——为北美商业和居民提供实惠的小件递送服务的网络；FedEx Freight（联邦快递货运公司）——北美最大的隔日和次日送达区域零担货运公司；FedEx Office（联邦快递办公文印服务）——世界领先的文件解决方案和商务服务供应商；FedEx Trade Networks（联邦贸易网络）——提供灵活的终端至终端的直接服务，包括清关、全球货物分拨和贸易技术解决方案；FedEx Custom Critical（联邦紧急清关服务）——北美最大的紧急货件速递公司，提供对紧急货件、高价值货物和危险物品的门到门运输服务。联邦快递分为五个全球性区域：美国区、加拿大区、亚太地区、欧洲、中东和非洲地区，拉丁美洲和加勒比海地区。联邦快递全球的总部位于美国田纳西州孟菲斯，欧洲总部位于比利时布鲁塞尔，亚洲总部位于中国香港，加拿大总部位于安大略省多伦多，拉丁美洲总部位于美国佛罗里达州迈阿密。联邦快递是目前全球最具规模的速递运输公司之一，是一家开创了航空速递行业的公司，也是最早拥有直飞中国境内航权的货运航空公司。今天的联邦快递已拥有全球最全面的快递网络，它能处理各种不同种类、大小和重量的包裹和货物。而且联邦快递提供的是业内水准最高和最可靠的服务。因此在全世界都享有盛誉。

---

① 肖振宇（1976—），男，湖南茶陵人，南京审计大学金融学院副教授，管理学博士，研究方向为信用管理和金融风险管理。

② http://www.fedex.com/cn/.

联邦快递在中国的发展可谓年年上台阶。联邦快递1984年开始在中国境内开展出口快递业务。1987年开始在中国境内开展进口快递业务。1994年成为首家与中国海关联网的速递运输公司。1996年开通了中美全货运航线。1999年，推出业内首个简体中文网页；与深圳机场（集团）公司签署开航飞往深圳机场航班的协议，启用在深圳黄田国际机场的快递专区；同年，与天津大田集团成立合资企业——大田—联邦快递有限公司。2000年，推出"亚洲一日达"和"北美翌日达"服务。2001年，大田—联邦快递公司快件处理设施投入营运。2002年，向客户推出"准时送达保证"。2003年，开通了业界第一条从深圳直飞美国阿拉斯加安克雷奇转运中心的直航航班；启动"亚洲一日达"网络。2004年，合资公司在石家庄和天津成立分公司并进入使用；联邦快递携手全球儿童安全网络（Safe Kids Worldwide）推出"儿童安全步行"的全新社区服务活动；昆山地面操作站成立并投入运营。同时，联邦快递全新中国业务分区总部在上海正式成立。2005年，开通业界第一条中国境内直飞欧洲的直航航班；开通上海至日本中部地区的直飞新航线；开通环球东行航线。2006年，亚太区转运中心正式破土动工；推出全国统一免费客户服务热线。2007年，完成了大田集团国内快递业务的收购。2008年，在中国和其他9个亚太区市场推出国际经济快递服务；位于中国广州的全新亚太区转运中心成功进行首次航班操作测试。2009年，开始启用位于中国广州白云国际机场的全新亚太区转运中心；正式启用位于湖北省武汉市的客户服务中心；推出寄往欧洲指定地区的翌日达服务。2010年，宣布将其首架波音777货机在中国上海投入营运以及在深圳投入使用服务于中国的第二架全新波音777货机；开通了一条全新的由北京起飞的跨太平洋航线。2011年，宣布优化公司的关键存货物流服务"FedEx Critical Inventory Logistics"；宣布在苏州高新技术开发区增设一个全新的国际快递操作站。

中国是联邦快递战略的核心。目前，联邦快递在中国作为独资公司运作，联邦快递的国际快递和国内服务已经覆盖全国400多个城市。同时，在这一领域的竞争也会越发激烈。

二、联邦快递应收账款管理的现状[①]

对联邦快递应收账款管理的现状主要从其目前应收账款管理部门的设置、

---

① 杨迎春. 联邦快递应收账款管理 [D]. 沈阳：大连理工大学硕士论文，2009.

与客户结算的方式和应收账款财务数据几个方面来介绍。本调查主要以华北地区分公司为主，具体范围情况如有必要将在文中指出。

（一）联邦快递应收账款管理部门的设置

联邦快递公司作为外资企业，在应收账款管理方面的理念还是比较先进的。目前，我国大多数企业的应收账款管理是由财务部门兼任的，或者由业务部门负责管理。这两种方式均有弊端，首先由财务部门兼顾管理应收账款的，一般都是停留在账务管理的层面，财务人员更多的是关注往来账项的核对，但是具体的催收以及信控管理工作往往无法做到。另外，由业务部门管理应收账款的，由于销售人员的主要工作是销售，他们更多的精力是放在开发客户上，对于回款并未放在第一位，所以如果遇到较为棘手的催款任务，他们也会放任不管。因此，销售负责催收也不是好的选择。联邦快递采用的是设置专门的独立的部门（Revenue Operation Department）来管理应收账款，联邦快递结算部门隶属架构如图1所示。

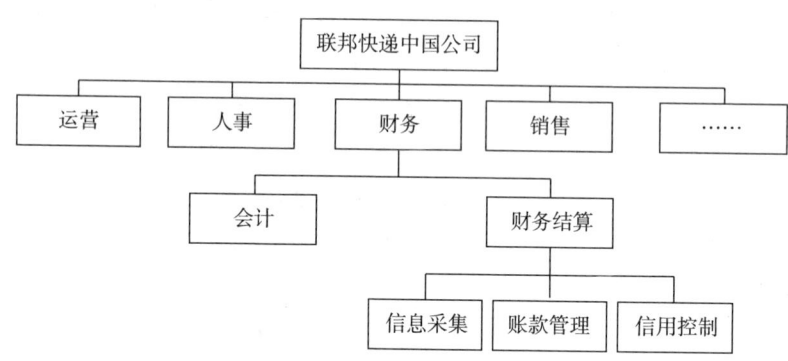

图1　联邦快递结算部门隶属架构

（二）联邦快递与客户的结算方式

联邦快递公司目前与客户的结算方式主要有两种：一种是现结，另一种是月结。所谓现结，就是快递员与收件员当面进行结算。通过现结的结算方式不会产生应收账款，因此也不需要花费过多的资源来进行管理，但是在市场竞争激烈的今天，客户更愿意选择先使用服务、后付款的结算方式。因此，通过现结这种方式结算的客户量所占比例是比较小的。所谓月结，是联邦快递提前和相关人员签好契约，以月为时间单位每月一次的向客人收取相关费用。由于月结对客户来说既免去了票票进行费用结算的麻烦又可以获得应支付账款金额的资金免费使用带来的收益，所以，联邦快递的客户绝大多数是通过月结的方式来进行费用结算的。

（三）联邦快递应收账款管理现状①

月结结算方式的存在，导致联邦快递公司产生了大量的应收账款。联邦快递不但想要通过月结的结算方式来吸引更多的客户，也需要在尽可能短的时间内收回账款以最大限度地减少因应收账款产生的损失。我们都知道利润最大化始终是企业经营不变的宗旨，赊销带给企业的经济利益与因赊销而产生的各项成本及损失之间的利弊权衡是企业是否进行赊销行为的决定因素。为了更好地了解联邦快递公司的应收账款管理的现状，本案例收集了一些联邦快递中国公司华北地区分公司的一些应收账款数据进行分析，下面将首先对华北地区分公司部分业务的应收账款账龄情况数据列表分析。

从表1账龄表的数据可以看出，联邦快递应收账款的数额是十分巨大的，可见联邦快递应收账款管理的工作量之大、管理难度之高。从表1中账龄的分布情况来看，在3 400多万元的应收账款中超过30天账龄的有1 500万元左右，而超过180天的就达到了740万元，根据联邦快递应收账款催收的实际情况，超期应收账款的收款成功率很低，超过180天的账款收回的概率只有20%，甚至更低。从表1来看，联邦快递存在大量超期面临变成坏账的应收账款，不管从比率还是从绝对数上来看，都是一个值得重视的数字。再从青岛分公司超过180天的账款数据做一个分析，青岛分公司超期账款数据如表2所示。

表1　联邦快递公司华北区分公司部分业务应收账款账龄

账龄（天）	1~30	31~60	61~90	91~120	121~180	180以上	总计
应收账款金额（元）	18 938 384.84	6 330 264.84	957 430.53	145 795.68	264 886.83	7 409 432.5	34 046 195.22

表2　联邦快递青岛分公司超期账款年份归属

应收账款所属年份	2006	2007	2008	2009	2010	2011	总计
金额（元）	1 016 690.38	177 833.07	482 359.54	120 333.84	228 547.22	194 988.33	2 220 752.38

从表2中可以看出，联邦快递青岛分公司超过180天的应收账款总额达到了222万元，而这其中2009年底之前的数额占到了大多数，达到近180万

---

① 姚敏．联邦快递中国有限公司应收账款研究［D］．西安：西北大学硕士论文，2012．

元,占青岛公司应收账款总额的81%,根据法律规定,对债务的诉讼时效一般是两年,也就是说2009年之前的应收账款即使通过法律手段也无法收回,几乎百分之百的成为坏账,而2010年和2011年的应收账款也存在较高的无法收回的风险。可见,联邦快递应收账款的管理现状需要改善。

三、联邦快递应收账款管理存在的问题

根据在联邦快递公司结算部门的实际工作经验,总结联邦快递应收账款管理存在的问题如下。

(一) 结算部收款责任制带来的问题

联邦快递负责应收账款管理的部门是财务结算部,收款指标是对该部门进行业绩考核的主要指标,而销售部门对应收账款的回收不承担任何责任,也就是说财务结算部承担了账款回收的所有压力,虽然销售人员迫于客户账号被冻结的压力也会协助结算部门对一些客户进行账款催收协调,但毕竟在此方面对销售没有任何奖惩机制,往往其只会根据自己的意愿来做一些推进工作。另外,对销售人员来说,如果签来了客户就会有绩效奖励,而如果因赊销形成坏账则没有任何惩罚措施,这就导致了不认真进行客户经营状况的实地考察,甚至导致有些销售人员和客户一起提供不真实的客户信用资料给结算部门,由此反而增加了应收账款的风险。

(二) 信用政策问题

联邦快递的信用政策非常简单,具体存在以下几个方面的问题:

1. 信用标准模糊

无法真正意义上控制信用风险。而在给客户的信用优惠程度上也没有非常严格的标准,比如没有信用额度限制,一旦给予信用优惠,客户就可以无限度地使用信用优惠,这根本没有考虑到不同客户的实际情况。

2. 信用条件单一

在信用期限上,联邦快递给大部分客户的信用期都是30天,极少有大客户或重要客户会给予60天或者更长的付款信用。也就是说,对于付款较为积极的客户并没有更好的政策来鼓励客户,虽然这对联邦快递来说应收账款管理方面相对要简单很多,但是这种单一的信用条件并不能更好地及时回收账款。

(三) 账单管理问题

账单是客户按时付款的一个重要因素。联邦快递的账单是以周为时间单

位出单的，即每周固定的时间给客户一次账单，表面上看出单非常及时，似乎很有利于回款时间的缩短，但也存在以下弊端：

1. 出单频繁，容易引起客户反感

对于一部分客户来说，经常会收到联邦快递通过电子邮件、传真、信件等发来的账单，每周都要花时间和精力去对账，很容易让客户反感铺天盖地的账单。

2. 发件日期与出单日期间隔较长且无规律

客户的发件日期与账单日期间隔较长，而且间隔时间长短并不固定。由于联邦快递给客人的30天信用期限是从账单日期开始计算的，所以如果按照一般10天的出单期算，在联邦快递出单时其实就已经白给了客户10天左右的延期，也就是说实际上联邦快递给客户的信用期限是40天，这无形中又增加了很多应收账款成本。

3. 账单信息错误多，导致客户付款推后

很多情况下都是客户因账单问题而推迟付款，因为我们需要确认并调整账单，这中间需要经过相关部门的核查以及必需的审批流程，一旦核实还需要给客户更换发票，这些工作都需要时间，很大程度地影响了应收账款的回收。

(四) 争议处理问题

账单在联邦快递与客户对账过程中一直存在争议，并且争议的类型有很多，比如包装方式争议、重量争议、付款方争议、服务类型争议、服务失误的争议等很多，这些争议归根结底，都为金额问题，虽然这些争议有很多可多方调查，然后可以进行改正的，但也有许多是不能查证而直接调整的。

1. 可直接调整账单争议

这里指的可调整账单争议是指因各种因素导致的账单定价所根据的信息错误而产生的账单争议以及因为客人要求而更改账单定价产生的账单争议，这种争议会在经过一定审核，并双方交流联系后根据结算人员的账单组进行调整。

2. 不可直接调整账单争议

不可直接调整的账单争议需经多个部门处理。作为快递领域的巨头，联邦快递每天要处理大量包裹，所以难免也会因为恶劣的天气、客户自身原因出现延误、破损甚至丢失的情况。出现问题后，即使很多情况下并非联邦快递服务的原因，也有客户会拒绝支付运费。对于客户因货物没有安全到达目的地而拒绝支付的运费的情况，联邦快递会首先调查问题的原因，如果由客户自身原因造成，通常联邦快递会坚持向客户收取运费，采取聘请专业的商账追收公司或法律诉讼的方式，但是通过这些方式来追收欠款往往要耗费较多的时间、人力以及财力，即便追回欠款也使获利大大减少；而对于因联邦服务问题导致的客户拒付和索赔会有专门的部门来处理，会根据相关条款向客人进行运费的减免和赔付。

（五）账号管理问题

客户账号是月结客户的 ID 号码。并且客人想享受月结和折扣权利就需要账号。因此账号在从客户发件到账单结算起着举足轻重的作用，但是由于管理漏洞，对客户账号使用的监控缺乏，产生了一些本不应存在的超期应收账款和坏账。

通常，对于进行月结的客户，联邦快递会给予客人一个 9 位数字的账号，该账号在联邦快递内部如同客户代码，接着联邦快递人员还会与月结客户签署一份《快递服务结算协议书》，协议经过部门信控人员信用审查后客户账号会成为有效账号，部门会根据客户所报发件量考虑是否给客户折扣及折扣率的大小。这些前期工作完成后客户就可以开始接受联邦快递的服务，客户必须在发件时提供其账号，联邦快递会通过账号系统将该客户所定的费用通过该账号进行集合，之后结算部门会根据账号下的账单每月一次与客户账单清算。在这个过程中，我们发现了以下管理漏洞：

1. 账号挂靠问题较为严重

账号挂靠，是指账号所有人将其账号与该账号下的优惠条件给他人使用的一种情况。在联邦快递的客户群体中，有账号的客户可以享受联邦快递给予的价格优惠与信期拓展，一些客户便将账号借于朋友使用，甚至一些客户以此方式赚取利益，还有部分是因为缺少进出口贸易的经营权，从而需要借助于有经营权的客户，有很多小众贸易公司需要，所以出现大量这种情况。并且经常会因为客户的反馈延迟导致应收账款超期，甚至出现账号拥有人和实际发件人均拒付的情况。

2. 对账号的有效性未进行核实，造成不必要的坏账

客户的账号有两种状态，无效状态与有效状态。一个有效的账号一定是签署过结算协议书并经过结算部工作人员的信用审核的，而有效账号在开通后并不一定一直有效，账号有可能因客户的要求冻结，或其他原因冻结，冻结后的账号就是无效状态。但我们发现有少数无效账号却享受了有效账号的权利，客服人员需要核查发件客户账号的有效性，账号无效的客户是必须在发件当时结算的，但存在大量客户发件却未结款现象。而针对到付和第三方付

款的快件，因为发件时没有确定国外付款人账号的有效性，导致很多因为账号无效而被打回的情况，他们也是受害者，并且还赔上了货物。但根据快递条款，联邦快递只能向发件人来收款，除非收件人或第三方愿意支付并能够出具书面的付款承诺，但由于是国际快件，这种沟通往往消耗较长时间且追责比较困难，从而产生大量坏账。

（六）销售模式带来风险

为了拓展销售，联邦快递推出了全员销售的项目，即其余部门人员都可以代表公司和客户签约，公司每个月都会给予完成奖励。在奖金的鼓励下，这些递送人员兴致很高，会积极开发客户，但因为递送人员缺乏一定的营销知识，且未接受相关培训训练，他们往往不能判断客户的能力高低，对所开发客户的质量无法把控，带来了很多信用欠佳的客户。随着时间的推移，可开发客户变少，每个月的开发客户任务慢慢成了这些员工的负担，为了完成任务，他们与一些小客户签署条约，使质量进一步下降。

（七）DMC 坏账风险

DMC 是针对没有联邦快递账号而有较少到付快件需求的客人制定的政策。一些没有资格在联邦申请账号或者发件需求相对较少不想申请账号的客人，如果想发件到国外并由收件人付款且收件人有联邦快递账号的，可以通过 DMC 流程发快件。但通过对 2011 年上半年华北地区的 DMC 数据进行分析（见表3），在半年的时间里，华北地区一共产生了 59 838 票 DMC 件，其中被国外收件人拒付运费及相关费用的有 261 票，从比率上只占到总数的 0.44%，这个比例并不高，甚至非常低，但是如果来看相对数，也就是半年时间里有近 80 万元被拒付的账款，还仅仅是华北地区一个区的数据。

表3　　　　　　　　　DMC 数据分析　　　　单位：件，公斤，元，%

2011 年月份	DMC 总件数	重量	拒付件数	拒付金额	拒付所占比重
1	9 614	0～100	56	171 238.22	0.58
		100～300	2	96 287.13	0.02
2	5 166	0～100	30	81 871.97	0.58
		100～300	0		
3	11 257	0～100	43	60 460.46	0.38
		100～300	2	28 790.43	0.02
4	10 709	0～100	51	123 036.35	0.48
		100～300	0		

续表

2011 年月份	DMC 总件数	重量	拒付件数	拒付金额	拒付所占比重
5	11 617	0~100	55	158 442.35	0.47
		100~300	2	34 890.48	0.02
6	11 475	0~100	20	23 114.80	0.17
		100~300	0		
总计	59 838		261	778 132.19	0.44

(八) 付款方式带来的风险

客户支付运费能选择发件人付款、收件人付款或者第三方公司付款，即我们所说的预付/到付/第三方付款。但由于国际快递的收件人为外国人，存在不确定性，拒付的情况时有发生，这种拒付是联邦快递不可预估控制的，虽然与联邦快递的运输服务无关，但国外的付款人往往会在拒付货款的同时，将运费一起拒付。这种情况很常见，联邦快递虽然与发件人签订协议付款的最终责任人在发件人，但出了类似争议后发件人也通常不会顺利付款给联邦快递。

(九) 发票管理问题

发票是极其重要的凭证，几乎一切客户的财务部门都必须见到发票才能付款。因此，及时给客户开具发票也是能尽早收到客户付款的一个重要前提。每个月月初，结算部门会依照账单打印发票，由递送人员来完成发票的递送任务，但是递送员本身的任务是取派快件，他们需先完成取派任务，所以发票都是完成后再派送，或在取派件过程中发票顺路派送，导致一些客户是在信用付款期快到期时才收到发票，自然就不能按期付款。

四、联邦快递应收账款问题的成因分析

总体来说，引起联邦快递一系列应收账款问题的原因有内部原因也有外部原因，有可控因素也有不可控因素，根本还是企业自身问题，下面就对主要原因进行分析。

(一) 企业内部控制不严格

内部控制是企业防范风险、有效进行监管的一系列制度体系，联邦快递在应收账款管理中的问题一部分是企业内部控制不完善和不严格所造成的。

1. 相关职能部门责任不明确，激励机制不合理

首先，缺少销售部门的回款责任制。销售部只对销售负责，对回款无实

质性的责任，换句话说就是销售只要有销售成功就可以有奖金奖励，而不负责回款善后。因此，在销售过程中销售人员可能多少会放大对客户的承诺且忽略客户能力，盲目地进行赊销是导致联邦快递应收账款存在潜在风险的主要原因。结算部门员工的奖金发放主要看回款指标，但是这个指标看的是整体指标，而非个人，好员工差员工所拿奖金等同。这从一定程度上打击了员工的工作积极性，也会导致整体完成率下降。

2. 没有合理的内部审计政策

内部审计是企业内部控制的一项重要工作。企业管理制度的制定是否合理是企业需要定期进行审查的。对应收账款的管理来说，应该定期或随机检查有无异常应收账款现象，确保应收账款的及时回收。内部审计对应收账款审计主要在销货和收款流程、核查账单等方面。而联邦快递并未制定规范的审计制度。

（二）信用机制建设不完善

联邦快递虽然有一定的信用机制，但是并不完善，信用体制不完善是应收账款问题的诱因之一。主要体现在以下几个方面：

1. 授信门槛低，风险高

在客户信用考核中，联邦快递的授信门槛比较低，虽说可以签署更多的客户，但是也存在日后应收账款的风险。几乎一切在市场监督管理部门注册登记的企业法人都可以被接受，但这样一来，客户的付款信用、偿债能力等都未被审核，导致带来收款隐患。

2. 赊销政策宽松

除了较低的授信门滥，联邦快递的赊销政策也是比较宽松的，比如前面提到的 DMC 事件，如果赊销的政策再严谨一些，损失将会降低。

3. 信用控制方法单一，无法有效降低风险

信用控制方法单一，信用控制的效果就会比较弱，也导致了联邦快递应收账款量较大、超期账款比率较大。

（三）快递业客户管理难度高，增加了应收账款管理难度

客户管理部分也是企业信用管理的一个重要部分，前面提到，除了个体工商户和物流货运企业有限制外，几乎所有的企业都有成为联邦快递的客户的可能，快递企业客户的范围又十分广泛，自然管理起来也就比较困难。

1. 国际快递业客户群复杂

随着经济全球化的发展，国际快递业务的客户涉及全球各地，客户的规

模大小不一、结构复杂、行业跨度大，国际快递业从交易额度看是以中小客户居多，大客户相对较少，整体数量较多，如果没有先进的数据库，完善的管理机制，管理起来是非常困难的。

2. 客户自身信用度较低

客户自身信用度低，是普遍存在的问题，总是有一些客户延期支付，甚至欠款不还。

3. 货运代理多，不好管理，容易造成恶意欠款

货运代理特别是一些非法代理的存在，往往会扰乱正常的市场秩序，非常不好管理，也难免会出现恶意欠款的情况。

4. 客户信用管理体制落后，信用信息不流通

在我国目前信用管理体制较为落后，对客户信用度的把握有一定困难。存在部分客户，在联邦快递因付款信用不好被取消信用资格，转而又去另外一家快递公司发件，过段时间再换，或者在其他快递公司因信用问题而被终止合作后又转向联邦快递来申请合作，只因为这些公司的信用信息不流通，不存在定期交流机制，无法将信用信息在这些快递公司间共享，加之联邦快递对客户信用审核水平简单，收款风险难免加大。

（四）从业人员素质相对较低

因为业务性质的原因，快递业的从业人员综合素质是相对比较低的，在快递企业中，除了像其他企业一样的行政、财务、销售、人力资源等职能部门外，操作部门是非常重要的一个部门，其员工人数也是最多的。操作部门除管理层外都是如递送、分拣、调度等岗位，其中递送岗位最多，而对递送人员在招聘过程中一般都要求过硬的驾驶技术和好的身体条件，相对来说文化素质和工作能力都不会有太高要求，很多递送员在公司的入职培训中都感到很吃力，而在培训后正式上岗也是稀里糊涂的，每天只管取件送件，而对于运单如何填写，发国际快件需要哪些资料都不是很清楚。有的递送员只管取回快件，在取件时既没有进行现金结算，取回来的运单上也没有代表月结的联邦账号，也就是说只管自己的取件任务而不管运费向谁收取。而往往等结算部门发现货物早已经发往国外，而此时结算部门要花费大量的时间精力来找出发件人收取运费，甚至有联系不上发件人的情况。内部工作人员的工作失误率高导致欠款回收困难也是联邦快递应收账款问题形成的原因。

（五）国际快递业务性质复杂

相对于国内快递业务来说，国际快递业务的性质要相对复杂很多，其主

要体现在以下几点：

1. 关系方较之其他业务多

国际快递业务从客户下取件订单到最后的费用结算，可能会涉及发件方、收件方和第三方三个关系方，运费及其他费用的支付可能是三方中的任意一方，而且往往都在国外，容易出现国内国外互相推诿的账款，且不同国家间的沟通也会相对来说困难一些。

2. 税金及杂费、附加费用的结算

国际快递业务会涉及清关，除运费外还有相关税金、清关杂费和一些附加费用的结算，结算内容相对复杂，涉及的部门和事情都比国内快递业务要多。

做进出口贸易的企业需要一定的资质，发送特殊的货物也需要有一些特殊的手续，而一些没有资质和条件的客户在做进出口贸易时要借助于有资质的公司，因此借用其他公司发件的情况就在所难免，由于往往是客户自己将账号借于他人使用，联邦快递很难控制，结算时情况就会复杂得多。

3. 国际快递业受限于收件方国家政策

国际快递业受限于收件方的国家政策，容易造成一些退运运费或因对方国家征税状况造成的税金拒付。国家之间包裹的运送会有很多限制，收件国家会出于安全、经济等角度的考虑而限制一些进口快件，如有些国家会收取较高的关税，有些国家会有一些禁止的物品进口，一旦快件在接收国海关被扣或者因其他原因被退运还会产生仓储等杂费以及返程的运费等，而很多客户并不了解这些可能会产生的费用，他们能看到的只有发件的运费，一旦收到这些出乎意料的费用账单都不会轻易支付。总而言之，联邦快递应收账款管理问题的形成原因有企业自身管理漏洞，也有行业因素，甚至市场经济环境因素，有些是可控的，也有些是不可控的，但无论如何，企业首先应该通过自身的有效管理来减少可控风险。

思考题

1. 企业信用管理部门的设置有几种模式，主要设置哪些岗位？
2. 企业信用管理客户的分类有几种划分，各自的分类标准是什么？
3. 主要从哪些方面做好企业的内部控制？

案例教学使用说明

一、教学目标与用途

1. 本案例主要适用于研究生课程中"信用风险""应收账款管理""企业信用管理"等内容的学习,适用于金融专业硕士等经济管理类研究生等案例教学使用。如将本案例应用于其他相关课程,本案例说明可做相关调整。

2. 本案例是一篇关于"联邦快递应收账款管理"方面的案例,其教学目的首先在于使学生通过案例了解联邦快递这个企业的整体概况,研究联邦快递的应收账款管理问题,首先要对联邦快递公司和快递企业有一个了解和认识,要对其应收账款管理的现状进行了解,本案例首先对联邦快递公司的企业背景和其目前应收账款的管理状况进行介绍,然后对联邦快递应收账款管理存在的问题及成因进行分析,目的是引导学生了解应收账款各方面的知识,能利用学过的应收账款管理方面的知识对照案例进行分析和总结,设计出优化方案。

二、涉及知识点

本案例涉及的知识点:

硕士生课程中的有关应收账款管理、信用风险、企业信用管理等知识点。

三、要点分析

(一)联邦快递企业背景

这一节先交代联邦快递企业现状,这也是案例分析的事实背景,通过让学生参与以下问题的交流和讨论,增强其对快递业和联邦快递以及其中国公司的了解。这些问题主要有:

1. 大家平时接触哪些快递公司,这些快递公司有哪些服务让你不是特别满意?

2. 联邦快递迅速发展的关键是什么?

3. 你接受过联邦快递中国公司的服务吗?它与国内其他快递公司业务和服务有什么不一样?

联邦快递于 1984 年进军中国市场,以其提供高效快速优质的服务、高度规范化的物流配置运营、完善且先进的信息化科学化技术、覆盖辐射全球的国际服务、创新合理的发展战略、以人为本的企业文化在客户中赢得了良好的国际声誉,品牌深入人心,在快递市场一直占有领先的地位。作为全球龙头快递企业,联邦快递的经营模式和发展策略一直是市场营销和企业管理行业中津津乐道的话题。

目前，我国快递行业处于持续发展和飞速过账的黄金时期，随着淘宝、京东、亚马逊等电子商务企业的爆发式发展，网购兴起，快递产业也随之崛起。快递业逐渐开始走向国际化进程。中国国内快递市场竞争非常激烈，以联邦快递为代表的外企、以中国邮政 EMS 为代表的国有企业和以"四通一达"和顺丰为代表的民营快递企业是中国快递市场中的三大部分，每一个部分都有不可小觑的实力，都占据着可观的市场份额，在这么激烈的竞争下，环境和政策实时变化，想要在中国站稳脚跟，必须及时作出调整和改善，争取占据更大的市场份额。这是所有快递企业都在面临的严峻问题与考验。

1. 联邦快递在华发展的优势：

（1）品牌与文化优势

联邦快递在国内外有很高声誉，注重品牌效益，联邦快递很大开销用于品牌建设，已经形成了一套完整的员工管理制度。

（2）速度优势

联邦快递建立了全球第一大国际航空快递运输公司。管理严格，追求高速，像流水线一样，坚守"隔夜送达"承诺和"使命必达"服务理念，赢得了客户的信任。

（3）物流信息化一体化优势

联邦快递积极利用信息化科学技术，指导自己的业务，根据业务需求的变化完善信息技术和管理系统，在提供供应链一体化物流服务方面有着先进运作模式。通过物流一体化的发展，整合经营流程，提高服务效率。

2. 联邦快递在中国发展中存在的问题及改正方式

联邦快递没有价格优势。联邦快递在中国主要还是国际快递，针对的也是对时效性和可靠性要求更高的客户，所以服务定价比较高。联邦快递的国内快递市场份额比较小，与国内快递企业提供低廉价格相比，联邦快递没有优势。

联邦快递应建立合理化的价格体系。一方面继续提高运营效率，降低经营成本。价格的竞争其实就是成本与利润的竞争，在提高经营效率的同时努力降低各运营环节成本，在保证提供高品质服务的前提下也形成价格优势，实施更加灵活的定价策略，评估竞争者，制定相对价格。

对于中国电商崛起，B2C 的火热发展，联邦快递也应看到小额国内快递的价值，而国内快递行业普遍受到不规范服务的诟病，联邦快递应覆盖更多的县市地区，建立更完善的运势网，利用自身各种优势抢占市场。

(二) 联邦快递应收账款管理的现状

这一节通过收集的联邦快递中国有限公司华北分公司和青岛分公司的应收账款分析材料，引导学生回忆企业信用政策和应收账款管理制度等方面的知识，并进一步思考一个好的企业应该怎么管理自己的应收账款。

1. 按照标准的信用管理知识，企业应收账款应该归哪个部门负责，这个部门应该怎么设置，联邦快递目前的设置是否合理？

2. 联邦快递的结算方式是否合理，国内其他快递行业公司结算如何？

3. 联邦快递华北分公司和青岛分公司应收账款管理情况如何，国内其他快递行业公司应收账款管理状况如何？

4. 一个好的企业其应收账款管理应该怎样做，需要达到什么效果？

联邦快递的应收账款是由专门的部门来负责管理的，而我国大部分传统企业都是由财务部门兼顾处理应收账款事宜，这种方式导致应收账款的管理转变成财务层面的管理，仅仅是关注账款的核对，对于后续的收账和信控难以顾及。而联邦快递专门设置独立部门负责应收账款管理和客户信用管理，在很大程度上使得收款变得更有效，减少坏账，通过信控管理降低应收账款坏账概率，提高工作效率。

联邦快递的结算方式包括现结和月结，现结不会产生应收账款，无须后续管理，联邦快递采用的是月结的方式，月结是一种赊销，可以吸引客户交易，月结使得交易量增加，效益更高，同时也带来了问题，月结结算方式的存在，导致联邦快递公司产生了大量的应收账款，随着业务的扩张，应收账款的数额也在逐月增长，虽然联邦快递与客户双方有协议在先约定了包括支付运费等在内的权利义务，但拖欠账款的客户始终存在，而且联邦快递不但想要通过月结的结算方式来吸引更多的客户，也需要在尽可能短的时间内收回账款以最大限度地减少因应收账款产生的损失。我们都知道利润最大化始终是企业经营不变的宗旨，赊销带给企业的经济利益与因赊销而产生的各项成本及损失之间的利弊权衡是企业是否进行赊销行为的决定因素。

由于快递行业业务频繁重复发生的性质以及市场竞争的激烈性，使得联邦快递更多地采用信用销售来带给客户提供更好的服务，因此联邦快递的收入很大比例是以应收账款的形式存在，应收账款的管理工作也显得尤为重要。需要对应收账款进行管理。国内大部分快递公司均采取月结的方式，月结带来的收益远大于现结。月结导致应收账款不断积多，拖欠客户越来越多，需要对应收账款进行管理，才能保证企业的平稳运行。

（三）联邦快递应收账款管理存在的问题

这一节通过对照标准的信用管理程序，分析联邦快递中国公司应收账款管理存在的各个方面问题，启发大家思考以下这些问题？

1. 联邦快递中国公司应收账款存在的这 9 个方面问题，你认为哪个是导致联邦快递逾期应收账款规模较大的最主要原因？

2. 联邦快递中国公司存在的这 9 个方面问题，国内其他快递公司是否存在，有没有什么异同？

3. 上述这些存在的问题，哪些是因为中国特色和行业特点导致的，短期内没有办法改善；哪些有可能很快得到改善？

联邦快递负责应收账款管理的部门是财务结算部，销售部门对应收账款的回收不承担任何责任，对销售没有任何奖惩机制，可能导致一系列问题，反而增加了应收账款的风险。

此外联邦快递几乎没有可遵循的信用标准，对于付款较为积极的客户也没有更好的政策来鼓励客户。此外，在账单管理方面也存在一些问题。

（四）联邦快递应收账款问题的成因分析

这一节从五个方面分析联邦快递中国公司应收账款问题产生的原因，使学生来进一步了解科学地进行应收账款管理应该注意哪些方面制度安排和建设，促使学生思考以下相关方面的问题：

1. 针对联邦快递中国公司企业内部控制不严格，请帮助设计完善它的内部控制。

2. 针对联邦快递中国公司信用机制不健全，请帮助其制定合理的赊销政策和授信政策，加强信用控制。

3. 针对联邦快递中国公司的客户群，怎样实现客户分级管理？

4. 针对联邦快递中国公司的国际业务客户，对客户授信和应收账款管理应该注意哪些方面？

总体来说，联邦快递的问题有内因也有外因，有可控因素也有不可控因素，企业自身原因和可控因素要占多数，但改进空间还是比较大的。内部原因包括企业内部控制不严格，相关职能部门责任不明确，激励和惩罚机制不合理，只有结算部门的回款责任制，没有销售部门的回款责任制。销售只要有销售额就可以有奖金奖励，盲目赊销是隐患的主要原因。此外，结算部门的大锅饭考核机制也是影响因素之一。信用机制不健全也是一个方面。

联邦快递做了一些调整措施。制定一系列改善应收账款管理对策，调整管理层考核指标。

四、授课案例总结

通过本案例锻炼学生收集案例资料以及从不同角度分析案例资料的能力，重点考查学生利用信用管理基础知识，分析实际生活中具体企业应收账款管理方面问题的能力。

通过案例讲授希望达到以下目的：

1. 了解企业赊销政策和应收账款管理政策。
2. 能够运用科学的程序和方法分析具体企业的应收账款问题。
3. 能够针对具体案例分析企业存在的问题，提出优化改善的方案。

五、课时安排

拟安排4个课时，其中2个课时讲解案例材料，2个课时进行讨论和分组辩论。

六、课前准备

学生：阅读相关联邦快递中国有限公司案例分析相关材料，对联邦快递中国有限公司应收账款问题有个感性的认识。

教师：做好相关案例分析PPT，准备讨论和分组的相关问题。

教辅人员：打印好案例分析的文字材料，并负责按人分发。

七、课堂安排及要求

分组要求：根据本案例四个方面的情节设定，将学生分为四组，每组根据案例材料和交流讨论的问题，收集资料进行分析论证。在分析过程中，要列出各自的观点和论据，相关材料可以是本案例材料，但不限于本案例材料。